KB089963

增刪卜易

섭게 풀어 쓴

증산복역 – 삼라 만상의 이치가 복역에 있다

초판발행 2024년 05월 01일

지은이 김 낙 범

펴낸이 김 민 철

등록번호 제 4 -197호
등록일자 1992.12.05

펴낸곳 도서출판 문원북
주 소 서울시 마포구 토정로 222 한국출판콘텐츠센터 422
전 화 02-2634-9846
팩 스 02-2365-9846
메 일 wellpine@hanmail.net
카 페 cafe.daum.net/samjai
블로그 blog.naver.com/gold7265

ISBN 978-89-7461-506-2
규 격 152mmx225mm
책 값 25,000원

증산복역 一

하늘과 땅의 이치를 깨우치면 길한 것을
취하고 흉한 것은 피할 수 있다

문원북 BOOK

들어가며 _

증산복역增刪卜易은 육효점六爻占에 대한 고전이다.
증산增刪이란 보탤 것은 보태고 뺄 것은 빼는 것을 말하며
복역卜易이란 육효점을 말한다.

증산복역의 저자는 야학노인野鶴老人 정요항丁耀亢(1599~1669)으로 알려져
있으며 야학노인은 40여 년간 점을 쳐서 경험한 바를 육효학의 고전 이론
에서 보탤 것을 보태고 뺄 것은 빼면서 육효학을 정립하고 증산복역을 저술
하였다.
후에 이아평李我平이 야학노인의 증산복역을 받아 감정하였고 이를 고향
사람인 각자覺子 이문휘李文輝에게 전하였으며 이문휘는 이를 증산增刪하
여 1691년에 증산복역을 발간하였다고 한다.

증산복역에 수록된 고전 이론은 복서정종에서 비롯되었으며
복서정종卜筮正宗은 명나라 개국공신인 유백온劉伯溫(유기劉基,1311~1375)
의 작품이라고 알려져 있으나 1640년 경 왕홍서王洪緖가 저자라는 설이
유력하며 왕유덕王維德(1669~1749)이 증산하여 편찬하였다고 한다.
여기에는 천금부千金賦 황금책黃金策에 대한 해설을 비롯하여 18문답에
대한 설명이 수록되어 있다.

육효점은 길흉을 예측하는 점법으로서 전한시대에 경방京房(BC77~BC37)이 창시한 것으로 알려져 있다. 경방은 초연수焦延壽의 제자이며 경씨역전京氏易傳을 저술하여 보다 간편하게 길흉을 예측하는 점법으로 육효점을 창안하였다.

초연수의 초씨역림의 점법은 64괘에 64괘를 중첩시켜 만든 4096가지의 괘로 보다 정밀하게 점을 치는 방법으로서 매우 복잡하지만 경방의 육효점은 주역의 대성괘에 지지를 배치하고 오행의 생극으로 비교적 간단하게 길흉을 판단하도록 고안되었다.
육효점은 이후 송나라 소강절邵康節(1011~1077)의 매화역수梅花易數를 거치며 발전을 거듭하였으며 이후 복서정종에 의하여 완성되었다고 한다.

종합하면 육효점은 초연수의 초씨역림에서 비롯되었으며 이를 바탕으로 경방이 간편한 점법으로 창안한 것으로서 소강절에 의하여 발전하고 유백온 또는 왕홍서가 완성하였으며 야학노인이 이를 정리하고 증산하여 체계화하였다고 할 수 있다.

육효점과 주역점은 모두 64괘로써 길흉을 판단하는데 주역점은 괘사와 효사를 중심으로 해석을 하며 길흉을 판단하지만 육효점은 주역에 비하여 길흉판단법이 비교적 간결하고 단순하다.

주역점처럼 64괘의 괘사와 효사를 암기할 필요가 없으며 경방이 창안한 납갑으로 지지의 오행과 육친을 육효에 배치한 효신으로 용신을 정하고 왕쇠강약과 생극형충회합에 의하여 간단하게 길흉을 판단할 뿐이다.

육효점은 해석이 간결하고 명확하며 적중률이 대단히 높지만 점을 치는 사람의 절실성과 정확한 해석이 요구된다.

증산복역에서 야학노인은 점례를 여러 가지 제시하면서 점의 해석에 따라 결과가 달라질 수 있음을 보여주고 있으므로 어떠한 경우에 어떠한 해석을 하여야 하는지를 잘 살펴보아야 정확한 해석을 할 수 있는 것이다.

사주명리는 태어나면서 가지고 나온 사주팔자를 해석하고 역량을 가늠하여 부귀빈천의 정도를 판단하고 길흉을 판단하는데 유용하지만 가까운 장래에 일어나는 일은 예측하기 어렵다.

육효점은 절실한 마음을 가지고 점을 치면 가까운 장래의 길흉은 거의 90% 이상의 적중률을 보이고 있을 만큼 정확한 판단을 할 수 있다는 장점이 있다.

야학노인의 증산복역은 수많은 사람들의 손을 거치면서 다소 변형된 것들이 많으나 필자가 중국 사이트 등을 통하여 여러 원문을 입수하여 역해하면서 주요한 부분을 정리하고 간추려서 육효점을 보다 쉽게 이해할 수 있도록 증산한 것이다.
야학노인과 이아평 이문휘의 시대와 현시대의 시대적 상황이 다르므로 적용하기에 어려운 점들은 현시대에 알맞게 정리하였으므로 독자들이 보다 쉽게 이해하며 실생활에 활용할 수 있으리라 본다.

계묘년 가을에 무공 김낙범

增删卜易이란

《增删卜易》一书, 题为"野鹤老人"著。此书为清代人李文辉(觉子)根据野鹤老人手抄本资料, 结合自己多年的实践经验总结, 于康熙二十九年(1690年)庚午孟夏朔日完稿的著作。目前可见最早版本是康熙三十年版。

증산복역은 야학노인의 저서이며 이 책은 청나라 각자 이문휘가 야학노인의 필사본 자료에 근거하여 자신이 다년간 실천한 경험을 종합하여 1690년 경자년 여름에 원고를 완성하고 1691년에 처음으로 펼쳐낸 저서이다.

野鹤老人究竟为谁? 近代学者考证意见不一, 有认为为明末清初诸城著名文学大师丁耀亢。丁耀亢(1599—1669), 字西生, 号野鹤, 又号紫阳道人, 木鸡道人, 辽阳鹤等。1599年出生在诸城城里, 生长在名门世家。其祖父丁纯, 父亲丁惟宁皆在明廷以进士仕宦。丁排行第五, 少负奇才, 倜傥不羁, 幼年在九仙山庄丁家楼子读家塾。11岁丧父, 18岁与弟弟同中丙辰(万历四十四年, 即1616年)科秀才, 20岁进为"诸生", 明末曾游学东吴。清兵入关破诸城, 他携母、侄从海上逃出投南明, 不果而归。清顺治九年(1652年)为顺天籍拔贡, 充任镶白旗教习, 顺治十一年(1654年)任容城教谕, 十六年(1659年)迁福建惠安知县。这期间, 他游历了浙闽等地, 因不愿从政, 以"母老不赴"而未到任即返归故里专事著述, 成为明末清初的著名诗人、文学家、剧作家和小说大师。他的著述甚多, 诗文有《陆方诗草》,《椒丘诗》,《归山草》,《听山亭草》,《醒世姻缘传》,《天史》,《续金瓶梅》等, 传奇剧本有《西湖扇》,《化人游》,《赤松游》等。因明清易代的战乱和清王朝查禁焚书, 以及有些著作署名隐晦, 故三百年来使其光辉不显, 未被世人认识。近年来, 经学者考证, 探研, 挖掘, 他的著作相继出世, 成为当今文学界研究明末清初文学史的重要资料。

야학노인은 누구인가? 현대 학자들은 명나라 말기와 청나라 초기의 저명한 문학가 정요항에 대하여 고증하는 의견이 다르다.

정요항(1599-1669)의 자는 서생이고 호는 야학이며 자양노인, 목계도인, 요양학 등으로 알려져 있다. 1599년에 제성성에서 출생하여 명문 가문에서 성장하였다. 조부 정순과 부친 정유녕은 모두 명나라 조정의 관리였다.

정요항은 형제 중에 다섯째로 재주가 뛰어났으며 호탕한 기개가 있어 남의 구속을 받지 않았고 어린 시절에 구선산장에서 공부하였다. 11세에 부친을 여의고 18세에 동생과 함께 수재에 급제하고 20세에 제생으로 승진하였으며 명나라 말기에 동오로 유학을 하였다.

청나라 군대가 성을 점령하자 모친과 조카를 데리고 바다로 피신하였다가 돌아와서 청나라 발공에 임명되어 건국 공신들이 속한 황룡기를 교육하였으며 1659년까지 여러 곳에서 교육을 담당하였다.

그는 정치에 참여하기를 꺼리고 모친이 오지 않는다는 핑계를 대고 고향으로 돌아가 저술에 전념한 결과 청나라 초기의 저명한 시인이 되었으며 문학가, 극작가, 소설가로서 거장이 되었다.

그는 저서는 육방시초 시집 등 여러 작품이 있으나 명나라와 청나라의 전쟁과 청왕조의 분서금지로 그의 저서에 저자명을 나타내지 않아 300년간 빛을 보지 못하여 세상에 알려지지 않았다. 최근에 학자들의 고증, 탐구, 발굴을 거쳐 그의 저서가 잇따라 출판되어 오늘날 문학계에서 명나라 말기와 청나라 초기의 문학사 연구의 중요한 자료가 되었다.

增删卜易序 증산복역 서문

野鶴曰:卜易之道, 乃伏羲, 文王, 周公, 孔子四大圣人之心法也。得其精者可以参天量地; 粗知其理亦可趋吉避凶。凡学卜者可以深求, 亦可浅学。浅学者只要先学装卦, 知道动变及卦之六冲, 卦变六冲看熟用神章中占何人占何事以何爻为用神; 再看何为旬空, 月破及春夏秋冬四时衰旺, 生克冲刑即知决断祸福。

야학노인이 말하기를 복역의 도는 복희 문왕 주공 공자 4대 성인의 심법이다. 정수를 얻은 자는 하늘과 땅을 헤아릴 수 있으며 그 이치를 알면 길한 것을 추구하고 흉한 것을 피할 수 있다.

무릇 점을 배우는 자는 깊이 구하여도 배움이 깊지 않을 수 있다. 학문이 깊지 않은 학자는 먼저 괘를 얻어 동효가 변하고 육충괘와 육충괘로 변하는 도리를 알고 용신장에서 누가 어떤 일로 점을 치고 어떤 효가 용신인지를 숙지하여야 하며 다시 순공 월파와 춘하추동 사계절의 쇠왕과 생극충형을 살펴 결단하여야 화복을 알 수 있다.

假令占功名者得旺官持世, 或动爻作官星生合世爻, 求名如拾芥耳。倘遇子孙持世, 或子孙动于卦中, 不拘占入场占升迁悉如水中捞月。占求财若得财星持世, 或日月动爻作子孙生合世爻, 或官鬼持世财动生之, 或父母持世财动克之世, 皆许求财之易如摘枝耳。若遇兄弟持世及兄弟爻动于卦中, 或世临旬空月破, 何异缘木求鱼。

가령 명예를 얻는 점에서 왕상한 관효가 세효에 임하거나 동효에 관효가 임하고 세효를 생합하면 명예를 쉽게 구할 수 있다. 만약 손효가 세효에 임하거나 손효가 동하면 시험점이나 승진점에 불구하고 마치 물속에서 달을 건지듯이 허망하게 된다.

재물을 구하는 점에서 재효가 세효에 임하거나 일월동효가 손효에 임하고 세효를 생합하거나 관귀효가 세효에 임하고 재효가 동하여 생하거나 부효가 세효에 임하고 재효가 동하여 세효를 극하면 모두 재물을 쉽게 구할 수 있다. 만약 형효가 세효에 임하고 형효가 동하거나 세효가 순공 월파되면 어찌 재물을 구하는 인연이 있겠는가.

如占一年月令现任官者, 宜官星持世, 财动生之, 皆许吉庆。若遇官鬼相克, 日月动爻作子孙冲克世爻, 或作官鬼冲克世爻, 或世空世, 官破官空, 或世动化回头克及子孙持世皆为凶兆。

가령 현재 관직에 있는 자가 일년신수점이나 월령신수점을 치면 관효가 세효에 임하는 것이 좋으며 재효가 동하여 생하면 모두 길한 경사가 있다.

만약 관귀효가 상극을 만나고 일월동효가 손효에 임하여 세효를 충극하거나 관귀효가 세효를 충극하거나 세효가 공망에 들고 관효가 파괴되고 공망에 들거나 세효가 동하여 회두극을 받고 손효가 세효에 임하면 모두 흉한 조짐이 있다.

士民而占流年者, 最喜财爻及子孙爻持世, 管许一岁亨通。若遇官鬼持世, 得日月动爻作财星生合世爻者, 必见灾非。倘世破世空及鬼动克世多见凶灾。兄动克世, 口舌破财。

보통사람이 일년신수점을 치면 재효와 손효가 세효에 임하는 것이 가장 좋으며 1년 동안 반드시 만사형통한다.

만약 관귀효가 세효에 임하고 일월동효가 재성에 임하여 세효를 생합하면 반드시 재난을 당한다. 세효가 파괴되고 공망에 들거나 귀효가 동하여 세효를 극하면 흉한 재난이 많이 발생한다. 형효가 동하여 세효를 극하면 구설수가 생기고 재물손실이 크다.

以上官府士民占流年者, 合世之月则吉, 冲世之月则凶。皆不宜世爻变鬼
及化回头之克定见凶危。又不宜财动化父, 父化财爻, 鬼化父母必有长上
之灾。弟兄变鬼, 鬼变弟兄, 防手足之厄。财化鬼, 鬼化财, 财化兄, 兄化
财, 主伤克妻妾婢仆。子化鬼, 鬼化子, 父化子, 子化父, 小口有伤。青龙
天喜持世生世而有喜。虎鬼发动主孝服。腾蛇朱雀临兄, 鬼动而克世者,
须防口舌。玄武临兄, 鬼动而克世者, 防贼盗及阴人。

관직에 있는 사람과 보통사람이 일년신수점을 치면 세효를 합하는 달은 길
하고 세효를 충하는 달은 흉하다. 세효가 귀효로 변하거나 회두극을 당하
면 반드시 흉한 재난을 당한다.

또한 재효가 동하여 부효로 화하거나 부효가 재효로 화하거나 귀효가 부효
로 화하면 반드시 윗사람에게 재난이 있다.

형효가 귀효로 변하거나 귀효가 형효로 변하면 형제나 친한 사람에게 재난
이 있다.

재효가 귀효로 화하거나 귀효가 재효로 화거나 재효가 형효로 화하거나 형
효가 재효로 화하면 처와 아랫사람에게 재난이 있다.

손효가 귀효로 화하거나 귀효가 손효로 화하거나 부효가 손효로 화하거나
손효가 부효로 화하면 자식에게 재난이 있다.

청룡 천희가 세효에 임하거나 세효를 생하면 기쁜 일이 있다.

백효귀효가 발동하면 부모상을 당하여 상복을 입는다.

등사 주작이 형효에 임하고 귀효가 동하여 세효를 극하면 반드시 구설수를
방비하여야 한다.

현무가 형효에 임하고 귀효가 동하여 세효를 극하면 도적과 사기꾼을 방비
하여야 한다.

如占避讼防非, 仇人为害及行江漂海, 深入险地旅店孤眠, 穷乡僻壤, 投寺
宿庙, 或营中贸易, 错买盗物, 或见邻家火起, 或闻瘟疫流行, 防虎狼, 防盗

寇, 或夜行早起, 或险偷关, 或已入是非之场, 心忧祸患, 或欲管闲事, 恐惹灾非, 或人病家以防沾染, 或误服毒物恐致伤生, 或已定重罪而盼赦, 或已得险病病而防危, 或问此物此药可以服否, 或问歹人烈马伤害我否, 凡遇一切防火虑患者, 但得子孙持世及子孙动于卦中, 或世动变出子孙, 或世动化回头相生, 或官鬼动以相生, 即使身坐虎口, 管许安如泰山, 唯忌官鬼持世, 忧疑不解。鬼克世灾祸必侵。世动化鬼及化回头克者, 祸已及身, 避之不及, 唯世爻空者无忧, 世爻破者不利。

가령 소송을 피하고 시비나 원수를 방비하는 점, 강이나 바다에서 표류하면서 치는 점, 험한 지역에 깊숙이 들어가 두메산골이나 절이나 사당에 들어가 잠을 자면서 치는 점, 무역으로 도난품을 잘못 사서 치는 점, 이웃집에 불이 나서 치는 점, 전염병이 유행한다는 소식을 듣고 치는 점, 호랑이와 늑대를 방비하고 도둑을 방비하거나 밤에 다니면서 치는 점. 위험한 도굴을 하거나 시비에 휘말려 근심걱정을 하며 치는 점. 남의 일에 참견하며 재앙을 일으키고 두려워하며 치는 점, 다른 사람의 병이 가족에게 감염되지 않도록 방비하거나 독극물을 잘못 복용하여 죽음을 두려워하며 치는 점, 이미 중죄가 확정되어 사면되기를 바라는 마음으로 치는 점, 위험한 병에 걸려 치료할 수 있는지를 묻는 점, 강도에게 상해를 받지 않는지를 묻는 점, 모든 화재의 재앙을 방비하는 점 등을 치는 경우에 단지 손효가 세효에 임하고 손효가 동하거나 세효가 동하여 손효를 화출하거나 세효가 동하여 회두생을 받거나 관귀효가 동하여 생하면 설령 호랑이 굴에 앉아 있어도 반드시 태산처럼 편안하지만 오로지 관귀효가 세효에 임하는 것을 꺼리는데 근심과 의심이 풀리지 않는다.

귀효가 세효를 극하면 반드시 재난이 침범하지만 세효가 동하여 귀효로 화하고 회두극을 하면 화가 이미 몸에 미친 것이므로 피할 수 없으며 오로지 세효가 공망에 들면 걱정이 없지만 세효가 파되면 불리하다.

占病者如自占病, 若得世爻旺相或日月动爻生合世爻, 或子孙持世, 或子孙动于卦中, 不拘久病近病, 或求神或服药, 立保安康。近病者世值旬空或世动化空, 或卦逢六冲及卦变六冲, 不须服药, 即许安痊。久病者官鬼持世, 遇休囚, 或遇日月动爻克世, 或值旬空月破, 世动化空化破或卦逢六冲, 卦变六冲, 或世动化鬼及化回头克者, 速宜救治, 迟者扁鹊难医。

가령 자신의 질병점이면 세효가 왕상하거나 일월동효가 세효를 생합하거나 손효가 세효에 임하거나 손효가 동하면 오래된 질병이나 최근에 생긴 질병에 불구하고 신이 구하여주므로 약을 복용하면 건강을 지킬 수 있다.

최근에 생긴 질병에는 세효가 순공에 들거나 세효가 동하여 공망으로 화하거나 육충괘를 만나고 육충괘로 변하면 약울 복용하지 않아도 즉시 병에서 회복된다.

오래된 질병에는 관귀효가 세효에 임하고 휴수되거나 일월동효가 세효를 극하거나 순공 월파에 들거나 세효가 동하여 공망이나 파로 화하거나 육충괘를 만나고 육충괘로 변하거나 세효가 동하여 귀효로 화하고 회두극을 받으면 빨리 치료하여야 하며 늦으면 편작과 같은 명의를 만나도 치료하기 어렵다.

占父母病以父母爻为用神。若得父爻旺相, 或日月动爻生父母, 或父动化旺, 不拘久病近病, 求神服药立见安宁, 近病者父爻值旬空, 父动化空, 或卦逢六冲, 不药而痊。久病者父爻值旬空月破, 父动化空, 化破, 父动化财, 财化父母, 卦逢六冲, 卦变六冲, 或父爻休囚又出被日月动爻冲克, 为子者须宜急急求医, 亲尝汤, 勿远离也。

부모의 질병점에서는 부효가 용신이다.

부효가 왕상하거나 일월동효가 부효를 생하거나 부효가 동하여 제왕으로 화하면 오래된 질병이나 최근에 생긴 질병에 불구하고 신을 구하거나 약을 복용하면 편안해진다.

최근에 생긴 질병에는 부효가 순공에 들거나 부효가 동하여 공망으로 화하거나 육충괘를 만나면 약을 복용하지 않아도 완치된다.

오래된 질병에는 부효가 순공 월파에 들고 부효가 동하여 공망으로 화하고 파로 화하고 부효가 동하여 재효로 화하고 재효가 부효로 화하거나 육충괘를 만나고 육충괘로 변하거나 부효가 휴수하고 일월동효의 충극을 받으면 자식은 급히 의사를 구하고 직접 간호를 하며 멀리 떠나면 안 된다.

占兄弟病者, 若得兄爻旺相, 或临日月动爻相生, 或动化旺化生, 不拘病之远近, 立许全安。近病者, 兄爻值旬空及动而化空, 卦逢六冲, 服药即愈。久病者兄爻值旬空月破及动而化空化破, 卦逢六冲, 卦变六冲, 兄动化鬼, 鬼动化兄, 或兄爻休囚被日月动爻冲克, 急急服药求神, 迟则难调理。

형제 질병점에서는 형효가 왕상하거나 일월동효가 상생하거나 동하여 제왕으로 화하거나 장생으로 화하면 최근에 생긴 질병이나 오래된 질병에 불구하고 편안하게 낫는다.

최근에 생긴 질병은 형효가 순공에 들고 동하여 공망으로 화하거나 육충괘를 만나면 약을 복용하지 않아도 즉시 낫는다.

오래된 질병은 형효가 순공 월파에 들고 동하여 공망이나 파로 화하거나 육충괘를 만나고 육충괘로 변하거나 형효가 동하여 귀효로 화하고 귀효가 동하여 형효로 화하거나 형효가 휴수되고 일월동효의 충극을 받으면 급히 약을 써야 신이 구할 수 있어도 늦으면 질병을 다스리기 어렵다.

占子孙病者, 子孙爻旺相, 或临日月, 或日月动爻生合, 或子孙爻化回头生, 化旺, 不拘病之新久, 服药求神即愈, 近病者子孙爻值旬空及动而化空, 卦逢六冲, 卦变六冲, 不药而愈, 出痘者不宜六冲, 久病者子孙逢旬空月破及动而化空化破, 卦逢六冲, 卦变六冲, 子孙动而化鬼, 鬼化子孙, 父化子, 子化父及日月动爻冲克者, 速宜服药, 心则难于治矣。

자식 질병점에서 손효가 왕상하고 일월에 임하거나 일월동효와 생합하거나 손효가 회두생으로 화하거나 제왕으로 화하면 최근에 생긴 질병이나 오래된 질병에 불구하고 약을 복용하지 않아도 신이 구하여 즉시 낫는다.

최근에 생긴 질병은 손효가 순공에 들고 동하여 공망으로 화하거나 육충괘를 만나거나 육충괘로 변하면 약을 복용하지 않아도 낫는다. 전염병에 걸리면 육충괘는 좋지 않다.

오래된 질병은 손효가 순공 월파를 만나고 동하여 공망이나 파로 화하고 육충괘를 만나고 육충괘로 변하거나 손효가 동하여 귀효로 화하고 귀효가 손효로 화하고 부효가 손효로 화하고 손효가 부효로 화하고 일월동효의 충극을 받으면 속히 약을 써야 하며 마음으로 다스리며 치료하기 어렵다.

占妻妾病者, 以财爻为用神, 财爻旺相或临日月, 或日月动爻相生, 或财爻化子孙及化帝旺者, 不拘久病近病, 治之即愈, 近病者妻财逢旬空及动而化空, 或爻逢六冲, 卦变六冲, 何须服药, 即许灾除。久病者财爻逢旬空月破及动而化空化破, 卦逢六冲, 卦变六冲, 或财动化鬼, 鬼化财爻, 兄动化财, 财化兄弟, 名医亦难取效。凡占三党六亲及官长, 师生, 婢仆诸人之病, 皆于用神章内以取用神。占朋友, 外人以应爻为用神, 理之常也, 往往多有不验者何也？疑因不甚关切, 不诚之故耳。

처의 질병점에서 재효가 용신이다. 재효가 왕상하거나 일월에 임하거나 일월동효가 상생하거나 재효가 손효로 화하고 제왕으로 화하면 최근에 생긴 질병이나 오래된 질병에 불구하고 치료하면 즉시 낫는다.

최근에 생긴 질병은 재효가 순공에 들고 동하여 공망으로 화하거나 육충괘를 만나고 육충괘로 변하면 약을 복용하지 않아도 즉시 낫는다.

오래된 질병은 재효가 순공 월파를 만나고 동하여 공망으로 화하거나 파로 화하거나 육충괘를 만나고 육충괘로 변하거나 재효가 동하여 귀효로 화하고 귀효가 동하여 재효로 화하고 형효가 동하여 재효로 화하고 재효가 동하여 형효로 화하면 명의가 치료해도 낫기 어렵다.

일반적으로 부모와 처 등 육친과 상급자, 스승과 제자, 아랫사람 등 모든 사람의 질병은 모두 용신장에 있는 내용대로 용신을 취한다. 친구와 외부인의 점에서는 응효를 용신으로 하는 것이 당연한데 흔히 점괘가 맞지 않는 것은 왜 그러한가? 이는 관심을 갖지 않고 불성실한 마음으로 점을 치기 때문이다.

野鶴曰 : 客有问于予曰 : "据尔之言, 占卜极易事也, 即如占功名得旺官持世以成名, 子孙持世而失望。占疾病近病逢冲逢空, 不药而愈 ; 外病逢冲逢空灵丹莫救。如若得此, 显然者自是不难知矣。倘占疾病不逢六冲, 用神不遇旬空, 旺不旺而衰不衰, 凶不凶而吉不吉。又如占功名, 官与子孙皆不持世, 六爻乱动, 财父同兴, 何以决之?

야학노인이 말하기를 손님이 나에게 묻기를 당신이 말하는 대로 한다면 점을 치는 일은 지극히 쉬운 것인데

가령 공명점에서 왕상한 관효가 세효에 임하면 명예를 얻지만 손효가 세효에 임하면 실망하게 될 것이며 질병점에서 최근에 생긴 질병은 육충괘를 만나고 공망에 들면 약을 복용하지 않아도 낫고 오래된 질병은 충을 만나고 공망을 만나면 특효약이 있어도 구할 수 없게 되므로 이와 같으면 명백하게 스스로 어렵지 않게 알 수 있을 것이다.

만약 질병점에서 육충괘를 만나지 못하고 용신이 순공에 들지 않고 왕성하여도 왕성하지 않고 쇠약하여도 쇠약하지 않고 흉하여도 흉하지 않으며 길하여도 길하지 않고 또한 명예를 구하는 점에서 관효와 손효가 모두 세효에 임하지 못하고 육효가 난동하고 재효와 부효가 함께 흥성하면 어찌 판단하겠는가?

"予曰:尔若垂廉卖卜, 每日数卜之占, 未必尽得显而易见之卦, 凶中藏吉, 吉处藏凶者有之, 必须奥理深求, 细心参悟, 尔欲自知趋避者, 必然卦不乱占, 心无杂念, 每遇一事, 即刻卜之, 神不欺人。如若间有卦之恍惚, 次早洁诚再卜, 再遇恍惚, 还可再卜, 自然响应, 只不可心怀两事而占, 一念至诚则应, 若占两三事者, 则不灵也。又如占疾病更容易耳, 一人有病, 一家俱可代占, 但有一卦爻逢六冲或卦变六冲, 或用神值旬空或用神动而化空者即愈, 久病逢此者难治。又如防灾虑患, 但得子孙持世, 便与霹雳同居, 管许安然无恙, 有何难耶？

내가 말하기를 네가 바르지 못한 마음으로 매일 점을 친다면 반드시 명백한 점괘를 얻지 못할 것이다. 흉한 가운데 길이 숨어 있으며 길한 곳에 흉이 숨어 있으므로 반드시 오묘한 이치를 깊이 구하고 세심한 깨달음을 얻어 스스로 빨리 피하고자 하면 반드시 괘를 함부로 뽑아 점을 치면 안 되며 마음에 잡념을 없애고 매번 한 가지 일로 점을 쳐야 신이 사람을 속이지 않는다.

만약 괘가 어리둥절하게 나와 판단하기 어려우면 다음 날 일찍 청결한 마음으로 정성을 다하여 재점을 쳐야 하며 또 다시 괘가 어리둥절하게 나오면 또 재점을 쳐서 답을 구하면 자연히 응답을 받을 수 있다.

다만 두 가지 일을 마음에 품고 점을 치면 안 되며 일념으로 정성을 다하여야 응답을 받는다. 만약 두세 가지 일로 점을 치면 영험한 결과를 얻지 못할 것이다.

또한 질병점에서는 더욱 쉬운데 한사람이 병에 걸리면 한 가족이 대신 점을 칠 수 있지만 하나의 괘가 육충괘를 만나거나 육충괘로 변하거나 용신이 순공에 들거나 용신이 동하여 공망으로 화하면 즉시 낫지만 오래된 질병에 점괘가 이와 같이 나오면 치료하기 어렵다.

또한 재난을 방비하고 우환을 걱정하며 치는 점에서는 단지 손효가 세효에 임하기만 하여도 벼락이 쳐도 편안하고 무사할 수 있으니 무슨 어려움이 있겠는가?

客曰 : 再占有渎之, 不敢再三, 何敢连占几日?

予曰 : 因此一语, 误尽卜卦之人, 岂不闻三人占听二人之言, 一事既可三处而占, 何妨再占? 然亦有不可再渎者, 以此一事一刻而再占也, 须于次日再卜可也。又有连日亦不可再渎者, 如占功名, 已得子孙持世, 我心不悦, 必欲求其官鬼持世而后已, 此则谓之再三渎也。然予亦有见其再三渎者, 未见神之不应也, 予因少年复功名占过七次, 竟有六次而得子孙持世, 此乃神不厌我多问而屡报也。又有厌予多问者, 如我问求财卦已明, 现有财我心知矣, 我再问之神不告矣, 而又以我未占之事告我也。如一日占求财, 旺财持世, 是我明知辰日得财, 次日再占一卦, 果于辰日得财否? 卦得申金兄动而不得, 是何说耶? 及到辰日得财, 至申日因他事而破财。而悟辰日之得财, 次日而再问之, 神不告矣, 报我申日而破财也。故知再三渎者, 神亦不见责而又报我未问之事也, 此事极多。

손님이 말하기를 재점을 치는 것은 불경스럽고 감히 두 번 세 번 재점을 치는 것은 엄두도 못내는데 어찌 감히 며칠을 계속하여 재점을 친단 말인가? 내가 말하기를 이러한 것을 한 마디로 말하면 점괘를 잘못 보는 사람이 어찌 세 사람이 두 사람의 말을 듣지 않느냐고 하는 것과 같다. 한 가지 일로 세 곳에서 점을 칠 수 있는데 어찌 재점을 방해하겠는가? 그러나 다시 불경스럽게 재점할 수 없으므로 한 가지 일에는 잠시 후에 재점하거나 반드시 다음 날 재점하여야 한다. 또한 매일 재점을 쳐도 불경스럽게 치는 것은 불가한데 가령 명예를 구하는 점에서 손효가 세효가 임하면 내 마음이 불쾌하므로 반드시 관귀가 세효에 임하기를 바라지만 이미 끝난 것이므로 이것으로 두 번 세 번 제점하면 불경스럽다고 하는 것이다.

그러나 나는 두 번 세 번 불경스럽게 재점을 치는 자를 보았지만 아직 신이 응하지 않았다. 내가 젊어서 명예를 구하는 점을 일곱 번이나 치고 결국 여섯 번째에 손효가 세효에 임한 것을 얻었는데 이는 신이 내가 여러 번 묻는 것을 싫어하지 않고 응답하여준 것이다.

내가 여러 번 묻는 것을 싫어하는 것은 내가 재물을 구하는 것을 묻고 이미 명확하게 현재 나에게 재물이 있다는 것을 알려주었는데 내가 다시 신에게 묻는다면 신은 알려주지 않을 것이며 내가 점을 치지 않은 일을 나에게 알려줄 것이다.

가령 어느 날 재물을 구하는 점을 치고 왕상한 재효가 세효에 임하여 나는 명확하게 진일에 득재한다는 것을 알았는데 다음 날 재점을 쳐서 과연 진일에 득재할 수 있는지 여부를 묻고 득괘하여 신금 형효가 동하여 득재하지 못한다고 나오면 어찌 설명할 것인가?

진일에 득재하고 신일에 이르러 다른 일로 인하여 파재할 것이다. 진일에 득재한다는 것을 알고도 다음 날 다시 묻는다면 신은 진일에 득재한다고 알려주지 않고 신일에 파재한다고 나에게 묻지 않은 것을 응답하여 준 것이다.

그러므로 두 번 세 번 불경스럽게 묻는 것은 신은 책임을 지지 않으며 또 내가 묻지 않은 일을 알려주는 경우는 매우 많았다.

予著此书传后贤之秘法者, 无他法也, 教学者凡遇卦之恍惚, 心若未明, 多占无碍, 倘卦中已明现, 不可再渎。至于占病者, 一人有病, 一家俱可代占, 自有显然之卦, 再者遇事即占, 乘此心而未乱, 不可多积事情于心, 事多心乱即非一念之诚也。教其深学卜者, 后有分占之法及予所辟诸书之谬, 宜细味之, 此皆予四十余年须臾不离以得之也, 实先贤之所未传。须宜通前彻尾, 细心详悟, 自然巧夺天工, 参天地之化育, 测鬼神之隐微而不难矣!

내가 이 책을 저술하여 후세의 사람들에게 비법을 전하는 것은 다른 법이 아니다. 가르치는 자는 어리둥절한 괘를 만나 마음으로 분명하게 판단하지 못하면 다점하여도 지장이 없으나 괘에 이미 분명하게 나타났는데 다시 불경스럽게 묻는 것은 안 된다.

질병점에서 한 사람의 병을 한 가족이 모두 대점하면 저절로 분명한 괘가 있으며 또 일이 생기면 즉시 점을 치는데 이러한 마음을 타면 혼란스럽지 않으나 복잡한 사정으로 점을 치면 안 되며 많은 일로 마음이 혼란하면 일념으로 정성을 다하지 못한다.

점을 가르치고 깊이 배우면 후에 분점의 법이 여러 책에서 잘못되어 있음을 자세히 알게 된다. 내가 40여 년간 잠시도 떠나지 않고 점을 치면서 얻은 것은 사실 선현들이 전해주지 않은 것들이다. 반드시 앞뒤를 통달하고 세심하고 자세하게 깨달으면 자연히 하늘의 교묘한 조화를 얻을 것이며 천지가 만물을 기르는 귀신의 은밀함을 예측하는 것은 어렵지 않을 것이다.

覺子曰 : 倘遇急事，卦之恍惚者，一刻亦可連占三五卦。
각자가 말하기를 만약 급한 일이 생기면 괘를 판단하기 어려운 사람은 잠시 후에 세 번 또는 다섯 번도 점을 칠 수 있다.

[참고자료출처]
- 北京 识典百科
- 中國哲學書電子化計劃開放電子圖書館

목차 _

제1장 육효점의 이론

제2장 육효점의 점례

제1장
육효점의 이론

야학노인의 점법 요약

1. 오행의 생극을 모르는 경우
득괘를 하고 세효에 어느 육친이 있는가를 알기만 하면 간단하게 점사를 판단할 수 있다.

우환을 걱정하는 점을 치는 경우에는
손효가 세효이면 걱정이 없게 되며
관귀가 세효이면 걱정과 의심이 풀어지지 않는다.

직장점을 치는 경우에는
관효가 세효이면 명예를 누릴 수 있고, 손효가 세효이면 때를 기다려야 한다.

질병점을 치는 경우에는
최근의 병에는 육충괘를 얻으면 즉시 낫고
오래된 병에는 치료하기 어렵다.

이것은 간이의 법으로서 오행의 생극을 모르는 사람에게 간단하게 점치는 방법을 알려준 것이므로
오행의 생극을 약간이라고 아는 사람은 이렇게 판단하면 안 된다.

약간이라도 오행의 생극을 아는 사람은
신이 나타내거나 숨기는 미묘한 괘속에서 길흉을 판단하려면 용신의 왕쇠 강약, 생극제화, 월파, 순공 등을 보지 않으면 안 된다. 점을 쳐서 신의 응험을 구하는 자는 천리길도 한 걸음부터 시작하는 마음으로 성실하게 임하여야 한다.

2. 오행의 생극을 아는 경우

득괘하여 나타난 효신의 공파묘절空破墓絶의 이치를 숙지하여야 하며
반음, 복음, 진퇴, 회두생극 등의 이치를 숙지하여야 한다.
용신의 왕쇠 그리고 유무력에 의한 변화를 숙지하고
먼 일과 가까운 일에 응하는 신의 뜻을 헤아려야 한다.
이러한 비법을 숙지하려면 이 책을 반복하여 익히면 가히 신의 뜻을 헤아
려 길흉을 판단할 수 있다.

3. 다점의 비법

고서에서는 다점하면 불경스럽다고 하였으나 야학노인이 시험해 본 결과
다점하여 판단하는 것이 영험하였다고 한다.
용신이 나타나지 않으면 복신에서 억지로 찾으려 하지 말고 용신이 나올
때 까지 재점하여 판단하는 것이 좋다고 한다.

점을 친 결과를 판단하기 어려우면 재점하고 그래도 판단하기 어려우면
다음 날 다시 재점하여 판단하면 반드시 신이 결과를 알려줄 것이다.
야학노인이 평생을 점치며 살아오면서 육효점의 오묘함을 약간이라도
깨달은 것은 오직 다점의 힘에 의지하였기 때문이라고 강조하였다.

4. 오직 일념으로 점을 쳐야 한다.

점을 치면서 여러 가지 일을 묻는다면 신은 알려주지 않는다.
오직 한 가지 일로 정성을 다하여 점을 쳐야 결과를 알려준다.
가령 직장점을 치면서 관효나 손효가 임하면 이미 직장에 대한 길흉의
결과를 알려준 것이니 재점할 필요가 없다.
손효가 나와 흉하다고 다시 재점한다면 이는 좋은 결과만 얻으려는 욕심에
서 비롯된 것이니 반드시 신이 외면할 것이다.

우환을 걱정하는 점에서 세효에 손효가 임하면 걱정이 없을 것이나 귀효가 임하면 걱정이 풀어지지 않을 것이다. 이러한 경우에도 손효를 얻으려는 욕심으로 계속하여 재점하여서는 안 된다.

한 가지 일로 가족이나 다른 사람이 화복을 함께 할 때는 가족들 각자가 점을 쳐서 결정하면 더욱 쉬워진다.

가령 집안의 일을 걱정하면서 점을 친다면 가족 모두가 스스로 점을 친 결과를 종합하여 판단할 수 있다.

5. 일신의 신상점은 스스로 판단하라.

일신의 화복에 관한 신상점은 편안한 마음을 가지고 점을 쳐서 길흉을 스스로 판단하여야 한다.

또한 우환이나 명예점에서 스스로 의심을 푸는 것은 가능하지만 다른 사람에게 대점하도록 하여서는 안 된다.

만약 다른 사람이 나에 대한 점을 친다면 그것은 그 사람의 마음으로 점을 친 것이므로 신은 그 사람의 마음을 읽어 결과를 알려주게 되며 본인이 원하는 영험한 결과는 나타나지 않을 것이다.

6. 사안마다 점을 쳐서 판단하여야 한다.

가령 일이 잘못되어 문책이나 처벌을 염려하며 점을 친다면 손효는 근심을 없애주지만 귀효는 근심을 없애주지 않으며

직위를 걱정하는 점을 친다면 오히려 손효는 직위를 잃게 하고 관효는 직위를 유지하게 하여주므로 이러한 경우에는 처벌을 받는지 여부점과 직책을 유지할 수 있는지 여부점을 각각 쳐야 할 것이다.

만약 가까운 일이 있음에도 평생재복이나 평생명예를 묻는다면 신은 가까운 일을 먼저 알려주기도 한다는 것을 알아야 한다.

육효점을 치는 요령

1. 점을 치고자 하는 사안을 확실하게 정하고 이를 신에게 고하여 답을 구한다는 절실한 심정으로 점을 쳐서 득괘하여야 한다.

2. 득괘를 하면 본괘와 변괘를 표시하고 육효에 비신과 육친과 육수를 배정하며 점친 날의 연월일을 기록한다.

3. 점친 사안에 대한 용신을 정한다.
   용신은 주사효主事爻라고 하여 묻고자 하는 일을 주관하는 효이며 육효점을 해석하는 중심이 된다.

4. 괘안에서 동효를 살피고 용신과의 생극관계를 판단한다.
   동효는 신의 기미를 알려주는 중요한 단서이므로 매우 중요하다.
   용신과의 생극관계로 희신과 기신을 분별할 수 있어야 한다.
   동효가 원신이면 길하고 기신이면 흉하다.

5. 효의 왕쇠와 기세의 유무를 살핀다.
   일월의 생부를 받는 효는 기가 왕성하고 유기有氣하며
   생부를 받지 못하는 효는 기가 쇠약하고 무기無氣하다고 한다.
   용신과 원신은 왕성하고 유기한 것이 좋으며 기신은 쇠약하고 무기한 것이 좋다.

6. 괘의 결과를 판단하기 어려우면 재점하여 길흉을 종합판단하는 것이 현명하며 피드백을 기록하여 정확성을 체크하고 다음 점사에 활용한다.

1부
점괘의 득괘

1. 육효의 구성

육효점괘는 주역의 64괘를 기본으로 한다. 음양陰陽은 사상四象을 이루고 사상은 팔괘八卦를 이루며 팔괘는 64괘를 이룬다.

가. 음양의 성립
태초에는 음양의 구분이 없는 무극無極의 상태이었으나 음양이 생성되며 태극太極을 이루고 만물이 생성되었다고 한다.

양은 ━━ 의 기호로 표시하고(육효점괘에는 丨로 표시한다)

음은 ━ ━ 의 기호로 표시한다(육효점괘에는 ‖로 표시한다)

나. 사상의 성립
음양이 결합하여 사상四象을 이루었다.

양을 음양으로 분화한 것이 태양太陽, 소양少陽이며

음을 음양으로 분화한 것이 소음少陰, 태음太陰이다.

양陽 ━━		음陰 ━ ━	
☰	☳	☶	☷
태양太陽	소양少陽	소음少陰	태음太陰

다. 팔괘의 성립
사상이 결합하여 팔괘八卦를 이룬다.

태양을 음양으로 분화한 것이 건乾괘, 태兌괘이며

소양을 음양으로 분화한 것이 리離괘, 진震괘이며

소음을 음양으로 분화한 것이 손巽괘, 감坎괘이며

태음을 음양으로 분화한 것이 간艮괘, 곤坤괘이다.

사상	태양太陽		소양少陽		소음少陰		태음太陰	
팔괘	건乾	태兌	리離	진震	손巽	감坎	간艮	곤坤
괘상	천天 하늘	택澤 연못	화火 불	뢰雷 번개	풍風 바람	수水 물	산山 산	지地 땅
오행	金	金	火	木	木	水	土	土

건乾괘는 양효 3개로 구성되며 ☰로 표시하고 하늘 천天의 뜻이 있으며
오행은 金이며 건천乾天괘라고 부른다.

태兌괘는 음효 1개와 양효 2개로 구성되며 ☱로 표시하고 연못 택澤의
뜻이 있으며 오행은 金이며 태택兌澤괘라고 부른다.

리離괘는 음효 1개와 양효 2개로 구성되며 ☲로 표시하고 불 화火의
뜻이 있으며 오행은 火이며 리화離火괘라고 부른다.

진震괘는 양효 1개와 음효 2개로 구성되며 ☳로 표시하고 번개 뢰雷의
뜻이 있으며 오행은 木이며 진뢰震雷괘라고 부른다.

손巽괘는 음효 1개와 양효 2개로 구성되며 ☴로 표시하고 바람 풍風의
뜻이 있으며 오행은 木이며 손풍巽風괘라고 부른다.

감坎괘는 양효 1개와 음효 2개로 구성되며 ☵로 표시하고 물 수水의
뜻이 있으며 오행은 水이며 감수坎水괘라고 부른다.

간艮괘는 양효 1개와 음효 2개로 구성되며 ☶로 표시하고 산山의
뜻이 있으며 오행은 土이며 간산艮山괘라고 부른다.

곤坤괘는 음효 3개로 구성되며 ☷로 표시하고 땅 지地의 뜻이 있으며
오행은 土이며 곤지坤地괘라고 부른다.

라. 64괘의 성립

팔괘를 '**소성괘小成卦**'라고 하며 소성괘 2개를 상하로 합한 것을 '**대성괘 大成卦**'라고 하는데 64괘는 대성괘의 집합이다.

가령 소성괘인 건천괘를 두 개 합치면 대성괘가 되는데 주역에서는 이를 중천건重天乾괘라고 부르고 육효에서는 이를 건위천乾爲天괘라고 부르며 이를 ☰의 기호로 표시한다.

위의 소성괘를 '**외괘**'라고 하며 아래에 있는 소성괘를 '**내괘**'라고 하며 외괘 와 내괘를 합쳐 건위천(중천건)괘라고 한다.

▬▬▬▬ ▬▬▬▬ ▬▬▬▬	외괘 건천괘	건위천괘 (중천건괘)
▬▬▬▬ ▬▬▬▬ ▬▬▬▬	내괘 건천괘	

외괘의 건천괘와 내괘의 진뢰괘를 합치면 천뢰이괘가 된다.

▬▬▬▬ ▬▬▬▬ ▬▬▬▬	외괘 건천괘	천뢰이괘
▬▬ ▬▬ ▬▬ ▬▬ ▬▬▬▬	내괘 진뢰괘	

• 64괘의 구성은 팔괘의 소성괘를 내외에 배치하며 만들어진 것으로서 아래의 64괘 도표와 같다.

외괘 내괘	건천 乾天 ☰	태택 兌澤 ☱	리화 離火 ☲	진뢰 震雷 ☳	손풍 巽風 ☴	감수 坎水 ☵	간산 艮山 ☶	곤지 坤地 ☷
건천 乾天 ☰	건위천 乾爲天	택천쾌 澤天夬	화천대유 火天大有	뇌천대장 雷天大壯	풍천소축 風天小畜	수천수 水天需	산천대축 山天大畜	지천태 地天泰
태택 兌澤 ☱	천택리 天澤履	태위택 兌爲澤	화택규 火澤暌	뇌택귀매 雷澤歸妹	풍택중부 風澤中孚	수택절 水澤節	산택손 山澤損	지택림 地澤臨
리화 離火 ☲	천화동인 天火同人	택화혁 澤火革	리위화 離爲火	뇌화풍 雷火豊	풍화가인 風火家人	수화기제 水火旣濟	산화비 山火賁	지화명이 地火明夷
진뢰 震雷 ☳	천뢰무망 天雷无妄	택뢰수 澤雷隨	화뢰서합 火雷噬嗑	진위뢰 震爲雷	풍뢰익 風雷益	수뢰둔 水雷屯	산뢰이 山雷頤	지뢰복 地雷復
손풍 巽風 ☴	천풍구 天風姤	택풍대과 澤風大過	화풍정 火風鼎	뇌풍항 雷風恒	손위풍 巽爲風	수풍정 水風井	산풍고 山風蠱	지풍승 地風升
감수 坎水 ☵	천수송 天水訟	택수곤 澤水困	화수미제 火水未濟	뇌수해 雷水解	풍수환 風水渙	감위수 坎爲水	산수몽 山水蒙	지수사 地水師
간산 艮山 ☶	천산둔 天山遯	택산함 澤山咸	화산려 火山旅	뇌산소과 雷山小過	풍산점 風山漸	수산건 水山蹇	간위산 艮爲山	지산겸 地山謙
곤지 坤地 ☷	천지비 天地否	택지췌 澤地萃	화지진 火地晋	뇌지예 雷地豫	풍지관 風地觀	수지비 水地比	산지박 山地剝	곤위지 坤爲地

2. 득괘하는 요령

점괘를 얻는 것을 득괘得卦라고 한다.

득괘하는 방법은 여러 가지가 있으나 각자가 선호하는 방법으로 점을 쳐서 점괘를 얻는 것이 일반적이다.

정통적인 득괘하는 방법으로는 주역 계사전에 있는 본서법本筮法이지만 너무나 복잡하고 시간도 오래 걸리므로 이를 간략하게 득괘하기 위하여 중서법, 약서법, 척전법, 시간법, 안면법, 성명법, 책서법, 사주법, 카드법, 주사위법, 대가지법 등의 여러 가지 방법이 개발되어 활용되고 있다.

득괘하는 방법은 각자가 선호하는 방법으로 점을 치는 것이 일반적이다. 그러므로 어느 방법이 좋다고 단적으로 말하기 어렵다.

여기서는 간편하게 득괘하는 방법 중 몇 가지 소개하겠다.

• 육효점은 신에게 묻는 것이므로 득괘를 하면서

진실된 마음으로 신에게 물어야 신이 제대로 응답하여 준다.

질문은 오로지 한 가지 질문만 하며 득괘하여야 하며 하나의 점괘에 여러 가지 질문을 하면 신이 제대로 응답하지 않는다.

가. 주사위법

주사위법은 6면의 주사위 3개를 사용하여 모두 여섯 번을 던져 득괘한다. 홀수가 나오면 양효이고 짝수가 나오면 음효가 된다.

홀수가 두 개 나오고 짝수가 하나 나오면 음효 ∥를 긋고
짝수가 두 개 나오고 홀수가 하나 나오면 양효 ∣를 긋고
짝수만 세 개 나오면 음효의 동효 ∦를 긋고
홀수만 세 개 나오면 양효의 동효 ∤를 긋는다.

주사위를 처음 던져서 음효∥가 나오면 초효에 배치하고
두 번째 던져서 음효∥가 나오면 이효에 배치하고
세 번째 던져서 양효의 동효⧸가 나오면 삼효에 배치하고
네 번째 던져서 음효의 동효⧵가 나오면 사효에 배치하고
다섯 번째 던져서 양효∣가 나오면 오효에 배치하고
여섯 번째 던져서 음효∥가 나오면 상효에 배치한다.
이를 도표로 그리면 다음과 같다.

상효 ∥	사효 오효 상효는 외괘의 소성괘로서
오효 ∣	이를 팔괘로 읽으면 감수괘☵라고 한다.
사효 ⧵	초효 이효 삼효는 내괘의 소성괘로서
삼효 ⧸	이를 팔괘로 읽으면 간산괘☶라고 한다.
이효 ∥	외괘와 내괘를 합하면 대성괘로서 수산건괘
초효 ∥	가 만들어진다.

상효 ∥ → ∥	양효의 동효는 음효로 변하고 음효의 동효는
오효 ∣ → ∣	양효로 변한다.
사효 ⧵ → ∣	외괘 사효에서 음효의 동효가 동하여
삼효 ⧸ → ∥	감수괘☵가 태택괘☱로 변한다.
이효 ∥ → ∥	내괘 삼효에서 양효의 동효가 동하여
초효 ∥ → ∥	간산괘☶가 곤지괘☷로 변하였다.
	외괘와 내괘를 합하면 대성괘로서 택지췌괘
	가 만들어진다.

이로써 득괘하여 수산건괘가 택지췌괘로 변하였다고 한다.
앞의 수산건괘는 본괘이고 택지췌괘는 변괘라고 하며
일반적으로 이를 건지췌蹇之萃라고 표기하기도 한다.

나. 척전법

척전법은 동전 3개로 점을 쳐서 득괘하는 방법이다.

옛날 엽전을 구하여 활용하는 경우가 있으나

백원권 또는 오백원권 동전 3개를 활용하는 것이 편하다.

숫자가 있는 면을 양으로 정하고

그림이 있는 면을 음으로 정하는 것이 일반적이지만

점치는 사람에 따라 음양을 임의로 정하여 점을 치기도 한다.

점치는 사안을 정성껏 말하며 동전 3개를 던져서

그림이 있는 면이 한 개 나오면 음효 ‖를 긋고

숫자가 있는 면이 한 개 나오면 양효 ｜를 긋고

그림이 있는 면이 세 개 나오면 음효의 동효 ∦를 긋고

숫자가 있는 면이 세 개 나오면 양효의 동효 ∤를 긋는다.

동전을 여섯 번 던져서 초효부터 이효 삼효 사효 오효 상효의 순서로 육효
를 긋고 득괘하는 방법은 위의 주사위법과 같다.

다. 대가지법

대가지법은 대나무가지로 점을 치는 것으로서 대나무가지를 구하지 못한
경우에는 작은 막대기로 대신할 수 있다.

대나무가지 4개에 각각   ｜ ‖ ∤ ∦ 를 표시하고 대가지를 모두 여섯 번
을 뽑아 초효부터 육효를 긋고 득괘하는 방법은 위의 방법과 같다.

3. 점괘의 구성

점을 쳐서 득괘를 하여 점괘를 얻으면 이를 본괘라고 하며
동효에 의한 변괘를 생성하고 육효에 비신飛神과 육친六親과 육수六獸를
붙이고 복신伏神과 세응世應을 붙여 점괘를 구성한다.

가. 본괘와 변괘의 생성

괘의 명칭은 팔괘의 명칭과 괘상을 합하여 부른다.

점을 쳐서 아래와 같이 본괘를 득괘하였다면

상효 ㅣ	외괘는 간산괘 ☶ 라고 하며
오효 ‖	내괘는 감수괘 ☵ 라고 한다.
사효 ⼳	외괘와 내괘를 합쳐 산수몽괘라고 부른다.
삼효 ‖	
이효 ⼳	
초효 ‖	

동효가 변하며 아래와 같은 변괘를 만든다.

음효의 동효는 양효로 변하고

양효의 동효는 음효로 변한다.

상효 ㅣ	사효에서 음효의 동효가 양효로 변하여
오효 ‖	간산괘 ☶ 가 리화괘 ☲ 로 변한다.
사효 ⼳ → ㅣ	이효에서 양효의 동효가 음효로 변하여
삼효 ‖	감수괘 ☵ 가 곤지괘 ☷ 로 변한다.
이효 ⼳ → ‖	이로써 본괘 산수몽괘가 변괘 화지진괘로
초효 ‖	변한 것이다. 이를 산수몽괘가 화지진괘로 변하였다고 말한다.

나. 비신을 붙이는 요령

득괘를 하여 본괘와 변괘를 얻으면 납갑법에 의하여 육효에 비신飛神을 붙인다. 납갑納甲은 한나라의 역법으로 십간을 팔괘에 나누어 배정한 것으로서 달의 모양과 비슷한 괘에 십간의 방위를 붙여서 분납한 것이다. 이것을 운천갑자運天甲子 또는 납갑법이라고 하는데 한나라 역학자 경방京房은 스승인 초연수焦延壽로부터 전해 받은 납갑법으로 육효에 비신을 붙이고 오행에 배속하여 점사의 길흉을 추단하였다.

1) 납갑의 생성

구분	양괘				음괘			
괘	☰ 건乾	☳ 진震	☵ 감坎	☶ 간艮	☱ 태兌	☲ 리離	☴ 손巽	☷ 곤坤
십간 방향	甲壬 동북	庚 서	戊 중앙	丙 남	丁 남	己 중앙	辛 서	乙癸 동북
달모양	보름	초승	본체	그믐	상현	본체	하현	합삭

납갑은 달의 모양과 비슷한 괘에 십간을 붙인 것으로서
양효는 달의 밝은 부분이며 음효는 달의 어두운 부분이다.

감坎괘는 달의 어두운 본체☵로서 중앙 戊에 배정하고
리離괘는 달의 밝은 본체☲로서 중앙 己에 배정하였다.
진震괘는 음력 초순으로서 庚방향에 뜬 초승달☳의 모양이다.
태兌괘는 음력 상순으로서 丁방향에 뜬 상현달☱의 모양이다.
건乾괘는 음력 보름으로서 甲방향에 뜬 보름달☰의 모양이다.
손巽괘는 음력 하순으로서 辛방향에 뜬 하현달☴의 모양이다.
간艮괘는 음력 그믐으로서 丙방향에 뜬 그믐달☶의 모양이다.
곤坤괘는 음력 그믐으로서 乙방향에 합삭合朔☷의 모양이다.

2) 비신의 표기

비신은 각 효에 배정한 지지를 말한다.

구분	양괘				음괘			
괘	☰ 건乾	☳ 진震	☵ 감坎	☶ 간艮	☱ 태兌	☲ 리離	☴ 손巽	☷ 곤坤
십간	甲壬	庚	戊	丙	丁	己	辛	乙癸
초효 비신	子	子	寅	辰	巳	卯	丑	未

육효에서는 납갑의 십간은 쓰지 않고 지지만 쓰며 이를 비신이라고 한다.
양괘는 순행하며 배치하고 음괘는 역행하며 배치한다.
초효의 비신은 주역 계사전에 의한 가족관계의 서열에 의하여 배치한다.

건천괘는 부친이고 진뢰괘는 장남으로서 초효부터 子에서 순행하며
子寅辰午申戌의 순서대로 배치하고

감수괘는 중남으로서 초효부터 寅에서 순행하며 寅辰午申戌子의 순서대로
배치하고

간산괘는 소남으로서 초효부터 辰에서 순행하며 辰午申戌子寅의 순서대로
배치한다.

곤지괘는 모친으로서 초효부터 未에서 역행하며 未巳卯丑亥酉의 순서대로
배치하며

손풍괘는 장녀로서 초효부터 丑에서 역행하며 丑亥酉未巳卯의 순서대로
배치하며

리화괘는 중녀로서 초효부터 卯에서 역행하며 卯丑亥酉未巳의 순서대로
배치하며

태택괘는 소녀로서 초효부터 巳에서 역행하며 巳卯丑亥酉未의 순서대로
배치한다.

건위천乾爲天	감위수坎爲水	간위산艮爲山	진위뢰震爲雷
戌 |	子 ||	寅 |	戌 ||
申 |	戌 |	子 ||	申 ||
午 |	申 ||	戌 ||	午 |
辰 |	午 ||	申 |	辰 ||
寅 |	辰 |	午 ||	寅 ||
子 |	寅 ||	辰 ||	子 |

손위풍巽爲風	리위화離爲火	곤위지坤爲地	태위택兌爲澤
卯 |	巳 |	酉 ||	未 ||
巳 |	未 ||	亥 ||	酉 |
未 ||	酉 |	丑 ||	亥 |
酉 |	亥 |	卯 ||	丑 ||
亥 |	丑 ||	巳 ||	卯 |
丑 ||	卯 |	未 ||	巳 |

건위천괘는 내괘와 외괘가 모두 건천괘로서
내괘에는 **子寅辰**의 비신이 붙어있고 외괘에는 **午申戌**의 비신이 붙어있으며
손위풍괘도 내괘와 외괘가 모두 손풍괘로서
내괘에는 **丑亥酉**의 비신이 붙어있고 외괘에는 **未巳卯**의 비신이 붙어있다.

위와 같은 8개의 괘는 외괘와 내괘가 같은 팔괘로 구성되어 있으나
내괘와 외괘가 다르면 아래와 같이 비신을 붙인다.
가령 득괘하여 본괘 수지비 ䷇ 괘가 지산겸 ䷎ 괘로 변하면
본괘에서 외괘는 감위수괘의 비신을 붙이고 내괘는 곤위지괘의 비신을
붙인다. 변괘에서 외괘는 곤위지괘의 비신을 붙이고 내괘는 간위산괘의
비신을 붙이다.

이를 괘의 도표로 그려보면

子 ‖ → ‖ 酉
戌 ⟋ → ‖ 亥
申 ‖ → ‖ 丑
卯 ⟋ → ∣ 申
巳 ‖ → ‖ 午
未 ‖ → ‖ 辰

외괘에서 본괘는 감수괘 ☵로서 사효부터
申戌子를 배치하고
변괘는 곤지괘 ☷ 로서 오효에 亥를
배치한다.
내괘에서 본괘는 곤지괘 ☷ 로서 초효부터
未巳卯를 배치하고 변괘는 간산괘 ☶ 로서
삼효에 申을 배치한다.

실전에서는 이를 아래와 같이 간편하게 그려 활용한다.

子 ‖
亥 / 戌 ⟋
申 ‖
申 / 卯 ⟋
巳 ‖
未 ‖

오른쪽에 표기한 것이 본괘 수지비 ䷇ 괘이
며 왼쪽에는 변괘 지산겸 ䷠ 괘의 변효만 표기
한다.

오효에서 戌이 亥로 변한 것이며
삼효에서 卯가 申으로 변하였다고 읽는다.

3) 육친의 표기

득괘를 하고 본괘와 변괘에 비신을 붙였으면 이제 비신에 육친을 배정하여
붙인다. 비신에 육친을 붙이는 방법은 팔궁의 오행을 기준으로 한다.

육친은 부모효父母爻, 형제효兄弟爻, 자손효子孫爻, 처재효妻財爻, 관귀효
官鬼爻 등 여섯 가지로 구분하며 이를 부효父爻, 형효兄爻, 손효孫爻, 재효財
爻, 관효官爻 라고 간단히 부른다.

팔궁에는 아래의 도표와 같이 수괘와 수괘에 소속된 괘가 있다.

이들은 모두 팔궁의 오행을 따른다.

가령 건궁의 오행은 金인데 팔궁에 소속된 건위천괘, 천풍구괘, 천산둔괘, 천지비괘, 풍지관괘, 산지박괘, 화지진괘, 화천대유괘 등은 모두 金의 오행을 따르게 된다.

• 팔궁의 오행과 수괘와 수괘에 소속된 괘는 아래와 같다.

팔궁 오행	수괘	2세괘	3세괘	4세괘	5세괘	6세괘	7세괘	8세괘
건궁 乾宮 金	건위천 乾爲天	천풍구 天風姤	천산둔 天山遯	천지비 天地否	풍지관 風地觀	산지박 山地剝	화지진 火地晋	화천대유 火天大有
감궁 坎宮 水	감위수 坎爲水	수택절 水澤節	수뢰둔 水雷屯	수화기제 水火旣濟	택화혁 澤火革	뇌화풍 雷火豊	지화명이 地火明夷	지수사 地水師
간궁 艮宮 土	간위산 艮爲山	산화비 山火賁	산천대축 山天大畜	산택손 山澤損	화택규 火澤睽	천택리 天澤履	풍택중부 風澤中孚	풍산점 風山漸
진궁 震宮 木	진위뢰 震爲雷	뇌지예 雷地豫	뇌수해 雷水解	뇌풍항 雷風恒	지풍승 地風升	수풍정 水風井	택풍대과 澤風大過	택뢰수 澤雷隨
손궁 巽宮 木	손위풍 巽爲風	풍천소축 風天小畜	풍화가인 風火家人	풍뢰익 風雷益	천뢰무망 天雷无妄	화뢰서합 火雷噬嗑	산뢰이 山雷頤	산풍고 山風蠱
리궁 離宮 火	리위화 離爲火	화산려 火山旅	화풍정 火風鼎	화수미제 火水未濟	산수몽 山水蒙	풍수환 風水渙	천수송 天水訟	천화동인 天火同人
곤궁 坤宮 土	곤위지 坤爲地	지뢰복 地雷復	지택림 地澤臨	지천태 地天泰	뇌천대장 雷天大壯	택천쾌 澤天夬	수천수 水天需	수지비 水地比
태궁 兌宮 金	태위택 兌爲澤	택수곤 澤水困	택지췌 澤地萃	택산함 澤山咸	수산건 水山蹇	지산겸 地山謙	뇌산소과 雷山小過	뇌택귀매 雷澤歸妹

팔궁의 오행과 비신의 오행에 의하여 육친을 배정하면 다음과 같으며 팔궁에 소속된 건위천괘, 천풍구괘, 천산둔괘, 천지비괘, 풍지관괘, 산지박괘, 화지진괘, 화천대유괘 등은 모두 金의 오행에 의한 육친을 따르게 된다.

비신 오행 팔궁 오행	木 寅卯	火 巳午	土 辰戌丑未	金 申酉	水 亥子
木	형효兄爻	손효孫爻	재효財爻	관효官爻	부효父爻
火	부효父爻	형효兄爻	손효孫爻	재효財爻	관효官爻
土	관효官爻	부효父爻	형효兄爻	손효孫爻	재효財爻
金	재효財爻	관효官爻	부효父爻	형효兄爻	손효孫爻
水	손효孫爻	재효財爻	관효官爻	부효父爻	형효兄爻

• **팔궁의 수괘에 육친을 배치하면 다음과 같다.**

건위천乾爲天	감위수坎爲水	간위산艮爲山	진위뢰震爲雷
父戌 ｜ 世	兄子 ‖ 世	官寅 ｜ 世	財戌 ‖ 世
兄申 ｜	官戌 ｜	財子 ‖	官申 ‖
官午 ｜	父申 ‖	兄戌 ‖	孫午 ｜
父辰 ｜ 應	財午 ‖ 應	孫申 ｜ 應	財辰 ‖ 應
財寅 ｜	官辰 ｜	父午 ‖	兄寅 ‖
孫子 ｜	孫寅 ‖	兄辰 ‖	父子 ｜

손위풍巽爲風	리위화離爲火	곤위지坤爲地	태위택兌爲澤
兄卯 ｜ 世	兄巳 ｜ 世	孫酉 ‖ 世	父未 ‖ 世
孫巳 ｜	孫未 ‖	財亥 ‖	兄酉 ｜
財未 ‖	財酉 ｜	兄丑 ‖	孫亥 ｜
官酉 ｜ 應	官亥 ｜ 應	官卯 ‖ 應	父丑 ‖ 應
父亥 ｜	孫丑 ‖	父巳 ‖	財卯 ｜
財丑 ‖	父卯 ｜	兄未 ‖	官巳 ｜

• 건위천괘는 팔궁의 오행이 金이므로 다음과 같다.

팔궁 오행 ＼ 비신 오행	木 寅卯	火 巳午	土 辰戌丑未	金 申酉	水 亥子
金	재효財爻	관효官爻	부효父爻	형효兄爻	손효孫爻

건위천괘를 비롯하여 천풍구괘, 천산둔괘, 천지비괘, 풍지관괘, 산지박괘, 화지진괘, 화천대유괘 등도 모두 위와 같은 육친을 부여받는다.

가령, 천풍구괘 ☰ 는 아래와 같이 비신과 육친을 표기한다.

```
천풍구天風姤
   父戌 ｜
   兄申 ｜
   官午 ｜
   兄酉 ｜
   孫亥 ｜
   父丑 ‖
```

외괘의 비신은 건천괘 ☰ 에 의하여 배치하고 육친은 건위천 ☰ 괘에 의하여 배치한다.

내괘의 비신은 손풍괘 ☴ 에 의하여 배치하고 육친은 건위천 ☰ 괘에 의하여 배치한다.

화천대유괘는 아래와 같이 비신과 육친을 표기한다.

```
화천대유火天大有
   官巳 ｜
   父未 ‖
   兄酉 ｜
   父辰 ｜
   財寅 ｜
   孫子 ｜
```

외괘의 비신은 리화괘 ☲ 에 의하여 배치하고 육친은 건위천 ☰ 괘에 의하여 배치한다.

내괘의 비신은 건천괘 ☰ 에 의하여 배치하고 육친은 건위천 ☰ 괘에 의하여 배치한다.

4) 복신의 표기

복신伏神이란 육효에 나타나지 않고 숨어 있는 효신이다.

득괘하였는데 육효 비신에 없는 오행이나 육친이 있으면 이를 팔궁의 수괘에 나타난 비신을 복신으로 취한다.

가령, 천풍구괘에서는 火土金水의 오행은 있고 木의 오행만 없다.

```
천풍구天風姤
父戌  |
兄申  |
官午  |
兄酉  |
孫亥  | (財寅)
父丑  ||
```

천풍구괘는 건궁의 2세괘에 속하므로 수괘인 건위천괘를 보면 이효에 寅이 있으므로 이를 복신으로 취한다.

천풍구괘 이효 비신 孫亥 아래에 (財寅)이라고 표기하며 이를 복신伏神이라고 부른다.

또한, 득괘하여 천산둔괘가 나왔는데, 천산둔괘를 살펴보면 火土金의 오행은 있는데 木과 水의 오행이 없다.

```
천산둔天山遯
父戌  |
兄申  |
官午  |
兄申  |
官午  || (財寅)
父辰  || (孫子)
```

천산둔괘는 건궁의 3세괘에 속하므로 수괘인 건위천괘를 보면 초효에 子가 있고 이효에 寅이 있으므로 이를 복신으로 취한다.

천산둔괘 초효 비신 父辰 아래에 (孫子)로 표기하고 이효 비신 官午 아래에 (財寅)이라고 표기하며 이를 복신이라고 부른다.

5) 세응의 표기

세응이란 세효와 응효를 말한다.

'**세효世爻**'는 점을 치는 사람 자신이고 주인이며

'**응효應爻**'는 점을 치는 사람의 상대방이며 손님이다.

응효는 자신과 상대방과의 피차의 일을 점칠 때 겸하여 쓴다.

• **세효와 응효의 위치는 아래와 같이 정해져 있다.**

팔궁	수괘	2세괘	3세괘	4세괘	5세괘	6세괘	7세괘	8세괘
세효	상효	초효	이효	삼효	사효	오효	사효	삼효
응효	삼효	사효	오효	상효	초효	이효	초효	상효


```
    천풍구天風姤
父戌  ㅣ
兄申  ㅣ
官午  ㅣ應
兄酉  ㅣ
孫亥  ㅣ    (財寅)
父丑  ‖世
```

천풍구괘에 세효와 응효를 붙이려면

천풍구괘는 건궁의 2세괘이므로

세효는 초효에 있고

응효는 사효에 있으며

이를 괘에 세(世), 응(應)이라고 표시한다.


```
    천산둔天山遯
父戌  ㅣ
兄申  ㅣ應
官午  ㅣ
兄申  ㅣ
官午  ‖世 (財寅)
父辰  ‖    (孫子)
```

천산둔괘에 세효와 응효를 붙이려면

천산둔괘는 건궁의 3세괘이므로

세효는 이효에 있고

응효는 오효에 있으며

이를 괘에 世, 應이라고 표시한다.

50 / 증산복역

6) 육수六獸의 표기

육수六獸는 일간의 오행에 해당하는 동물을 말한다.

일간	甲乙	丙丁	戊	己	庚辛	壬癸
육수	청룡 靑龍	주작 朱雀	구진 句陳	등사 螣蛇	백호 白虎	현무 玄武

• **육효점에서 일간을 쓰는 것은 오직 육수를 정하는 경우이다.**

증산복역에서는 풍수점에서 주로 활용하며 다른 점에서는 활용도가 낮은 편이다.

가령 癸일에 점을 치면 초효에 현무玄武를 배치하고 청룡靑龍, 주작朱雀, 구진句陳, 등사螣蛇, 백호白虎의 순서대로 배치하고 점괘에는 玄龍雀句蛇虎로 표기한다.

```
   천풍구天風姤
虎 父戌 │
蛇 兄申 │
句 官午 │ 應
雀 兄酉 │
龍 孫亥 │   (財寅)
玄 父丑 ‖ 世
```

癸일점에 천풍구괘를 얻으면 일간 癸水의 동물인 현무를 초효에 배치하고 玄을 붙인다. 이후 이효부터 **龍, 雀, 句, 蛇, 虎**의 순서대로 붙인다.

```
   천풍구天風姤
玄 父戌 │
虎 兄申 │
蛇 官午 │ 應
句 兄酉 │
雀 孫亥 │   (財寅)
龍 父丑 ‖ 世
```

甲일점에 천풍구괘를 얻으면 일간 甲木의 동물인 청룡을 초효에 배치하고 龍을 붙인다. 이후 이효부터 **雀, 句, 蛇, 虎, 玄**의 순서대로 붙인다.

4. 점치는 날짜와 공망

육효점에서는 점을 친 월과 일이 매우 중요하며 일진에 대한 공망도 역시 중요하므로 이를 점괘에 표기한다.

일반적으로 점치는 년도는 제왕과 같으며 모든 사안을 월과 일에게 위임하고 관여하지 않으므로 표기하지 않는 편이다.

• 공망은 일진에 의한 공망을 점괘에 표기한다.

구분	일진					순공
甲子순	甲子 乙丑 丙寅 丁卯 戊辰					戌亥
	己巳 庚午 辛未 壬申 癸酉					
甲寅순	甲寅 乙卯 丙辰 丁巳 戊午					子丑
	己未 庚申 辛酉 壬戌 癸亥					
甲辰순	甲辰 乙巳 丙午 丁未 戊申					寅卯
	己酉 庚戌 辛亥 壬子 癸丑					
甲午순	甲午 乙未 丙申 丁酉 戊戌					辰巳
	己亥 庚子 辛丑 壬寅 癸卯					
甲申순	甲申 乙酉 丙戌 丁亥 戊子					午未
	己丑 庚寅 辛卯 壬辰 癸巳					
甲戌순	甲戌 乙亥 丙子 丁丑 戊寅					申酉
	己卯 庚辰 辛巳 壬午 癸未					

공망空亡은 비어있다는 뜻으로서 이를 순공旬空이라고 하는데 이는 순중에서 천간이 없는 지지이므로 비어있다는 뜻의 공망이 되는 것이고 이를 순공에 들었다고 한다.

가령 戊辰일에 점을 쳤다면 戊辰일의 공망은 甲子순의 戌亥이다.

壬辰일에 점을 쳤다면 壬辰일의 공망은 甲申순의 午未이다.

5. 점괘의 작성

득괘를 하여 본괘와 변괘의 육효를 긋고 비신과 육친을 배정하고 복신과 육수 그리고 세응을 표기하면 점괘의 구성요소를 갖춘 것이며 이제 점친 월일과 공망을 표기하면 점괘가 완성된 것이다.

예를 들어 乙卯월 癸酉일에 점을 쳐서 수산건괘가 화산려괘로 변하였다면 점괘는 아래와 같이 표기하는 것이 일반적이다.

```
        화산려火山旅 ◀ 수산건水山蹇   兌金宮 5世卦
                                              乙
                                              卯
                                              월
     虎  官巳 / 孫子 ⚊⚋
     蛇  父未 / 父戌 ⚊                          癸
     句  兄酉 / 兄申 ⚊⚋ 世                       酉
     雀        兄申 ⚊                           일
     龍        官午 ⚋    (財卯)
     玄        父辰 ⚋ 應                        공망
                                              戌
                                              亥
```

'**본괘**'는 수산건괘이고, '**변괘**'는 화산려 괘이며, 수산건괘는 태금궁 5세괘에 속한다.

'**외괘**'에 감수괘의 비신을 붙이고 태금궁의 육친을 붙인다.
'**내괘**'에 간산괘의 비신을 붙이고 태금궁의 육친을 붙인다.
'**변괘**'에 리화괘의 비신을 붙이고 태금궁의 육친을 붙인다.

점친 일진이 癸일이므로 육수는 초효에 현무를 붙이고,
다음은 순서대로 붙인다. 그리고 癸酉일의 공망인 戌亥를 표기한다.

6. 64괘 도표

• 득괘를 하면 도표를 보고 간편하게 괘를 작성할 수 있다.

건위천乾爲天	천풍구天風姤	천산둔天山遯	천지비天地否
父戌 ∣世 兄申 ∣ 官午 ∣ 父辰 ∣應 財寅 ∣ 孫子 ∣	父戌 ∣ 兄申 ∣ 官午 ∣應 兄酉 ∣ 孫亥 ∣ (財寅) 父丑 ‖世	父戌 ∣ 兄申 ∣應 官午 ∣ 兄申 ∣ 官午 ‖世(財寅) 父辰 ‖ (孫子)	父戌 ∣應 兄申 ∣ 官午 ∣ 財卯 ‖世 官巳 ‖ 父未 ‖ (孫子)

풍지관風地觀	산지박山地剝	화지진火地晉	화천대유火天大有
財卯 ∣ 官巳 ∣ (兄申) 父未 ‖世 財卯 ‖ 官巳 ‖ 父未 ‖應(孫子)	財寅 ∣ 孫子 ‖世(兄申) 父戌 ‖ 財卯 ‖ 官巳 ‖應 父未 ‖	官巳 ∣ 父未 ‖ 兄酉 ∣世 財卯 ‖ 官巳 ‖ 父未 ‖應(孫子)	官巳 ∣應 父未 ‖ 兄酉 ‖ 父辰 ∣世 財寅 ∣ 孫子 ∣

감위수坎爲水	수택절水澤節	수뢰둔水雷屯	수화기제水火旣濟
兄子 ‖世 官戌 ∣ 父申 ‖ 財午 ‖應 官辰 ∣ 孫寅 ‖	兄子 ‖ 官戌 ∣ 父申 ‖應 官丑 ‖ 孫卯 ∣ 財巳 ∣世	兄子 ‖ 官戌 ∣應 父申 ‖ 官辰 ‖ (財午) 孫寅 ‖世 兄子 ∣	兄子 ‖應 官戌 ∣ 父申 ‖ 兄亥 ∣世(財午) 官丑 ‖ 孫卯 ∣

택화혁澤火革	뇌화풍雷火豊	지화명이地火明夷	지수사地水師
官未 ‖ 父酉 ∣ 兄亥 ∣世 兄亥 ∣ (財午) 官丑 ‖ 孫卯 ∣應	官戌 ‖ 父申 ‖世 財午 ∣ 兄亥 ∣ 官丑 ‖應 孫卯 ∣	父酉 ‖ 兄亥 ‖ 官丑 ‖世 兄亥 ∣ (財午) 官丑 ‖ 孫卯 ∣應(孫寅)	父酉 ‖應 兄亥 ‖ 官丑 ‖ 財午 ‖世 官辰 ∣ 孫寅 ‖

간위산艮爲山	산화비山火賁	산천대축山天大畜	산택손山澤損
官寅 ∣世	官寅 ∣	官寅 ∣	官寅 ∣應
財子 ∥	財子 ∥	財子 ∥應	財子 ∥
兄戌 ∥	兄戌 ∥應	兄戌 ∥	兄戌 ∥
孫申 ∣應	財亥 ∣ (孫申)	兄辰 ∣ (孫申)	兄丑 ∥世(孫申)
父午 ∥	兄丑 ∥ (父午)	官寅 ∣世(父午)	官卯 ∣
兄辰 ∥	官卯 ∣世	財子 ∣	父巳 ∣

화택규火澤暌	천택리天澤履	풍택중부風澤中孚	풍산점風山漸
父巳 ∣	兄戌 ∣	官卯 ∣	官卯 ∣應
兄未 ∥ (財子)	孫申 ∣世(財子)	父巳 ∣ (財子)	父巳 ∣ (財子)
孫酉 ∣世	父午 ∣	兄未 ∥世	兄未 ∥
兄丑 ∥	兄丑 ∥	兄丑 ∥ (孫申)	孫申 ∣世
官卯 ∣	官卯 ∣應	官卯 ∣	父午 ∣
父巳 ∣應	父巳 ∣	父巳 ∣應	兄辰 ∥

진위뢰震爲雷	뇌지예雷地豫	뇌수해雷水解	뇌풍항雷風恒
財戌 ∥世	財戌 ∥	財戌 ∥	財戌 ∥應
官申 ∥	官申 ∥	官申 ∥應	官申 ∥
孫午 ∣	孫午 ∣應	孫午 ∣	孫午 ∣
財辰 ∥應	兄卯 ∥	孫午 ∥	官酉 ∣世
兄寅 ∥	孫巳 ∥	財辰 ∣世	父亥 ∣ (兄寅)
父子 ∣	財未 ∥世(父子)	兄寅 ∥ (父子)	財丑 ∥

지풍승地風升	수풍정水風井	택풍대과澤風大過	택뢰수澤雷隨
官酉 ∥	父子 ∥	財未 ∥	財未 ∥應
父亥 ∥	財戌 ∣世	官酉 ∣	官酉 ∣
財丑 ∥世(孫午)	官申 ∥ (孫午)	父亥 ∣世(孫午)	父亥 ∣ (孫午)
官酉 ∣	官酉 ∣	官酉 ∣	財辰 ∥世
父亥 ∣ (兄寅)	父亥 ∣應(兄寅)	父亥 ∣ (兄寅)	兄寅 ∥
財丑 ∥應	財丑 ∥	財丑 ∥應	父子 ∣

손위풍巽爲風	풍천소축風天小畜	풍화가인風火家人	풍뢰익風雷益
兄卯 ∣世	兄卯 ∣	兄卯 ∣	兄卯 ∣應
孫巳 ∣	孫巳 ∣	孫巳 ∣應	孫巳 ∣
財未 ∥	財未 ∥應	財未 ∥	財未 ∥
官酉 ∣應	財辰 ∣	父亥 ∣ (官酉)	財辰 ∥世(官酉)
父亥 ∣	兄寅 ∣	財丑 ∥世	兄寅 ∥
財丑 ∥	父子 ∣世	兄卯 ∣	父子 ∣

천뢰무망天雷无妄	화뢰서합火雷噬嗑	산뢰이山雷頤	산풍고山風蠱
財戌 ∣	孫巳 ∣	兄寅 ∣	兄寅 ∣應
官申 ∣	財未 ∥世	父子 ∥ (孫巳)	父子 ∥ (孫巳)
孫午 ∣世	官酉 ∣	財戌 ∥世	財戌 ∥
財辰 ∥	財辰 ∣	財辰 ∥ (官酉)	官酉 ∣世
兄寅 ∥	兄寅 ∥應	兄寅 ∥	父亥 ∣
父子 ∣應	父子 ∣	父子 ∣應	財丑 ∥

리위화離爲火	화산려火山旅	화풍승火風鼎	수화미제火水未濟
兄巳 ∣世	兄巳 ∣	兄巳 ∣	兄巳 ∣應
孫未 ∥	孫未 ∥	孫未 ∥應	孫未 ∥
財酉 ∣	財酉 ∣應	財酉 ∣	財酉 ∣
官亥 ∣應	財申 ∣ (官亥)	財酉 ∣	兄午 ∥世(官亥)
孫丑 ∥	兄午 ∥	官亥 ∣世	孫辰 ∣
父卯 ∣	孫辰 ∥世(父卯)	孫丑 ∥ (父卯)	父寅 ∥

산수몽山水蒙	풍수환風水渙	천수송天水訟	천화동인天火同人
父寅 ∣	父卯 ∣	孫戌 ∣	孫戌 ∣應
官子 ∥	兄巳 ∣世	財申 ∣	財申 ∣
孫戌 ∥世	孫未 ∥ (財酉)	兄午 ∣世	兄午 ∣
兄午 ∥	兄午 ∥ (官亥)	兄午 ∥ (官亥)	官亥 ∣世
孫辰 ∣	孫辰 ∣應	孫辰 ∣	孫丑 ∥
父寅 ∥應	父寅 ∥	父寅 ∥應	父卯 ∣

곤위지坤爲地	지뢰복地雷復	지택림地澤臨	지천태地天泰
孫酉 ‖世	孫酉 ‖	孫酉 ‖	孫酉 ‖應
財亥 ‖	財亥 ‖	財亥 ‖應	財亥 ‖
兄丑 ‖	兄丑 ‖應	兄丑 ‖	兄丑 ‖
官卯 ‖應	兄辰 ‖	兄丑 ‖	兄辰 丨世
父巳 ‖	官寅 ‖ (父巳)	官卯 丨世	官寅 丨 (父巳)
兄未 ‖	財子 丨世	父巳 丨	財子 丨

뇌천대장雷天大壯	택천쾌澤天夬	수천수水天需	수지비水地比
兄戌 ‖	兄未 ‖	財子 ‖	財子 ‖應
孫申 ‖	孫酉 丨世	兄戌 丨	兄戌 丨
父午 丨世	財亥 丨	孫申 ‖世	孫申 ‖
兄辰 丨	兄辰 丨	兄辰 丨	官卯 ‖世
官寅 丨	官寅 丨應(父巳)	官寅 丨 (父巳)	父巳 ‖
財子 丨應	財子 丨	財子 丨應	兄未 ‖

태위택兌爲澤	택수곤澤水困	택지췌澤地萃	택산함澤山咸
父未 ‖世	父未 ‖	父未 ‖	父未 ‖應
兄酉 丨	兄酉 丨	兄酉 丨應	兄酉 丨
孫亥 丨	孫亥 丨應	孫亥 丨	孫亥 丨
父丑 ‖應	官午 ‖	財卯 ‖	兄申 丨世
財卯 丨	父辰 丨	官巳 ‖世	官午 ‖ (財卯)
官巳 丨	財寅 ‖世	父未 ‖	父辰 ‖

수산건水山蹇	지산겸地山謙	뇌산소과雷山小過	뇌택귀매雷澤歸妹
孫子 ‖	兄酉 ‖	父戌 ‖	父戌 ‖應
父戌 丨	孫亥 ‖世	兄申 ‖	兄申 ‖
兄申 ‖世	父丑 ‖	官午 丨世(孫亥)	官午 丨 (孫亥)
兄申 丨	兄申 丨	兄申 丨	父丑 ‖世
官午 ‖ (財卯)	官午 ‖應(財卯)	官午 ‖ (財卯)	財卯 丨
父辰 丨應	父辰 ‖	父辰 ‖應	官巳 丨

• 64괘 도표의 활용 방법

64괘 도표를 활용하여 간편하게 점괘를 작성할 수 있다.

비신과 육친 그리고 세응과 복신이 표시되어 있으니 그대로 옮기면 된다.

다음에 변괘의 비신을 옮기고 본괘의 육친을 부여하며 점괘를 완성한다.

육수는 필요한 경우에만 표기하는 것이 일반적이다.

【점사】

壬戌월 癸卯일에 승진을 할 수 있는가를 묻고 승진점을 쳐서 아래와 같이 득괘를 하여 뇌산소과 괘가 화산려 괘로 변하였다면 64괘 도표를 활용하여 간편하게 점괘를 작성한다.

상효 ╢	득괘한 결과 뇌산소과 괘를 본괘로 얻었으며
오효 ∥	상효가 동하여 음효가 양효로 변하므로
사효 ∣	화산려 괘를 변괘로 얻은 것이다.
삼효 ∣	
이효 ∥	우선 64괘 도표에서 뇌산소과 괘를 찾아
초효 ∥	본괘의 점괘에 그린다.

뇌산소과雷山小過	
父戌 ∥	64괘 도표에 있는 뇌산소과 괘를
兄申 ∥	그대로 옮긴 것이다.
官午 ∣ 世(孫亥)	친절하게도 비신과 육친과 복신과 세응을
兄申 ∣	표기하고 있다.
官午 ∥ (財卯)	
父辰 ∥ 應	

다음으로 변괘의 비신을 가져오기로 한다.

64괘 도표에서 화산려괘를 찾으면 상효의 비신이 巳이다.

이를 점괘에 아래와 같이 표기한다.

화산려 ← 뇌산소과
官巳 / 父戌 ⚊⚊
兄申 ⚊⚊
官午 ⚊ 世(孫亥)
兄申 ⚊
官午 ⚊⚊ (財卯)
父辰 ⚊⚊ 應

본괘에서 상효만 동하여 화산려괘로
변하였으므로 화산려 괘의 상효에서
巳를 찾아와서 변효를 표기한 것이다.
화산려 괘에서 巳는 형효이지만 변효의
육친은 본괘의 육친을 따른다.
그러므로 뇌산소과 괘에서 巳午의 비신은
관효이므로 官巳로 표기한 것이다.

점괘에 육수를 붙이는 경우에는 아래와 같이 표기한다.

화산려 ← 뇌산소과
虎 官巳 / 父戌 ⚊⚊
蛇　　 兄申 ⚊⚊
句　　 官午 ⚊ 世(孫亥)
雀　　 兄申 ⚊
龍　　 官午 ⚊⚊ (財卯)
玄　　 父辰 ⚊⚊ 應

점을 친 일진이 癸卯일이므로
초효의 육수는 현무玄武를 배치하고,
이효부터는 청룡靑龍, 주작朱雀, 구진句陳,
등사螣蛇, 백호白虎의 순으로 배치한다.

• 이와 같이 64괘 도표를 활용하면

64괘명을 외우거나 비신이나 육친의 배치를 외우지 않아도 점괘를 쉽게
작성할 수 있다. 64괘 도표를 캡쳐하고 주사위나 동전을 몸에 항상 지니고
있으면 언제 어디에서든 쉽게 육효점을 활용할 수 있기 때문이다.

• 종합적으로 점괘를 완성하면 다음과 같다.

```
        화산려 ◀ 뇌산소과      兌金宮 6世卦
                                              壬
                                              戌
                                              월
    虎 官巳 / 父戌 ⫿
    蛇         兄申 ‖                          癸
    句         官午 ┃世(孫亥)                  卯
    雀         兄申 ┃                          일
    龍         官午 ‖ (財卯)
    玄         父辰 ‖應                        공망
                                              辰
                                              巳
```

계묘(癸卯)일의 공망은 갑오(甲午)순에 계묘(癸卯)일이 있으므로 진사(辰巳)가
순공망이 된다.

승진운을 점친 것이므로 부효가 용신이 된다.
부효戌에 월령 戌이 임하여 왕성하고, 세효에 관효午가 임하였으며
일진卯의 생을 받고 있다.
또한, 부효戌이 동하여 관효巳로 화하고 부효戌을 회두생하므로
승진한다고 판단한다.

이와 같이 점을 쳐서 점괘를 얻어 비신과 육친 그리고 육수와 공망과
복신을 표기하면 점괘가 완성된 것이다.
이제 효신의 쇠왕을 파악하고 용신을 정하여 오행의 생극제화에 의하여
점괘를 판단한다.
점사의 결과를 얻기 위하여서는 점괘를 정확하게 해석하여야 신의 뜻을
비로소 알 수 있다.

1부 점괘의 득괘

2부
효신의 왕쇠강약

1. 효신의 쇠왕

가. 월건은 계절의 기운으로서 사주에서 월령과 같다.

사주에서는 천간이 월령의 기세에 의한 십이운성으로 왕상휴수를
분별하고 천간의 기세의 쇠왕을 판단하지만,
육효점에서는 월건의 오행이 효신을 생부하면 왕성旺盛하다고 하며
월건의 극설을 받으면 쇠약衰弱하다고 판단한다.

월건의 오행과 같은 오행의 효신이 가장 왕성하며
월건의 오행이 생하는 오행의 효신이 그 다음으로 왕성하고
나머지 오행은 극설되므로 쇠약하다.

나. 계절의 오행에 의한 쇠왕

구분	봄	여름	가을	겨울
왕상	木火	火土	金水	水木
휴수	水金土	木水金	土木火	金火土

봄에는 木이 가장 왕성하고 木이 생하는 火가 그 다음으로 왕성하다.
나머지 오행은 극설되므로 쇠약하다.
여름에는 火가 가장 왕성하고 火가 생하는 土가 그 다음으로 왕성하다.
나머지 오행은 극설되므로 쇠약하다.
가을에는 金이 가장 왕성하고 金이 생하는 水가 그 다음으로 왕성하다.
나머지 오행은 극설되므로 쇠약하다.
겨울에는 水가 가장 왕성하고 水가 생하는 木이 그 다음으로 왕성하다.
나머지 오행은 극설되므로 쇠약하다.

• 사주에서는 봄에 木이 왕旺하고 水가 상相이며 火土가 휴休이고
  金을 수囚하다고 판단하지만, 육효점에서는 봄에는 木火가 왕성하고
  金水土가 쇠약하다고 판단한다.

다. 월건에 의한 쇠왕의 구분

월건	왕성한 효신	쇠약한 효신
寅卯	寅卯巳午	亥子申酉辰戌丑未
巳午	巳午辰戌丑未	寅卯亥子申酉
申酉	申酉亥子	辰戌丑未巳午寅卯
亥子	亥子寅卯	申酉辰戌丑未巳午
辰戌丑未	辰戌丑未申酉	巳午寅卯亥子

1) 봄 寅卯辰월

寅월에는 寅이 가장 왕성하고 卯가 그 다음으로 왕성하다.

卯월에는 卯가 가장 왕성하고 寅이 그 다음으로 왕성하다.

巳午는 월건의 생을 받으므로 그 다음으로 왕성하다.

亥子는 월건에게 설기되고 申酉는 역극충을 당하므로 쇠약하고

辰戌丑未는 월건에게 극파를 당하므로 쇠약하다.

辰월에는 辰이 가장 왕성하고 丑未가 그 다음으로 왕성하며 申酉가 그 다음으로 왕성하며 寅卯는 역극을 당하지만 여기로 남아 있으므로 약간 왕성하며 巳午는 설기되어 쇠약하고 亥子나 戌은 극충파를 당하거나 입묘되므로 쇠약하다.

2) 여름 巳午未월

巳월에는 巳가 가장 왕성하고 午가 그 다음으로 왕성하다.

午월에는 午가 가장 왕성하고 巳가 그 다음으로 왕성하다.

辰戌丑未가 월건의 생을 받으므로 그 다음으로 왕성하다.

寅卯는 월건에게 설기되고 亥子와 申酉는 역극충파를 당하므로 쇠약하다.

未월에는 未가 가장 왕성하고 辰戌이 그 다음으로 왕성하며 申酉가 그 다음으로 왕성하며 巳午는 설기되지만 여기로 남아 있으므로 약간 왕성하며 寅卯亥子나 丑은 극충파를 당하거나 입묘되므로 쇠약하다.

3) 가을 申酉戌월

申월에는 申金이 왕성하고 酉金이 그 다음으로 왕성하다.

酉월에는 酉金이 왕성하고 申金이 그 다음으로 왕성하다.

亥子는 월건의 생을 받으므로 그 다음으로 왕성하다.

辰戌丑未는 월건에게 설기되므로 쇠약하고

寅卯와 巳午는 월건에게 극충파와 역극을 당하므로 쇠약하다.

戌월에는 戌이 가장 왕성하고 丑未가 그 다음으로 왕성하며 申酉는 그 다음으로 왕성하며 나머지는 쇠약하다고 한다.

4) 겨울 亥子丑월

亥월에는 亥水가 왕성하고 子水가 그 다음으로 왕성하다.

子월에는 子水가 왕성하고 亥水가 그 다음으로 왕성하다.

寅卯는 월건의 생을 받으므로 그 다음으로 왕성하다.

辰戌丑未는 亥子에게 역극을 당하고 巳午는 극충파를 당하므로 쇠약하다.

丑월에는 丑이 가장 왕성하고 辰戌이 그 다음으로 왕성하며 申酉가 그 다음으로 왕성하며 亥子는 비록 丑월의 극을 당하지만 겨울의 기세가 여기로 남아있으므로 약간 왕성하다고 하고 나머지는 쇠약하다.

2. 효신의 생왕묘절

효신의 생왕묘절은 강약의 개념으로 오행의 십이운성과 같은 개념이며,
효신의 쇠왕은 월건의 생극에 의한 왕쇠의 개념이다.
장생과 제왕은 왕성한 곳으로서 마치 천국과 같다고 하며 묘는 묘지이며
절은 기가 끊어지고 쇠약한 곳으로서 마치 지옥과 같다고 한다.

가. 생왕묘절의 의미

생	왕	묘	절
장생長生	제왕帝旺	묘墓	절絕

효신	申酉	寅卯	巳午	亥子 辰戌丑未
생生	巳	亥	寅	申
왕旺	酉	卯	午	子
묘墓	丑	未	戌	辰
절絕	寅	申	亥	巳

1) 생이란 寅申巳亥 장생을 말하는 것이다.

가령 亥가 동하여 申으로 화하면 장생으로 화한 것이다.
단지 辰戌丑未가 申으로 화하면 역시 장생으로 화한 것이지만
회두생은 되지 않는다.

2) 장생은 상대의 절이 되기도 한다.

가령 巳午는 寅에서 장생이지만 申酉는 寅에서 절이 된다.
단지 亥子와 辰戌丑未는 申에서 장생이고 巳에서 절이 된다.
세효와 용신이 일진에 절되었거나 화절되고 일월동효의 생을 받으면
이른바 절처봉생絶處逢生이라고 하여 회생한다.

가령 寅일에 점을 쳐서 酉가 용신으로서 酉가 寅에 절되었으나 辰戌丑未월
이거나 용신이 동하여 辰戌丑未를 화출하면 土가 酉를 생하므로 이른바
절처봉생되어 다시 살아날 수 있다.

3) 왕이란 子午卯酉 제왕을 말하는 것이다.

가령 申이 酉로 화하면 진신으로 화하며 제왕으로 화한 것이다.
단지 酉가 申으로 화하면 제왕이 물러난 것이므로 퇴신으로 화하였다고 한다.
辰戌丑未가 子로 화하면 제왕으로 화한 것이며 단지 진신은 되지 않지만
모든 점에서 길하다.
특히 丑이 子로 화하면 제왕으로 화하면서 육합이 되어 길하다.

4) 묘란 辰戌丑未 묘지를 말하는 것이다.

용신이 동하여 묘로 화하면 질병점에서는 혼미한 상이 되며
용신이 왕성하면 묘를 충개하는 날에 낫지만
용신이 쇠약하고 형충극해를 만나면 낫기 어렵고
공망에 들면 최근에 생긴 질병은 낫지만 오래된 질병에는 흉하다.
묘는 어두운 상으로서 주로 막히는 것이다.

재물점에서 묘를 만나면 깊이 숨어서 얻을 수 없으며
신명점에서 묘를 만나면 우매하여 부진하고
실물점에서 묘를 만나면 숨어있어 발견할 수 없으며
혼인점에서 묘를 만나면 이루어지지 않는다.
묘신이 기신으로서 회두극하면 흉하고
묘신이 관효로서 회두극하면 더욱 흉하다.

나. 일진에 생왕묘절하는 경우

寅卯효가 亥일에 장생하고 卯일에 제왕이므로 세력이 강해지며 未일이면 묘지에 입묘된다고 하여 죽은 것과 같고,

申일이면 절되었다고 하여 기가 끊어져 역할을 하지 못한다.

다. 동효에 생왕묘절하는 경우

寅卯효가 동효亥를 만나면 장생을 만난 것이며 동효卯를 만나면 제왕을 만난 것이며 동효未를 만나면 동효에 입묘되어 동묘되었다고 하며, 동효申을 만나면 절을 만났다고 한다.

라. 변효에 생왕묘절하는 경우

寅卯효가 동하여 亥를 변출하면 장생으로 화한 것이며 卯를 변출하면 제왕으로 화한 것이며 未를 변출하면 묘로 화한 것이며 申을 변출하면 절로 화한 것이다.

巳가 寅에 장생하지만 만약 일월동효가 동하여 申을 변출하면 삼형을 이루므로 장생으로 논하지 않는다.

마. 金효의 생왕묘절

金효가 巳를 만나면 장생하지만 반드시 金효가 왕성하여야 한다.

만약 金효가 쇠약한데 다시 巳午를 많이 만나면 치열한 火에 金이 녹아버리므로 극으로 논하지 장생으로 논하지 않는다.

金효가 丑土를 만나면 묘가 되지만, 未土가 동하여 충하거나 혹 괘중에 土가 많아 金을 생하면 丑土도 단지 土로 논하지 묘로 논하지 않는다.

바. 土효의 생왕묘절

일반적으로 명리에서 土는 火土동근이라고 하여 土는 火의 생왕묘절을 따르지만, 육효점에서 土는 水의 생왕묘절을 따르는 편이다.

그러므로 辰戌丑未효의 장생은 申이 되는 것이며, 子는 제왕이 되고 巳는 절이 되며 辰이 묘가 되는 것이다. 따라서 戌丑未는 辰에 입묘한다.

土효가 쇠약하면 巳에서 절이 되지만, 土효가 왕성하거나 일월동효가 생부 하면 巳는 단지 火로서 土를 생하는 역할을 하므로 절로 논하지 않는다.

● 야학노인은 土의 장생이 申이라고 주장한다.

고법에 土효가 申에 장생이라고 주장하는가 하면 寅이 장생이라고 헷갈린 주장을 하지만, 이를 증명할 길이 없다. 그런데 날씨점에서 土가 용신인데 申일이나 子일에 응하였으므로 土의 장생은 申이고 子에서 왕한 것이 확실 함을 알게 되었다. 예를 들어 午월 己卯일(申酉공망)에 최근에 생긴 처의 질 병점을 쳐서 진위뢰괘가 뇌화풍괘로 변하였다.

財戌 ‖ 世
官申 ‖
孫午 ∣
父亥 / 財辰 ⚋ 應
兄寅 ‖
父子 ∣

처의 질병점이므로 재효가 용신이다.
육충괘를 만났으므로 최근의 병에는 즉시 낫는다고 알려주고 있다.
과연 子일에 나았는데 이는 子일이 재효辰의 제왕이기 때문이다.

3. 효신의 태과불급

• 태과太過는 평균보다 많은 것을 말하며, 불급不及이란 평균보다
 적은 것을 말한다.

가. 태과한 것은 덜어내야 이룬다.

용신이 중복되어 태과하면 일이 한결같지 않으므로 극제하여야 비로소
일이 성사된다.

특히 용신이 중복되어 태과하면 묘고를 얻어 수장하면 모든 점에서 좋다.

가령 土가 용신으로서 괘중에 戌辰丑未가 많으면 이를 태과하다고 하는 것
이며, 모름지기 寅卯월일을 기다려 태과한 土효를 극제하거나, 辰월이나 辰
일을 기다려 土효를 입묘하여야 일이 성사된다. 辰은 土의 묘고로서의 역할
을 하기 때문이다.

【예1】 丁丑일(申酉 공망)에 재물점을 쳐서 풍뢰익괘가 택지췌괘로 변하였다.

財未 / 兄卯 ⺅ 應	재물점이므로 재효가 용신이다.
孫巳 ㅣ	재효가 두 개 있고 변효에 재효가 두 개 있어
父亥 / 財未 ⺟	매우 태과하다.
財辰 ‖ 世	재효를 입묘하는 辰일에 득재하였다.
兄寅 ‖	이 괘는 비록 세효가 辰으로서 재효의 묘고가
財未 / 父子 ⺅	되지만, 괘안에 묘고가 있고 없음을 따질 필
요없이 辰일을 기다리면 응기하여 득재한다.

【예2】午월 戊午일(子丑 공망)에 비가 언제 올 것인가 하는 점을 쳐서 지풍승괘과 뇌풍항괘로 변하였다.

官酉 ‖ 父亥 ‖ 孫午 / 財丑 ⚋ 世 官酉 ∣ 父亥 ∣ 財丑 ‖ 應	재효丑이 동하여 손효午를 화출하므로 가뭄이 심하다. 손효午가 일월에 임하여 기세가 태과하므로 손효午가 입묘하는 戌일이 되면 비가 온다고 알려주고 있다. 과연 戌일 申시에 비가 내렸다.

【예3】丑월 丙申일에 평생명예점을 쳐서 수화기제괘가 지천태괘로 변하였다.

兄子 ‖ 應 兄亥 / 官戌 ⚋ 父申 ‖ 兄亥 ∣ 世 孫寅 / 官丑 ⚋ 孫卯 ∣	신수점이므로 세효가 용신이다. 관효丑戌이 월건에 임하여 태과한데 동하여 세효亥를 극하므로 귀효가 태과한 것으로서 명예보다는 요절에 대비하라고 알려주고 있다. 귀효가 입묘되는 辰년 戌월에 죽었다

나. 불급한 것은 보태주어야 이롭다.

용신이 하나만 있고 왕성하지 않은데 생부조차 없으면 이를 불급하다고 하며 일이 성사되기 어렵다.

가령 용신이 金효로서 여름에 쇠약한데 만약 일진동효나 일월의 생부를 만나면 일이 성사된다.이는 불급한 효는 뿌리가 약하여 쇠약한데 생부를 만나면 마치 가뭄에 비가 오는 것 같아 갑자기 흥성하여지기 때문이다. 그러나 쇠약한데 도움이 없고 충극을 받아 무너지면 비록 생합을 받아도 살기 어렵다.

3부
용신의 운용

1. 용신을 정하는 법

가. 세효가 용신이 되는 경우

점치는 본인의 신상에 관한 점은 세효가 용신이 된다.

용신은 생왕한 것이 좋으며 길하기를 바라면 월건, 일진, 동효, 세효가 동한 변효 등 4곳에서 용신을 생합하는 것이 좋고 흉하기를 바라면 용신을 충극하는 것이 좋다.

【예1】 辰월 乙巳일(寅卯 공망)에 수명점을 쳐서 풍택중부괘를 얻었다.

官卯	ㅣ
父巳	ㅣ
兄未	‖ 世
兄丑	‖
官卯	ㅣ
父巳	ㅣ 應

본인의 수명점이므로 세효未가 용신이다.

세효未가 월건辰과 일진巳의 생부를 받아 왕성하므로 오래 산다고 판단한다.

나. 응효가 용신이 되는 경우

피차간을 점치는 경우에는 세효는 자신이고 응효는 타인이 된다.

주로 경쟁자, 동업자, 고객, 채권채무자 등이 이에 해당한다.

상대방이 잘되기를 바라면 응효가 왕성하여야 하며, 상대방이 잘되는 것을 바라지 않으면 응효가 쇠약하고 충극을 받는 것이 좋다.

세효가 공망이면 자신이 진실하지 않은 것이며, 응효가 공망이면 상대가 진실하지 않은 것이다.

세효와 응효가 모두 공망이면 피차 모두 진실함이 없으며

앞으로 향하지 못하고 후회하며 일에 실질적인 진척이 없다.

응효가 동하여 세효와 삼합을 이루면 일의 도모가 더욱 빨리 이루어지지만 오직 세효와 응효를 극하는 것을 꺼리는데 일이 반드시 이루어지기 어렵다. 세효를 극하면 내가 어리석게 당하고 나쁘게 되며, 응효를 극하면 상대방의 일이 나쁘게 되고 유혹을 당하게 된다.

【예2】巳월 庚辰일(申酉공망)에 주택 매매점을 쳐서 지택림괘가 뇌천대장괘로 변하였다.

孫酉 ‖
財亥 ‖ 應
父午 / 兄丑 ⚊⚊
兄辰 / 兄丑 ⚊⚊
官卯 ｜ 世
父巳 ｜

세효卯와 응효亥간의 거래이며, 간효丑은 중개인이다. 응효亥가 세효卯를 수생목하여 생하므로 상대방이 거래할 뜻이 있으나, 간효丑이 동하여 응효亥를 극하므로 중개인의 농간으로 거래가 이루어지기 어렵다.

【예3】未월 丁卯일(戌亥공망)에 사업자금을 빌릴 수 있는가. 여부점을 쳐서 화지진괘를 얻었다.

官巳 ｜
父未 ‖
兄酉 ｜ 世
財卯 ‖
官巳 ‖
父未 ‖ 應

세효酉가 응효未에게 사업자금을 빌리는 것이다. 세효酉가 월건未와 응효未의 생을 받고 일진卯가 재효卯에 임하고 세효酉를 충동하므로 세효酉가 합을 만나는 辰일에는 반드시 빌릴 수 있다고 판단한다.

다. 부효가 용신이 되는 경우

1) 자신을 보호하여 주는 사람이나 물건을 점치는 경우
2) 부모와 조부모, 백숙, 고모, 이모 등 부모의 윗사람이나 부모와 같은
   서열의 친척 등을 점치는 경우
3) 처부모, 유모, 양부모, 웃어른 친지 등을 점치는 경우
4) 스승을 점치는 경우
5) 종업원이 사장이나 점포주인 등을 점치는 경우
6) 주택, 무덤, 차량, 선박, 의복, 우산, 문서 등을 점치는 경우

【예4】 巳월 乙酉일(午未 공망)에 부친 수명점을 쳐서 손위풍괘가 천풍구괘로
　　　변하였다.

```
            兄卯 ｜ 世
            孫巳 ｜
     孫午 / 財未 ‖
            官酉 ｜ 應
            父亥 ｜
            財丑 ‖
```

부친 수명점이므로 부효亥가 용신이다.
부효亥가 월건巳의 충을 받아 월파되고
기신未가 동하여 부효亥를 극상하고
있으므로 오래 살기 어렵다고 판단한다.

【예5】 申월 辛卯일(午未 공망)에 집을 사려는데 길흉이 어떤가.
　　　여부점을 쳐서 택화혁괘가 택천쾌괘로 변하였다.

```
            官未 ‖
            父酉 ｜
            兄亥 ｜ 世
            兄亥 ｜
     孫寅 / 官丑 ‖
            孫卯 ｜ 應
```

주택길흉점이므로 부효酉가 용신이다.
부효酉가 월건申의 도움을 받아 왕성하고
월건申이 세효亥를 생하고
귀효丑이 동하였으나 회두극되어 무력하고
일진卯가 부효酉를 충동하여 세효를
생하므로 집을 사도 좋다고 판단한다.

라. 관효가 용신이 되는 경우

1) 자신을 다스리고 구속하는 모든 것을 점치는 경우

2) 국가나 관공서, 직장 등의 조직을 점치는 경우

3) 부인이 남편을 점치는 경우

4) 자신의 못된 부하나 도둑, 사기꾼 등을 점치는 경우

5) 질병과 근심 걱정 등과 관련된 사안이나 물건을 점치는 경우

【예6】 巳월 乙卯일(子丑공망)에 승진점을 쳐서 뇌산소과괘를 얻었다.

父戌 ‖	승진점이므로 관효午가 용신이다.
兄申 ‖	관효午가 세효에 임하고,
官午 ∣ 世	월건巳와 일진卯의 생부를 받아 왕성하므로
兄申 ∣	승진한다고 판단한다.
官午 ‖	
父辰 ‖ 應	

【예7】 丑월 丙戌일(午未공망)에 부인이 남편의 질병점을 쳐서 풍택중부괘가
태위택괘로 변하였다.

兄未 / 官卯 ㇏	남편의 질병점이므로 관효卯가 용신이다.
父巳 ∣	관효卯가 동하여 未공망으로 화하므로 최근
財亥 / 兄未 ㇏ 世	병에는 공망으로 화하면 즉시 낫는다.
兄丑 ‖	그러나 세효와 용신이 亥卯未삼합을 이루었
官卯 ∣	으므로 병이 오래 간다고 판단한다.
父巳 ∣ 應	

✎ 최근 병에는 용신이 공망으로 화하면 즉시 호전되었지만, 세효와 용신
이 삼합을 이루면 병이 오래가며 위험해진다.

마. 형효가 용신이 되는 경우

1) 자신의 동료이거나 경쟁하는 사람을 점치는 경우

단지 친구를 점치는 경우에는 응효를 용신으로 하기도 한다.

2) 형제와 형제의 배우자, 사촌형제, 의형제 등을 점치는 경우

단지 누이의 남편은 세효를 용신으로 하며 사촌형제의 배우자는 응효를 용신으로 하기도 한다.

【예8】 申월 丙辰일(子丑 공망)에 형제가 장차 화목할 것인가.

여부점을 쳐서 화천대유괘가 건위천괘로 변하였다.

官巳 ㅣ 應
兄申 / 父未 ⚋
兄酉 ㅣ
父辰 ㅣ 世
財寅 ㅣ
孫子 ㅣ

형제점이므로 형효酉가 용신이다.

월건申과 일진辰이 형효酉를 도와 왕성하고,

부효未가 동하여 형효酉를 생하고 또한,

형효申을 화출하고 있으므로 형제가 서로

화목한다고 판단한다.

【예9】 午월 甲寅일(子丑 공망)에 동생이 형의 최근에 발생한 질병점을 쳐서

수뢰둔괘가 풍택중부괘로 변하였다.

孫卯 / 兄子 ⚋
官戌 ㅣ 應
父申 ⚋
官辰 ⚋
孫卯 / 孫寅 ⚋ 世
兄子 ㅣ

형의 질병점이므로 형효子가 용신이다.

형효子가 공망에 들었으므로 최근에 발생한

질병에는 즉시 완쾌된다고, 판단한다.

바. 재효가 용신이 되는 경우

1) 자신이 다스리는 조직이나 사람을 점치는 경우

2) 자신의 부인이나 종업원 등을 점치는 경우

3) 자신이 사용하는 재물, 보석, 금고, 창고 등을 점치는 경우

【예10】 巳월 丙辰일(子丑공망)에 투자점을 쳐서 화수미제괘가 뇌택귀매괘로
　　　　 변하였다.

```
孫戌 / 兄巳 ⚊ 應
        孫未 ⚋⚋
        財酉 ⚊
        兄午 ⚋⚋ 世
        孫辰 ⚊
兄巳 / 父寅 ⚋⚋
```

투자점이므로 재효酉가 용신이다.
세효午와 동효巳에 형효가 임하여 태왕하므로
입묘하는 戌월에 투자 손실을 본다고 판단
한다.

✎ 태왕한 효는 입묘하는 월에 응한다.

【예11】 亥월 戊午일(子丑공망)에 최근에 발생한 처의 질병점을 쳐서 수지비
　　　　 괘가 수산건괘로 변하였다.

```
        財子 ⚋⚋ 應
        兄戌 ⚊
        孫申 ⚋⚋
孫申 / 官卯 ⚋⚋ 世
        父巳 ⚋⚋
        兄未 ⚋⚋
```

처점이므로 재효子가 용신이다.
재효子가 공망에 들었으므로 최근에 발생한
병은 출공이 되는 子일에 즉시 낫는다고 판단
한다.

사. 손효가 용신이 되는 경우

1) 자신이 보호하여 주는 사람이나 물건 등을 점치는 경우

2) 자신의 자식이나 조카 등 자손뻘을 점치는 경우

3) 자신의 문하생이나 제자를 점치는 경우

4) 자신의 아랫사람을 점치는 경우

5) 자신이 소유한 물건이나 가축 등을 점치는 경우

6) 질병점에서 치료하는 의사나 의약품을 점치는 경우

【예12】 子월 戊戌일에 장차 자식이 많을 것인가 하는 점을 쳐서 수뢰둔괘가 수택절괘로 변하였다.

```
          兄子  ‖
          官戌  ┃  應
          父申  ‖
          官辰  ‖
  孫卯 / 孫寅  ‖  世
          兄子  ┃
```

자식점이므로 손효寅이 용신이다.
손효寅이 세효에 임하고 동하여 손효卯를 화출하였으며, 월건子의 생을 받아 왕성하므로 장차 자식과 손자가 많을 상이라고 판단한다.

【예13】 丑월 庚子일(辰巳공망)에 자식이 전염병에 감염되어 치료 할 수 있는지. 여부를 점쳐서 뇌수해괘가 뇌택귀매괘 로 변하였다.

```
          財戌  ‖
          官申  ‖  應
          孫午  ┃
          孫午  ‖
          財辰  ┃  世
  孫巳 / 兄寅  ‖
```

자식의 질병점이므로 손효午가 용신이다.
형효寅이 동하여 손효午를 생하고 손효午가 일진子에 의하여 충파되므로 의사에게 치료받으면 반드시 완쾌된다고 판단한다.

2. 용신이 두 개인 경우

용신이 두 개 나타나는 것을 양현兩現이라고 한다.
가령 부모점에서 괘중에 부효가 두 개 있는 것 등이다.
용신이 두 개인 경우에는 왕성하거나 동한 것을 용신으로 정하는 것이
일반적이지만, 비록 왕성하고 동하여도 순공에 든 것과 월파된 것을 쓴다.
이는 출공하거나 전실되는 시기에 응하기 때문이다.

【예14】 未월 庚子일(辰巳공망)에 재물을 구하는 점을 쳐서 풍천소축괘를
　　　　 얻었다.

兄卯 ㅣ
孫巳 ㅣ
財未 ‖ 應
財辰 ㅣ
兄寅 ㅣ
父子 ㅣ 世

재물점이므로 재효가 용신이다.
재효未에 월건未가 임하여 왕성하지만
삼효辰이 순공에 들었으니,
순공에 든 삼효辰을 용신으로 정한다.
순공에서 벗어나는 출공일이 甲辰일이므로
甲辰일에는 재물을 구한다고 판단한다.

【예15】 亥월 丙午일(寅卯공망)에 자식이 위험에서 언제 벗어나는가.
　　　　 점을 쳐서 뇌지예괘가 뇌택귀매괘로 변하였다.

財戌 ‖
官申 ‖
孫午 ㅣ 應
兄卯 ‖
兄卯 / 孫巳 ⚋
孫巳 / 財未 ⚋ 世

자식점이므로 손효가 용신이다.
손효巳와 손효午 모두 세 개나 있으나
손효午는 일진이 임한 정효이고,
손효巳는 동하여 월파가 안 되므로
월파되는 변효巳를 용신으로 정한다.
실파되는 巳년에 위험에서 벗어난다.

3. 용신이 나타나지 않는 경우

용신이 나타나지 않으면 용신을 억지로 찾으려고 하지 말고 재점하여
판단하는 것이 정확하다고 야학노인은 말한다.
동효가 동하여 화출한 변효에서 용신이 나타나는 경우도 있으며
복신이 유용한 경우에는 따로 재점하지 않는 경우도 있다.

가. 복신을 용신으로 쓰는 경우

복신이란 육효에 나타나지 않고 숨어 있는 효신이다.
복신이 비록 숨어있고 나타나지 않았지만
복신이 유용한 경우가 있고 무용한 경우가 있다.
복신이 유용한 경우에는 복신이 비록 나타나지 않았지만 나타난 것과 같으며
복신이 무용한 경우에는 용신이 있어도 없는 것과 같다.

복신이 유용한 경우
1) 복신이 일월의 생부를 얻어 왕성한 경우
2) 복신이 비신의 생을 얻는 경우
3) 복신이 동효의 생을 얻는 경우
4) 복신을 극하는 비신이 쇠약하거나 공파묘절되는 경우

복신이 무용한 경우
1) 복신이 쇠약한 경우
2) 복신이 일월의 충극을 받는 경우
3) 복신을 극하는 비신이 왕상한 경우
4) 복신이 비신에게 묘절되는 경우
5) 복신이 휴수하고 공파되는 경우

대개 용신이 나타나지 않으면 복신으로 있는 경우가 있다.

이 때 월건과 일진이 비신을 충개하여 복신을 생합하거나 도와서 일어나도록 하면 복신을 유용하게 쓸 수 있다.

또한 비신이 공망이면 복신을 누르지 못하며

복신이 다시 일월의 생부공합을 얻으면 유용하게 쓸 수 있다.

【예16】 문서점에 산화비괘를 얻었다.

官寅 |
財子 ‖
兄戌 ‖ 應
財亥 | (孫申)
兄丑 ‖ (父午)
官卯 | 世

문서점에 부효가 용신인데, 이효인 형효丑 아래에 복신午로 있으므로 문서를 가진 사람이 가버렸다고 판단할 수 있다.

가령, 未월 未일점이라면 비신丑을 충거하고 복신午를 합하여 일으키므로 복신이 유용하여 문서가 있다고 판단할 수 있다.

만약, 寅월 卯일점이라면 비신丑을 극거하고 복신午를 생하므로 복신이 유용하여 문서가 있다고 판단할 수 있다.

【예17】 酉월 丙辰일(子丑 공망)에 자식의 질병점을 쳐서 지풍승괘를 얻었다.

官酉 ‖
父亥 ‖
財丑 ‖ 世(孫午)
官酉 |
父亥 | (兄寅)
財丑 ‖ 應

자식점이므로 손효가 용신이다.

손효가 없고 복신에 손효午가 있다.

비신丑이 공망되어 복신이 유용하므로 午일이 되면 병이 낫는다고 판단한다.

【예18】 戊申일(寅卯 공망)에 자식의 질병점을 쳐서 화지진괘가 변한 산지박
괘를 얻었다.

官巳 ㅣ
父未 ‖
父戌 / 兄酉 ⚊ 世
財卯 ‖
官巳 ‖
父未 ‖ 應 (孫子)

자식점이므로 손효가 용신이다.
복신 손효子가 왕성하고, 세효酉가 동하여
복신을 생하여 복신이 유용하므로 子일이
되면 낫는다고 판단한다.

【예19】 卯월 壬辰일(午未공망)에 문서점을 쳐서 산화비괘를 얻었다.

官寅 ㅣ
財子 ‖
兄戌 ‖ 應
財亥 ㅣ (孫申)
兄丑 ‖ (父午)
官卯 ㅣ 世

문서점이므로 부효가 용신이다.
부효午가 복신이며 공망에 들고, 형효丑이
휴수하여 복신이 유용하므로 복신이
출공하는 甲午일에는 문서를 얻을 수 있다고
판단한다.

【예20】 辰월 丙辰일(子丑 공망)에 지하에서 광채가 나오므로 보석 여부점을
쳐서 화택규괘가 산풍고괘로 변하였다.

父巳 ㅣ
兄未 ‖ (財子)
兄戌 / 孫酉 ⚊ 世
孫酉 / 兄丑 ⚊
官卯 ㅣ
兄丑 / 父巳 ⚊ 應

보석점이므로 재효가 용신이다.
재효子가 복신이며 공망에 들고,
일월의 극을 받아 공파되었으며,
형효未가 왕성하고 복신이 무용하므로
보석이 아니라고 판단한다.
지하를 파보니 깨진 항아리와 기와조각만
있었다.

나. 변효를 용신으로 쓰는 경우

【예21】丙申월 丙子일(申酉공망)에 자식이 언제 돌아오겠는가. 점을 쳐서
풍지관괘가 천지비괘로 변하였다.

```
      財卯 |
      官巳 |    (兄申)
孫亥 / 父未 ‖ 世
      財卯 ‖
      官巳 ‖
      父未 ‖ 應(孫子)
```

자식점이므로 손효가 용신이다.
세효未가 동하여 손효亥를 화출하였으므로
자식이 亥월에는 돌아온다는 것을 알려주고
있다.
변효가 용신으로 나타난 것이다.

【예22】申월 丙子일(申酉공망)에 오래된 병에 약을 쓰면 낫는지.
여부점을 쳐서 지풍승괘가 풍산점괘로 변하였다.

```
兄卯 / 官酉 ‖
孫巳 / 父亥 ‖
      財丑 ‖ 世
      官酉 |
孫午 / 父亥 ⼳
      財丑 ‖ 應
```

약을 구하는 점이므로 손효가 용신이다.
부효亥가 이효와 오효에서 동하여 손효巳午
를 화출하고 있다.
그러나 손효巳午는 쇠약하고 일진子에게 극
파되므로 치료할 수 있는 약이 없는 것으로
본다. 재점하여 판단한다.
같은 날 자식이 재점하여 뇌천대장괘를 얻었다.
부친의 질병점이므로 부효가 용신이다.

```
兄戌 ‖
孫申 ‖
父午 | 世
兄辰 |
官寅 |
財子 | 應
```

부효午가 쇠약하고, 일진子에 의하여 극파되
므로 흉하다.
재점하는 것은 길흉을 판단하는 것이므로
약을 써도 소용없으며, 겨울에는 위험하다고
알려준 것이다.

4. 용신의 쇠왕과 생극

가. 월건과 일진에 의한 쇠왕과 생극

월건과 일진은 하늘과 같고 임금과 같으며
효신은 백성과 만물과 같으므로 일월은 능히 효신을 형충극해
할 수 있어도 효신은 일월을 형충극해 할 수 없다.

월건이 용신을 생부하면 용신이 왕성하다고 하며
월건이 용신을 극설하면 용신이 쇠약하다고 한다.
특히 월건에게 충파沖破되면 월파月破되어 쓸모없어진다.

월건에 쇠약하여도 일진의 생부를 받으면 유기有氣하다고 하고
월건에 쇠약한데 일진에 의하여 충극을 받으면 파괴된다.
용신은 왕성하여야 능히 형충극해를 감당할 수 있지만
용신이 쇠약하면 형충극해를 감당하기 어렵다.

용신이 정효인데
월건에 왕성하고 일진의 충을 받으면 암동暗動한다고 하며
월건에 쇠약하고 일진의 충을 받으면 일파日破되었다고 한다.

월건과 일진이 辰戌丑未이면 용신을 입묘入墓시킬 수 있다.
용신이 입묘되면 만사에 노력하여도 지체하며 이루기 어렵고
일월동효에 의하여 극충되어 충묘되어야 비로소 유력해진다.

✎ 월건은 용신의 쇠왕을 결정하며, 일진은 용신을 생극충합 할 수 있다.

【예23】 戊寅일(申酉공망)에 재물점을 쳐서 천화동인괘가 건위천괘로 변하였다.

孫戌 ㅣ 應
財申 ㅣ
兄午 ㅣ
官亥 ㅣ 世
父寅 / 孫丑 ⚋
父卯 ㅣ

재물점이므로 재효가 용신이다.
재효申이 공망에 들고, 손효丑에 동묘하지만,
일진寅이 충동하여 공망에 들지않고,
손효丑을 극파하여 입묘되지도 않는다.
그러므로 득재한다고 판단한다.

【예24】 未월 戊辰일(戌亥공망)에 금년 신수점을 쳐서 지뢰복괘가 지산겸괘
로 변하였다.

孫酉 ⚋
財亥 ⚋
兄丑 ⚋ 應
孫申 / 兄辰 ⚋
官寅 ⚋
兄辰 / 財子 ⚋ 世

신수점이므로 세효가 용신이다.
세효子가 동하여 변효辰에 화묘하고
동효辰이 동하여 동묘하였으며
용신이 쇠약하므로 금년 한 해는 좋은
운이 아니라고 알려주고 있다.

【예25】 戌월 丙子일(申酉 공망)에 부친 소식이 언제 오겠는가.
점을 쳐서 지택림괘를 얻었다.

孫酉 ⚋
財亥 ⚋ 應
兄丑 ⚋
兄丑 ⚋
官卯 ㅣ 世
父巳 ㅣ

부친점이므로 부효巳가 용신이다.
부효巳가 월건戌에 입묘되고
일진子의 극을 받아 쇠약하므로
소식이 오지 않는다고 알려주고 있다.

【예26】 丑월 壬子일(寅卯 공망)에 형사소송점을 쳐서 천산둔괘를 얻었다.

父戌 |
兄申 | 應
官午 |
兄申 |
官午 ‖ 世
父辰 ‖

형사소송점이므로 세효가 용신이다.
세효에 귀효午가 임하였는데, 손효가 없는
것이 좋지 않으며, 세효午가 丑월에
쇠약하고, 일진子에 의하여 일파되므로
반드시 형벌을 받는다고 알려주고 있다.

나. 동효에 의한 생극

동효는 용신을 생극충합할 수 있다.
용신이 동효의 생부가 있으면 유기하다고 하며 용신이 왕성하고
다른 동효의 극제가 없으면 일이 빨리 성사된다.
용신이 쇠약하고 무력한데 일월이 동효를 도와 극제하면 비록
다른 동효의 생부를 만나도 쓸모가 없다.
그러나 유기하면 비록 용신이 상하여도 뿌리가 있는 것이니
원신의 생부를 만나는 날에 쓸모가 있게 된다.

【예27】 子월 丁亥일(午未 공망)에 직장점을 쳐서 뇌택귀매괘가 뇌수해괘로
변하였다.

父戌 ‖ 應
兄申 ‖
官午 |
父丑 ‖ 世
財卯 |
財寅 / 官巳 ㄨ

직장점이므로 관효巳가 용신이다.
관효巳가 휴수하고, 일파되므로 직위를
보존하기 어렵지만, 용신巳가 동하여
원신寅을 화출하여 생을 받아 유기하므로
巳년에 복직된다고 알려주고 있다.

다. 변효에 의한 생극

용신이 동하여 화출한 변효가 용신을 생극충합 할 수 있다.

변효의 생을 받으면 회두생이라고 하며

변효의 극을 받으면 회두극이라고 하며

변효의 충을 받으면 회두충이라고 하며

변효와 합을 하면 회두합이라고 한다.

변효가 장생으로 화하면 화생이라고 하며

변효가 제왕으로 화하면 화왕이라고 하며

변효가 절로 화하면 화절이라고 하며

변효가 묘로 화하면 화묘라고 하며

변효가 공망으로 화하면 화공이라고 한다.

변효가 진신으로 화하면 유용하고 퇴신으로 화하면 지체된다.

화묘되면 충개하는 일월에 이루어지고, 화절하면 생왕한 일월에 성취한다.

화공하면 실공이나 충공하는 일월에 반드시 이루며 최근에 생긴 질병점에

서는 출공하는 날에 낫는다.

【예28】 未월 戊辰일(戌亥 공망)에 신수점을 쳐서 지뢰복괘가 지산겸괘로

　　　변하였다.

孫酉 ‖	신수점이므로 세효子가 용신이다.
財亥 ‖	세효子가 쇠약한데 동하여 화묘에 들고
兄丑 ‖ 應	동효辰의 극을 받으니,
孫申 / 兄辰 ⚊	비록 세효子가 동효辰과 변효申과 삼합을 이
官寅 ‖	루어도 좋지 않은 징조이다.
兄辰 / 財子 ⚊ 世	午년에 세효子가 충거되어 사망했다.

라. 용신이 세효를 생극하는 경우

용신이 세효를 극하여 일이 이루어지는 경우가 있다.

재물점에서 재효 용신이 세효를 극하면 재물을 득한다.

질병치료점에서 손효 용신이 세효를 극하면 약을 구한다.

용신이 동효로서 세효를 극하면 집나간 사람이 속히 돌아오고

용신이 정효로서 세효를 생하면 집나간 사람이 늦게 돌아온다.

이외의 점에서는 용신이 세효를 생합하는 것이 좋고 극하면 좋지 않다.

가령 직장점에서 관효가 세효를 극하면 재난을 당한다.

【예29】 丑월 庚子일(辰巳 공망)에 취업점을 쳐서 지천태괘가 지화명이괘로
변하였다.

```
        孫酉 ‖ 應
        財亥 ‖
        兄丑 ‖
        兄辰 ∣ 世
兄丑 / 官寅 ⚊
        財子 ∣
```

취업점이므로 관효寅이 용신이다.

관효寅이 동하여 세효辰을 극하는 것이
좋지 않은 징조이다.

세효辰이 공망이므로 寅월에 취업은 되겠으나,
세효가 출공하는 辰월에는 관효寅이
극하므로 재난을 당한다고 알려주고 있다.

【예30】 午월 丙辰일(子丑 공망)에 이사점을 쳐서 지산겸괘가 지화명이괘로
변하였다.

```
        兄酉 ‖
        孫亥 ‖ 世
        父丑 ‖
        兄申 ∣
        官午 ‖ 應
財卯 / 父辰 ⚊
```

이사점이므로 부효辰이 용신이다.

용신辰이 동하여 세효亥를 극하므로 좋지 않
은 징조이다. 지금은 용신辰이 회두극되어
괜찮지만 가을에 卯가 쇠약하여 용신辰을 극
하지 못하면 세효亥가 극을 받아 재난을 당
한다고 알려주고 있다.

5. 용신의 원신과 기구신

가. 용신과 원신과 기구신의 관계

원신元神은 용신을 생하는 효신이며

기신忌神은 용신을 극하는 효신이며

구신仇神은 원신을 극제하고 용신을 생조하지 못하게 하며 오히려 기신을 생하여 용신을 극해하는 효신이다.

모든 점에서 득괘하면 우선 용신이 어디에 있는가를 살펴보고

용신의 쇠왕 여부를 살피고 원신이 동하여 용신을 생부하는지 기신이 동하여 용신을 극해하는지를 살펴보아야 한다.

【예31】 辰월 戊申일(寅卯공망)에 부친의 최근 병에 대한 질병점을 쳐서
        건위천괘가 풍천소축괘로 변하였다.

父戌 丨 世	
兄申 丨	
父未 / 官午 爻	
父辰 丨 應	
財寅 丨	
孫子 丨	

최근 병에는 육충괘를 얻으면 당연히 회복되었겠지만, 병세가 악화 되었다고 한다.

이 괘는 부효가 3개 이므로 월건에 임한 辰효가 용신이 된다.

병이 심하여진 것은 申일에 寅을 충극하니 암동하여 용신을 극하였기 때문이다.

비록 원신午가 동하였지만, 未를 화출하여 午未합을 하므로 용신을 생하지 못하고 용신은 암동한 기신寅의 극을 받으므로 병세가 더욱 심하여진 것이다.

이러한 경우에는 丑일에 未를 충거하여 午未합을 깨면 원신午는 용신辰을 생하므로 병상에서 일어나게 된다. 과연 그러하였다.

1) 원신이 용신을 생하여 유력하게 만드는 경우

가) 원신이 왕성하거나 일월동효의 생부를 받는 경우

나) 원신이 동하여 회두생으로 화하거나 진신으로 화하는 경우

다) 원신이 일진의 장생이나 제왕이 되는 경우

라) 원신과 기신이 함께 동하는 경우

마) 왕상한 원신이 동하여 공망이거나 공망으로 화하는 경우

고법에 공망에 임하거나 공망으로 화하면 쓸모가 없다고 하는데 그렇지
않다. 동하면 공망이 되지 않는 것을 몰라서 하는 말이다.

공망을 충하는 충공冲空일이나 공망이 전실되는 실공實空일에는 모두
유용하므로 용신을 생할 수 있어 길하다.

【예32】 酉월 辛亥일(寅卯 공망)에 귀인을 만나 재물을 얻을 수 있는지.
　　　여부점을 쳐서 태위택괘가 뇌수해괘로 변하였다.

父未 ‖ 世	
兄申 / 兄酉 ㅓ	
孫亥 ㅣ	
父丑 ‖ 應	
財卯 ㅣ	
財寅 / 官巳 ㅓ	

寅일에 귀인을 만나고 재물을 얻으리라.
점친 사람이 말하기를 재효卯가 월파되고
공망이며 또 동효酉의 극을 받으며 관효巳가
일파되고 순공으로 화하여 세효를 생하지
못하는데 어찌 귀인을 만나 재물을 얻는다고
하는가?

내가 말하기를 신의 조화스런 기미는 동효에
있으니 관효巳가 재효寅으로 화하여 공망에 들었으므로 비록 지금은 귀인
을 만나 재물을 얻지 못하겠지만, 甲寅일에 출공하여 관효巳를 생하고 세효
를 생하므로 귀인을 만나고 재물을 얻을 수 있는 것이다.

과연 甲寅일에 재물을 얻었다.

2) 원신이 무력하여 용신을 생하지 못하는 경우

가) 원신이 쇠약하고 동하지 않거나 동하여도 쇠약하고 극상을 당하는 경우

나) 원신이 쇠약하고 순공이나 월파를 만난 경우

다) 원신이 쇠약하고 동하여 퇴신으로 화한 경우.

라) 원신이 쇠약하고 절이 된 경우

마) 원신이 삼묘에 드는 경우

바) 원신이 쇠약한데 동하여 절絕로 화하고 극剋으로 화하고 파破로
    화하고 산散으로 화하는 경우

이상은 원신이 무력하여 무용하므로 있으나 마나하다.

3) 기신이 동하여 용신을 극해하는 경우

가) 기신이 왕성하거나 일월동효의 생부를 받는 경우

나) 기신이 동하여 회두생으로 화하고 진신으로 화한 경우

다) 왕성한 기신이 동하여 공망이거나 공망으로 화하는 경우

라) 기신이 일진의 장생이나 제왕이 되는 경우

마) 기신과 구신이 함께 동하는 경우

이상은 유력한 기신으로서 마치 도끼를 가지고 있는 것과 같아 모든 점에서
크게 흉하다.

4) 기신이 비록 동하여도 용신을 극하지 못하는 경우

가) 기신이 쇠약하고 동하지 않거나 일월동효의 극을 받는 경우

나) 기신이 쇠약한 정효로서 공파에 임한 경우

다) 기신이 삼묘에 드는 경우

라) 기신이 쇠약하고 동하여 퇴신으로 화한 경우

마) 기신이 쇠약한데 절이 되는 경우

바) 기신이 동하여 회두극이나 절파絶破로 화하는 경우
사) 기신이 원신과 더불어 동하는 경우
이상은 무력한 기신으로서 모든 점에서 흉이 길로 화하게 된다.

【예33】申월 乙未일(辰巳공망)에 자신의 신상점을 쳐서 산택손괘가 수택절
　　　괘로 변하였다.

財子 / 官寅 ⚊ 應	신상점에서 세효丑이 용신이다.
兄戌 / 財子 ⚋	기신寅이 비록 동하였지만,
兄戌 ⚋	월건申에 월파되고
兄丑 ⚋ 世	일진未에 입묘되어 기신이 무력하다.
官卯 ⚊	기신이 세효丑을 극하지 못하므로
父巳 ⚊	무난하다고 판단한다.

5) 원신과 기신의 유력 무력에 불구하고 용신은 유력해야 좋다.

만약 용신이 무력하면 원신이 유력하여도 생하기 어려우므로 기신이 무력
하다고 어찌 기뻐하겠는가.

【예34】巳월 乙未일(辰巳공망)에 자신의 질병점을 쳐서 택풍대과괘가 화풍
　　　정괘로 변하였다.

孫巳 / 財未 ⚋	세효亥가 용신이며 기신未와 원신酉가 동시
財未 / 官酉 ⚋	에 동하여 기신이 원신을 생하고 원신이
父亥 ⚊ 世	용신을 생하여 접속상생하므로 흉이 길로
官酉 ⚊	화하고 있으나, 용신이 월파되고 일진의 극을
父亥 ⚊	받으니 용신이 무력하다.
財丑 ⚋ 應	

용신이 무력하므로 비록 원신의 생부가 있지만, 이를 받아들이지 못하고 있으니 마치 나무가 뿌리가 없고 차가운 계곡에서 회춘하기 어려운 것과 같다. 과연 癸卯일에 죽었다.

卯일에 응한 것은 원신酉를 卯일이 충거하였기 때문이다.

이처럼 용신이 무력하면 원신이 유력하여도 역시 살기 어렵다.

원신과 기신의 유력이나 무력에도 불구하고, 용신은 유력하여야 대상大象을 이루고 뜻을 이룰 수 있다.

만약, 용신이 월파되어 무력하면 원신이 유력하여도 생하기 어려우므로 기신이 무력하다고 기뻐할 수만은 없게 된다.

용신이 왕성하여도 형충극해하는 효를 대적하기 어려운데 하물며 용신이 쇠약하고 무력하면 뿌리 없는 나무가 살기 어려운 것과 같다.

다만 일진과 동효의 생부공합을 얻으면 기사회생한다.

【예35】 辰월 乙未일(辰巳공망)에 신수점을 쳐서 지천태괘가 뇌화풍괘로 변하였다.

```
        孫酉 ∥ 應
        財亥 ∥
  父午 / 兄丑 ⚍
        兄辰 ∣ 世
  兄丑 / 官寅 ⚍
        財子 ∣
```

신수점이므로 세효辰이 용신이다.

세효辰이 일월의 생부를 받아 왕성한데 형효丑이 동하여 세효辰을 돕고 있으므로 용신이 유력하다.

비록 기신인 귀효寅이 동하여 세효辰을 극하지만 무난하다고 판단한다.

【예36】 巳월 乙未일(辰巳 공망)에 자신의 질병점을 쳐서 택풍대과괘가 화풍 정괘로 변하였다.

孫巳 / 財未 ⚋	질병점이므로 세효亥가 용신이다.
財未 / 官酉 ⚊	세효亥가 월건巳에 의해 월파되고
父亥 ⚊ 世	일진未의 극을 받아 용신이 무력하다.
官酉 ⚊	원신酉가 동하여 용신을 생하므로 지금은
父亥 ⚊	괜찮지만 원신酉가 극파되는 卯일에는
財丑 ⚋ 應	위험하다고 알려주고 있다.

나. 용신은 일의 체이고 원신은 일의 근본이다.

용신이 비록 왕성하여도 원신이 극을 당하여 상하면 마치 물의 원천이 없는 것과 같고 나무에 뿌리가 없는 것과 같다.

대개 신수점, 가택점, 직장점, 분묘점, 사업점 등 에서 오래 길하기를 바라면 용신이 왕성하여도 원신을 겸하여 살펴야 한다.

【예37】 午월 庚寅일(午未 공망)에 어느 곳으로 발령받는가. 점을 쳐서 산천대축괘가 풍택중부괘로 변하였다.

官寅 ⚊	발령점이므로 관효가 용신이다.
父巳 / 財子 ⚋ 應	세효에 관효寅이 임하여, 동쪽으로 발령받는
兄戌 ⚋	다고 하겠으나 단지 원신 재효子가 동하여
兄辰 ⚊	화절되어 세효寅을 생하지 못하므로 흉한 징
官寅 ⚊ 世	조임을 알려주고 있다.
財子 ⚊	그러므로 재점하여 판단하라.

午월 甲午일(辰巳 공망)에 재점하여 지택림괘가 수택절괘로 변하였다.

```
孫酉 ‖
兄戌 / 財亥 ⚋ 應
兄丑 ‖
兄丑 ‖
官卯 ∣ 世
父巳 ∣
```

원신인 재효亥가 동하여 회두극되어 용신인 관효卯를 생하지 못하므로 발령받기 어려울 뿐만 아니라 오히려 가을에는 신상이 위험하다고 알려주고 있다.

과연, 申월에 세효卯가 극을 받아 설사병을 얻고 결국 갈증으로 사망했다.

이는 원신이 용신을 생하지 못하여 용신의 원천이 마른 뿌리와 같으므로 가을에 극을 받아 잘려 죽은 것이다.

【예38】辰월 戊申일(寅卯 공망)에 부친의 최근에 발생한 질병점을 쳐서 건위천괘가 풍천소축괘로 변하였다.

```
父戌 ∣ 世
兄申 ∣
父未 / 官午 ⚊
父辰 ∣ 應
財寅 ∣
孫子 ∣
```

부친의 질병점이므로 부효가 용신이고 관효가 원신이다.

세효에 부효戌이 임하여 월파되고 육충괘를 얻었으므로 최근의 감염된 질병에는 빠른 시간 내 완치 된다고 판단한다.

관효午가 동하여 부효未를 화출하여 午未합 하므로 세효를 생하지 못하고 있으며 더구나 재효寅이 기신인데 일진申이 충동하여 세효를 극하므로 지금은 병세가 위중한 것이다.

丑일을 기다려 변효未를 충거하여 합을 풀면 원신午가 용신辰을 생할 수 있으므로 병세가 호전된다고 알려주고 있는 것이다.

다. 기신이 세효를 생하는 경우

기신이 일월동효의 생부를 받아 왕성하면 이미 살성을 지닌 것이며 용신이
쇠약하여 무력하므로 이 경우에는 세효를 생하는 것은 길하지 않다.

【예38】戌월 丙子일에 부친의 소식을 묻는 점을 쳐서 지택림괘를 얻었다.

孫酉 ‖
財亥 ‖ 應
兄丑 ‖
兄丑 ‖
官卯 ∣ 世
父巳 ∣

부효巳가 용신으로서 쇠약한데, 월건戌이 묘
이고 일진子가 극하고 있으며 비록 세효卯가
월건戌과 합을 하고 일진子의 생을 받지만
용신이 무력하므로 돕지 못한다. 소식을 듣
지 못하다가 일간 친척으로부터 나중에 해를
당하였다고 전해 들었다.

라. 세효에 기신이 임하는 경우

세효에 기신이 임하면 매사에 막힘이 많고 이루지 못한다.
그러나 세효에 기신이 임하여도 용신을 화출하면 일이 성사된다.

가령 세효에 형효가 임하여도 재효를 화출하면 득재할 수 있으며
세효에 재효가 임하여도 부효를 화출하면 문서를 얻을 수 있다.
이는 동효는 변효를 극제할 수 없기 때문이다.

【예39】 巳월 丙申일(辰巳 공망)에 재물점을 쳐서 화수미제괘가 화풍정괘로
변하였다.

兄巳 | 應
子未 ||
財酉 |
財酉 / 兄午 ǁ 世
孫辰 |
父寅 ||

재물점이므로 재효가 용신이고, 형효가
기신이다.
세효에 기신인 형효午가 임하였지만,
세효가 동하여 용신인 재효酉를 화출하므로
酉일에 득재한다고 판단한다.

【예40】 未월 壬申일(戌亥 공망)에 자식의 최근 질병점을 쳐서 천풍구괘가
택풍대과괘로 변하였다.

父未 / 父戌 ǀ
兄申 |
官午 | 應
兄酉 |
孫亥 |
父丑 || 世

자식점이므로 손효가 용신이다.
비록 기신 부효丑이 세효에 임하고
기신 부효戌이 동하여 손효亥를 극하지만,
용신이 공망에 들었으므로 최근의 질병에
완치가 된다고 판단한다.

4부
육효의 주요 용어

1. 태세와 월건과 일진

태세太歲는 점치는 당해 년年도이며 세군歲君이라고도 한다.
월건月建은 점치는 월月이고
일진日辰은 점치는 일日자이며 일건日建이라고도 한다.

가령 癸卯년 戊午월 丙申일에 점을 쳤으면 卯년이 태세이며 午월이 월건이
고 申일이 일진이다. 괘중에 午와 申이 동효로 있으면 이를 일월동효라고
하며 일월에 임하고 동하였으므로 기세가 매우 왕성하다.

월건은 총사령관으로서 해당 월의 점괘를 지휘하는 역할을 하며 일진은 사계
절에 모두 왕강하고 생살의 대권을 장악한다. 태세는 세군으로서 제왕과 같은
존엄한 존재이므로 사소한 일에 관여하지 않고 일월에 모든 일을 위임한다.

2. 세효와 응효

세효는 점을 치는 사람 자신이고 주인이며
응효는 점을 치는 사람의 상대방이며 손님이다.
응효는 자신과 상대방과의 피차의 일을 점칠 때 겸하여 쓴다.

세효와 응효의 위치는 아래와 같이 정해져 있다.

팔궁	수괘	2세괘	3세괘	4세괘	5세괘	6세괘	7세괘	8세괘
세효	상효	초효	2효	3효	4효	5효	4효	3효
응효	3효	4효	5효	상효	초효	2효	초효	상효

✎ 64괘도표에 표시되어 있으므로 간편하게 활용하면 된다.

3. 간효

세효와 응효 사이에 두 개의 효가 있는데 이를 간효間爻라고 하며
세효와 응효를 잇는 다리 역할을 한다.

간효는 피차 상대방의 일에 쓸 수 있다.
혼인점에서는 중매인이고 소송점에서는 증인이며
매매점에서는 중개인이고 임차점에서는 보증인이며
선박이나 차량점에서는 화물이고 출행점에서는 동행인이며
교류점에서는 서로 돕는 사람이고
출산점에서는 산모를 돕고 보호하는 사람이 된다.

간효가 동하여 극하면 상대방과의 일이 막히며 피차 서로 통할 수 없게 된다.
만약 동하여 세효나 응효와 생합하면 도움을 얻는다.
세효에 가까우면 나를 돕고 응효와 가까우면 상대를 돕는다.
간효가 생하면 친한 것이 좋고 극하면 멀리하는 것이 좋다.

4. 정효와 동효

정효靜爻는 움직이지 않으므로 음양이 변하지 않는 효를 말하며
동효動爻는 양효가 움직여 음효로 변하고 음효가 움직여 양효로 변하는
효를 말한다.

양의 정효는 ┃ 로 표시하고 음의 정효는 ┃┃ 로 표시한다.
양의 동효는 ╱ 로 표시하고 음효 ┃┃ 로 변한다.
음의 동효는 ╫ 로 표시하며 양효 ┃ 로 변한다.

✎ 육효점에서 동효는 매우 중요하다.
이는 신의 뜻이 동효에 있기 때문이므로 동효를 통하여 신의 뜻을 읽을
수 있기 때문이다.

5. 동효와 변효

동효는 움직이는 효이므로 반드시 음양이 변한다.
동효가 변한 효를 변효變爻, 변출變出, 화출化出이라고 한다.
동효는 일의 시작이고 변효는 일의 마침이며
변효는 동효를 생극하여도 동효는 변효를 생극하지 못한다.

가. 회두생과 회두극
변효가 동효를 생하는 것을 회두생回頭生이라고 하며
변효가 동효를 극하는 것을 회두극回頭剋이라고 한다.

나. 진신과 퇴신

변효가 같은 오행으로 변한 것을 진신과 퇴신이라고 한다.

가령 申이 동하여 酉변효를 화출하면 진신眞身이라고 하며

酉가 동하여 申변효를 화출하면 퇴신退身이라고 한다.

진신 → (지지의 순방향)		퇴신 ← (지지의 역방향)	
동효	변효	동효	변효
寅	卯	卯	寅
巳	午	午	巳
申	酉	酉	申
亥	子	子	亥
丑	辰	辰	丑
未	戌	戌	未

다. 변효의 생왕묘절

동효의 장생長生으로 화한 것을 화생化生이라고 하며

동효의 제왕帝旺으로 화한 것을 화왕化旺이라고 한다.

동효의 묘墓로 화한 것을 화묘化墓라고 하며

동효의 절絶로 화한 것을 화절化絶이라고 한다.

6. 원신과 기구신

원신元神은 용신을 생하는 신이며

기신忌神은 용신을 극하는 신이고

구신仇神은 원신을 극하고 기신을 생하는 신이다.

가령 부효가 용신이면 관효가 원신이고 재효가 기신이며 손효가 구신이

된다.

7. 용신

육효점에서 용신은 매우 중요하며 이를 주사효主事爻라고 한다.
용신은 점치는 목적이 되기 때문이다.

점치는 사람 자신의 신상점은 세효가 용신이며
상대를 점치는 경우에는 응효가 용신이며
직장을 점치는 경우에는 관효가 용신이며
재물을 점치는 경우에는 재효가 용신이다.

육친을 점치는 경우에는 육친에 해당하는 효가 용신이 된다.
부모점은 부효가 용신이고 형제점은 형효가 용신이며
부인점은 재효가 용신이고 남편점은 관효가 용신이며
자식점은 손효가 용신이다.

8. 순공

순공旬空은 공망空亡이라고 하며 비어있다는 뜻이다.
천간은 10자이고 지지는 12자인데 천간과 지지가 짝을 이루다보면 2자가
남는다. 남는 글자는 천간의 짝이 없으므로 공망이라고 하며 순旬중에 있
다고 하여 순공旬空이라고 한다.
가령 乙丑일진은 甲子순으로서 戌亥가 공망인데
甲子순에서는 甲子에서 시작하여 癸酉에 끝나기 때문이다.

동효가 순공에 들면 동공動空이라고 하고
정효가 순공에 들면 자공自空이라고 한다.

동효가 동하여 공망으로 화하면 이를 화공化空이라고 하며
공망된 효가 일진의 충을 받아 열리면 충공冲空하여 개공開空하였다고
한다.

순공에 들었으나 순에서 벗어나면 출공出空하였다고 한다.
가령 甲子순에서는 戌亥가 공망인데 戌이나 亥일에 출공하였다고
하는 것은 甲戌일이나 乙亥일에 출공하였다고 하는 것이다.
甲戌일이나 乙亥일은 甲子순을 벗어나 甲戌순에 있기 때문이다.
이를 공망이 메워졌다고 하여 실공實空이라고 하며 전실塡實되었다고
한다.

▣ 공망표

구분	일진					순공
甲子순	甲子 己巳	乙丑 庚午	丙寅 辛未	丁卯 壬申	戊辰 癸酉	戌亥
甲寅순	甲寅 己未	乙卯 庚申	丙辰 辛酉	丁巳 壬戌	戊午 癸亥	子丑
甲辰순	甲辰 己酉	乙巳 庚戌	丙午 辛亥	丁未 壬子	戊申 癸丑	寅卯
甲午순	甲午 己亥	乙未 庚子	丙申 辛丑	丁酉 壬寅	戊戌 癸卯	辰巳
甲申순	甲申 己丑	乙酉 庚寅	丙戌 辛卯	丁亥 壬辰	戊子 癸巳	午未
甲戌순	甲戌 己卯	乙亥 庚辰	丙子 辛巳	丁丑 壬午	戊寅 癸未	申酉

5부

월건과 일진

• 점치는 월의 월지를 '**월건月建**'이라고 하며
점치는 날의 일지를 '**일건日建**'또는 일진日辰이라고 한다.
일월은 마치 하늘과 같아 모든 효신을 생극할 수 있으며 모든 효신들은
일월日月을 상하게 하지 못한다.

1. 월건의 작용

월건月建은 월장月將이고 월령月令이며 한 달의 권력을 관장하는 총사령관
으로서 모든 점을 지휘하는 제강권提綱權을 쥐고 있다.
제강提綱이란 그물에 달린 벼리로서 지휘권을 뜻한다.

육효의 선악을 다스리고 쇠약한 효를 돕고 강한 효신을 꺾으며
동효와 변효를 제압하고 비신과 복신을 도와 일으킬 수 있다.
쇠약한 효신을 생합하여 도우므로 왕성하게 할 수 있으며
강한 효신을 극형파하여 쇠약하게 만들 수 있다.

변효가 동효를 극제하면 월건은 능히 변효를 제압할 수 있다.
동효가 정효를 극제하면 월건은 능히 동효를 제압할 수 있다.
용신이 복신으로서 비신에 의하여 억제되면 월건은 능히 비신을 충극하여
복신을 생조해 용신으로 쓸 수 있다.

효신이 월건과 합이 되면 월합이 되어 유용한 효신이 된다.
월건이 효신을 충하면 월파가 되어 쓸모없는 효신이 된다.
괘에 용신이 없으면 월건을 용신으로 쓸 수 있으므로 복신을
따로 찾을 필요가 없다.

효신이 월건에 임하고 동하여 원신이 되면 복이 크며
효신이 월건에 임하고 동하여 기신이 되면 화가 심각해진다.

가. 월건의 공망

✒ **야학노인曰**
고서에서는 효신이 월건에 임하여 왕성하면 당연히 공망을 만나도
공망이 되지 않으므로 해로움이 없다고 하였지만 내가 시험하여보니
그렇지 않았다고 하였다.

효신이 월건에 임하여 비록 왕성하여도 순공을 만나면 공망이 되지만 출공
하면 공망에서 벗어나므로 마침내 낙공落空에 이르지 않는다.
낙공이란 공망에 떨어진다는 의미이다.

【예1】 寅월 庚戌일(寅卯공망)에 재물을 구하는 점을 쳐서 화천 대유괘를
　　　　얻었다.

官巳 ｜ 應
父未 ‖
兄酉 ｜
父辰 ｜ 世
財寅 ｜
孫子 ｜

재효寅이 용신으로서 세효辰을 극하므로
재물을 반드시 구한다.
단지 지금은 재효寅이 공망에 들었으므로
출공하는 甲寅일이 되어야 구할 수 있으리라.
과연 甲寅일에 구하였다.

재효寅은 庚戌일에 비록 순공이지만, 甲寅일에는 순공에서 나오므로
공망이라고 하지 않는 것이다.

그러므로 효신이 왕성하면 공망을 만나도 공망이 아니라고 하는 고서의
말은 틀린 것이다.

용신이 월건에 임하여 왕성하여도 순공旬空이면 반드시 공망이 되지만,
때를 기다려 출공出空하면 공망이 아니다.

다만, 기신이 순공에 들고 출공하면 화가 되며, 원신이 순공에 들고
출공하면 복이 된다.

나. 효신이 월건에 임하고 다른 효신의 극을 받는 경우

효신이 월건에 임하고 다른 효신의 극을 받는다면 이것은 상함을 당한 것
이다. 만약, 병점을 친다면 지금은 낫지 않으며, 도모하는 점을 치는 경우에
는 지금은 이루지 못할 것이다. 다만 극상하는 효신을 충거하는 날에 병자
는 낫게 되고 도모하는 일을 이룰 수 있다. 그러므로 극상을 만나면 상하지
만 때를 기다려 쓸 수 있다.

【예2】 酉월 丙寅일(戌亥 공망)에 고위직을 만날 수 있는가.
　　　　여부점을 쳐서 산풍고괘가 산수몽괘로 변하였다.

兄寅 l 應	세효에 월건과 관효酉가 임하므로 반드시
父子 ‖	만날 수 있다고 알려주고 있다.
財戌 ‖	단지 관효酉가 동하여 손효午를 화출하고
孫午 / 官酉 ⸬ 世	회두극을 당하고 있으므로 손효午를 충거하
父亥 l	는 丙子일에는 만날 수 있으리라.
財丑 ‖	과연 丙子일에 만났는데 이는 비록 세효가
	회두극으로 극상을 당하여 상하였지만,
	때를 기다려 쓸 수 있었던 것이다.

다. 월건에 임하고 일진에 의하여 묘절충극을 당하는 경우

효신이 월건에 임하면 왕성하지만 일진에 의하여 절되고 충되고 극되면 반드시 다른 효신이 생부하거나 화절하거나 화묘하거나 화극하는 것이 있는가, 잘 살펴야 하며 다른 효신이 또 다시 극제하는 것을 꺼린다.

효신이 월건에 임하면 왕성하므로 일진에 의하여 묘절되거나 충극이 되어도 대적할 수 있으므로 길흉이 없는 상이 된다.

그러나 일진에 의하여 묘절되거나 충극을 받는데 다른 효신이 동하여 도우면 길조가 되지만, 다른 효신이 또 다시 극제하면 두려운 것으로서 용신이 비록 월건에 임하여도 역시 대적하기 어려우므로 크게 흉한 상이 된다.

【예3】寅月 丙申일(辰巳 공망)에 승진점을 쳐서 간위산괘가 산뢰이괘로 변하였다.

```
官寅 |   世
財子 ||
兄戌 ||
兄辰 / 孫申 ⸜ 應
父午 ||
財子 / 兄辰 ⸜
```

관효寅이 용신으로서 월건에 임하여 왕성하므로 비록 일진에 의하여 극을 당하지만 내괘에서 申子辰합을 이루어 관효寅을 생하므로 반드시 승진하리라.
과연 태수로 승진되었다.

【예4】 午월 丁未일(寅卯 공망)에 동생이 죄를 지어 판결을 받는데 길흉점을 쳐서 택수곤괘가 뇌풍항괘로 변하였다.

```
        父未 ‖
兄申 / 兄酉 ⼂
        孫亥 ⼁ 應
兄酉 / 官午 ⼃
        父辰 ⼁
        財寅 ‖ 世
```

형효酉가 용신으로서 월건에 의하여 극을 받지만 일진未가 생하므로 대석할 만하다. 단지, 월건에 임한 관효午가 동하여 형효酉를 극하므로 크게 흉한 상이다. 과연 하옥되었다.

이는 관효午가 월건에 임하여 왕성한데 용신을 극하는 기신이므로 화가 가볍지 않아 크게 흉한 상이 된 것이다. 또한, 형효酉가 퇴신으로 화하여 금년 辰년과 합하므로 금년에는 무방하겠으나, 申년에는 면하기 어려우리라.

과연, 辰년에 하옥되고 申년에 형을 받았다.

라. 월건의 생극

극이 적고 생이 많으면 길한 상이고
극이 많고 생이 적으면 흉한 상이다.

극이 적고 생이 많은 효신은 길하며 월건을 따르면 형통한다.
극이 많고 생이 적은 효신은 흉하며 월건을 따르므로 비록 지금 장애가 없다고 하여도 월건의 달이 지나면 재앙을 만나게 된다.

용신이 월건에 임하면 왕성한데 다른 효신이 극하지 않으면 모든 점에서 길하지만, 기신이 월건에 임하고 용신이 쇠약한데 구함이 없으면 모든 점에서 대흉하다.
월건이 기신을 생부하는 것은 악을 돕는 것이니 잔혹하게 되며
월건이 원신을 극제하면 도중에 습격을 받아 보급이 끊어진 것과 같다.

기신이 용신을 극제하는데 월건이 기신을 극제하여 주는 것을 구함이 있다고 하며 만약 월건이 기신을 생하면 악을 돕는 것이다.

용신이 원신의 생부를 받는데 월건이 또 원신을 생하면 길하지만 월건이 원신을 극제하면 사주에서 말하는 효신탈식과 같다.

용신이 월건의 생부를 받지 못하여 비록 지금은 쇠약하여도 때를 만나면 발전하게 된다.
예를 들어 용신의 오행이 火인데 겨울에 점치면 왕성하지 않고 봄이 되어야 비로소 왕성해진다. 이를 물궁즉변物窮則變이라고 하여 사물이 다하면 변한다고 하는 이치이다. 또, 예를 들어 용신이 월건寅에 임하면 왕성하지만 가을이 되면 金에 의하여 충극되므로 파괴되지 않을 수 없다.
이를 기만즉경器滿則傾이라고 하여 그릇이 차면 기운다고 하는 이치이다.

【예5】寅월 辛酉일(子丑 공망)에 개업점을 쳐서 간위산괘가 지화명이괘로
　　　　변하였다.

```
孫酉 / 官寅 ∤ 世
        財子 ‖
        兄戌 ‖
        孫申 ┃ 應
        父午 ‖
官卯 / 兄辰 ∦
```

세효寅이 월건을 득하여 왕성하므로 개업하면 번성하리라.
그러나 일진酉가 세효를 극하고 세효寅이 동하여 변효酉를 화출하여 회두극을 당하므로 생은 적고 극이 많은 상이며 더구나 육충괘이므로 오래 가기는 어려우리라.
이 사람이 묻기를 동업자가 변심하지 않겠는가.
세효에 관귀가 있으므로 신병을 조심하여야 하며 동업자는 이로 인하여 변심할 것이다.

과연, 未月에 이질 설사병이 났으며 酉月이 되어도 낫지 않았고 동업자가
횡령을 하여 고발하였으나 해결되지 않았다고 한다.

未月에 병이 난 것은 세효寅이 입묘되었기 때문이며, 동업자가 변심한 것은
응효申이 酉月에 왕성해지므로 세효寅을 충하였기 때문이며, 동업자가 횡령
한 것은 재효子가 공망에 떨어졌기 때문이다. 이것이 소위 당시에는 월건에
임하여 왕성하지만, 때가 지나면 쇠약해지므로 해롭게 변하는 것이다.

일건이 생하고 월건이 극하면

더불어 생부가 있는가는 보아야 하며 일건이 극하고 월건이 생하면 더불어
충극이 있는가를 살펴보아야 한다.

월건이 당권하면 어찌 쇠절衰絶할 수 있으며, 왕성함이 강하면 어찌 충산
冲散할 수 있겠는가.

월건이 극하고 일진이 생하는데 방조를 만나면 더욱 왕성해지고
월건이 생하고 일진이 극하는데 다른 효신의 극을 만나면 역시 쇠약해진다.

【예6】 午月 戊辰일(戌亥 공망)에 여동생의 출산점을 쳐서 화지진괘를 얻었다.

官巳 |
父未 ||
兄酉 | 世
財卯 ||
官巳 ||
父未 || 應

형효酉가 용신으로서 월건이 극하지만 일진
이 생하므로 무방하다.
내일 卯시에 출산하리라.
과연, 다음 날 卯시에 출산하였으며 모자가
모두 건강하였다.
卯시에 출산한 것은 용신이 일진과 辰酉합을
하였으므로 이를 충개하는 卯일에 응하였기
때문이다.
그러므로 월건이 극하여도 일진이 생하였으므로 왕성한 것이다.

【예7】未월 甲午일(辰巳 공망)에 자식의 질병점을 쳐서 천택리괘가 풍택중부괘로 변하였다.

```
         兄戌 |
         孫申 | 世
兄未 / 父午 ㅏ
         兄丑 ‖
         官卯 | 應
         父巳 |
```

손효申이 용신으로서 월건의 생을 받고 일진의 극을 받고 있으니 대적할 만하다.
단지 부효午가 동하여 용신을 극하는 것이 좋지 않다.
지금은 부효午가 동하여 변효未와 합을 하므로 무난하지만 丑일에 변효未를 충거하여 합이 풀리면 부효午가 용신을 극하므로 위험하리라.

과연, 丑일에 사망하였다.

마. 월파

월건이 충하여 파괴되는 것을 월파月破라고 한다.
가령 卯월에 점을 치면 효신酉는 월파가 되는 것이다.

✍ **야학노인曰**

내가 경험하기로는 동효는 능히 효신을 상하게 할 수 있으며 변하여도 능히 동효를 상하게 할 수 있다. 이는 신의 조짐과 기미가 동효에 있기 때문이며 일에 길흉이 없는 것은 동하지 않기 때문이다.
이미 동하면 화와 복의 기틀이 된다.
동효가 비록 월파되어도 월을 벗어나면 불파不破가 되며 일진에 의하여 파괴되어도 전실되거나 합이 되는 날에 불파가 된다.
가깝게는 일시에 응기하고 멀게는 년월에 응기하는데 오직 동하지 않고 또한 일진동효의 생조가 없으면 마침내 월파된다.

【예8】亥월 己丑일(午未 공망)에 취업점을 쳐서 태위택괘가 천수송괘로 변하였다.

```
父戌 / 父未 ∥ 世
       兄酉 |
       孫亥 |
       父丑 ∥ 應
       財卯 |
財寅 / 官巳 ∤
```

관효巳가 용신으로서 동하여 세효未를 생하고, 세효未가 동하여 진신으로 화하니 반드시 취업운이 길한 상이다.

단지 관효巳가 월파되고 세효未가 순공을 만났으나 동효가 일진과 상충하면 충공은 실하므로 공이 되지 않으나 관효巳가 월파되어도 일진동효의 생이 없다.

점법에 일진이 생하여도 일어나지 못한다고 하였는데 하물며 일진동효의 생도 없으니 아무 소용이 없는데 어찌 세효를 생할 수 있겠는가. 그러므로 재점하여 길흉을 판단하여야 한다.

재점하여 수지비괘를 얻었다.

```
財子 ∥ 應
兄戌 |
孫申 ∥
官卯 ∥ 世
父巳 ∥
兄未 ∥
```

앞의 괘에서 관효가 동하여 상생하고 있으며, 이번 괘에서 관효가 세효에 임하였으니 반드시 취업하리라.

앞의 괘에서 관효巳가 월파되었으니 실파實破되는 巳년에 응하여 취업한다고 알려주고 있다.

그러므로 월파가 되면 아무 소용이 없다고 하는 것과는 다르다.

【예9】辰월 戊子일(午未공망)에 부친이 언제 돌아오는가.

점을 쳐서 건위천괘가 택천쾌괘로 변하였다.

朱	父未 / 父戌 ㅣ	世
龍	兄申 ㅣ	
玄	官午 ㅣ	
虎	父辰 ㅣ	應
蛇	財寅 ㅣ	
句	孫子 ㅣ	

부효戌이 용신으로서 세효에 임하고
월파되고 동하여 공망으로 화하였으나,
주작이 세효와 용신에 임하였으므로
卯일에 소식을 듣고 未일에 돌아오리라.
과연, 卯일에 소식을 듣고 乙未일에
집에 돌아왔다.

卯일에 소식을 들은 것은 부효戌이 월파되어도 합을 만나는 날이며 未일에 돌아온 것은 부효가 동하여 未로 화하여 순공에 들었기 때문에 출공하는 날에 돌아온 것이다.

✎ 고법에서 曰

동하여 월파를 만나면 나의 위치를 이미 잃은 것이며, 월건으로 화하여도 역시 물러난다고 하였으나, 이 괘에서는 월파되고 공망으로 화하여도 공파가 물러나는 시기에 응하여 집으로 돌아온 것이다.

【예10】 午월 癸卯일(辰巳 공망)에 승진점을 쳐서 간위산괘가 풍지관괘로
　　　변하였다.

```
        官寅 丨 世
     父巳 / 財子 ⚋
        兄戌 ⚋
     官卯 / 孫申 ⚊ 應
        父午 ⚋
        兄辰 ⚋
```

관효寅이 용신으로서 세효에 임하고 申이
동하여 충파하므로 금년 申월에는
반드시 흉하리라.
손효申이 응효에 임하고 동하여 세효를
충파하므로 반드시 원한이 있는 자이다.
과연 申월에 상대의 시비로 인하여
子월에 결국 강등되었다.

만약 재효子가 동하지 않았다면 직위를 보존하기 어렵다고 판단할 수 있
다. 그러나 재효子가 동하여 응효申과 세효寅을 접속상생接續相生하여 주
므로 강등으로 머문 것이다.

재효子가 월파되고 동하여 공으로 화하여 세효를 생하지 못하지만 신의 징
조와 기미는 동효에 있으며 동하면 반드시 원인이 있으므로 강등된 것이며
子월에 실파되므로 응한 것이다.

강등된 후 寅월 丙辰일(子丑공망)에 원래 직위로 복직 여부에 대하여 재점하
고 지택림괘를 얻었다.

```
        孫酉 ⚋
        財亥 ⚋ 應
        兄丑 ⚋
        兄丑 ⚋
        官卯 丨 世
        父巳 丨
```

관효卯가 세효에 임하고 왕성하여도 지금은
원신인 재효亥가 일진辰의 극을 당하여 관효
卯를 생하지 못한다. 子년에는 재효亥도 왕성
하여 관효卯를 생조 할 수 있으므로 복직되지
만, 辰년에 파직되리라. 과연, 甲子년 巳월에
원래 직위로 복직되고 辰년에 파직되었다.
이는 앞의 괘에서 재효子가 실파되는 子년과

손효申을 합반하는 巳월에 응하였기 때문이며, 결국 辰년에 파직된 것은
재효子가 辰년에 입묘되어 申이 세효를 다시 극하였기 때문이다.

【예11】 戌월 己巳일(戌亥공망)에 출행점을 쳐서 화천대유괘가 뇌천대장괘로 변하였다.

父戌 / 官巳 ㅓ 應
父未 ‖
兄酉 丨
父辰 丨 世
財寅 丨
孫子 丨

세효는 출행인이고 응효는 목적지이다.
응효巳가 월건戌에 입묘되고 또한, 동하여 화묘 화공되므로 세효를 생하지 못한다.
더구나 육충괘이므로 불길하다고 알려주고 있으니 다른 날 재점하여 판단하라.

亥월 甲辰일(寅卯 공망)에 재점하여 화천대유괘가 산천대축괘로 변하였다.

官巳 丨 應
父未 ‖
父戌 / 兄酉 ㅓ 世
父辰 丨 世
財寅 丨
孫子 丨

응효巳가 월파되어 세효辰를 생하기 어렵고, 형효酉가 간효로서 동하여 돈을 소모하는 신이 가로막으니, 역시 불길하다고 알려주고 있다.
다른 날 재점하여 판단하라.

亥월 甲寅일(子丑공망)에 재점하여 화천대유괘가 뇌천대장괘로 변하였다.

父戌 / 官巳 ㅓ 應
父未 ‖
兄酉 丨
父辰 丨 世
財寅 丨
孫子 丨

역시 응효巳가 월파되고 화묘하지만, 동하였으므로 내년 辰월에 충묘하고, 巳월에는 응효巳가 왕성하여 세효를 생할 수 있으니 길하다.
여행 중에 동행인을 만나 돈이 많이 들었으나 결국 봄에 목적지에 도착하였다.

2. 일진의 작용

가. 일진의 권한

점치는 당일을 일진日辰이라고 하며 일건日建이라고도 한다.

일진은 육효의 주재자로서 사계절의 왕성함을 다스린다.

월건은 월령으로서 한 달을 주관하며 봄에는 생기를 다스리고 가을에는 살기를 다스리며 춘하추동 각 시기를 다스리지만, 오직 일진은 사계절에 모두 왕성하고 생살의 대권을 장악하므로 더불어 월건과 동일한 공을 갖는 것이다.

나. 일진이 임한 효신

효신이 일진과 같으면 일진에 임하였다고 하며 일진에 임하면 월건이 충하여도 불파不破하고 극해도 상하지 않는다.

동효가 극을 하여도 역시 해롭지 않고 회두극을 당하여도 역시 재앙이 되지 않는다.

이는 일진의 기세가 마치 산과 같이 강하고 월건과 같은 권리를 가지고 있어 왕성함이 극에 달하였기 때문이다.

효신이 쇠약해도 일진은 능히 생부하고 합할 수 있는데 마치 때에 알맞게 비가 내리며 싹을 적셔주는 것과 같다.

효신이 왕상하여도 일진은 능히 극해형충을 할 수 있으니 마치 가을서리가 풀을 죽이는 것과 같다.

효신이 일진에 임하면 월건이 충극하여도 월파되거나 극상되지 않는다. 이는 일진은 월건과 같은 권리를 가지고 중천에 해가 빛나듯이 왕성한 작용을 하기 때문이다.

다. 일진의 생극

효신이 일진에 임하고 또 동효의 생부를 받으면 금상첨화錦上添花와 같아 매우 좋은 상이지만, 효신이 일진에 임하여도 월건과 동효가 함께 극하면 중과부적衆寡不敵이라고 하여 극의 세력을 감당하지 못하므로 흉한 상이다. 예를 들어 酉월 卯일점에서 효신卯가 일진卯에 임하였으므로 월건酉에 의하여 충파를 만나도 불파하므로 무난하지만 괘중에 酉나 申이 동하여 효신 卯를 극하거나 효신卯가 동하여 酉를 화출하고 회두극을 받는 경우에는 이 것은 중과부적이라고 하여 파괴되고 극상하게 된다.

【예12】申월 戊午일(子丑공망)에 자신의 질병점을 쳐서 천산둔괘가 천풍구 괘로 변하였다.

```
父戌 |
兄申 | 應
官午 |
兄申 |
孫亥 / 官午 ‖ 世
父辰 ‖
```

세효午가 용신으로서 일진에 임하여 본래 왕성하지만, 월건申이 변효亥를 생하여 세효午를 회두극하므로 흉하다.
과연, 亥월에 사망했다.

【예13】巳월 丁亥일(午未공망)에 종업원이 언제 돌아올 것인가. 점을 쳐서 택천쾌괘가 천택리괘로 변하였다.

```
兄戌 / 兄未 ‖
     孫酉 | 世
     財亥 |
兄丑 / 兄辰 ‖
     官寅 | 應
     財子 |
```

재효亥가 용신으로서 비록 일진에 임하여 불파되지만, 월건의 생을 받는 형효 4개가 동하여 극상하므로 중과부적으로 감당하기 어려우니 흉한 상으로서 돌아오기 어려울 뿐만 아니라 흉한 재난에 대비하라. 과연, 午월 卯일 돌아오는 중도에서 해를 당하였다고 한다.

라. 일진의 충

왕성한 정효를 일진이 충하면 암동暗動을 하며 동효와 마찬가지로 움직이지만, 쇠약한 정효를 일진이 충하면 일파日破가 되어 파괴되므로 쓸모없게된다.

효신이 순공에 들어도 충공冲空하면 일어나는데 이를 충기冲起라고 하며, 효신이 합을 하여도 충합冲合하면 합이 열리는데 이를 충개冲開라고 한다.

동효는 일진의 충을 두려워하지 않는다. 복서卜書라는 책에서 효신이 월건을 만나면 일진이 충하여도 흩어지지 않는다고 하였으니 일진의 충을 두려워하지 않음을 분명하게 알 수 있다.

월건에 임하여 왕성한 동효를 일진이 충하면 더욱 강하게 동하고
쇠약한 동효를 일진이 충하면 백에 하나 정도는 간혹 흩어지지만 대부분은 동효로서의 역할을 잊지는 않는다. 이는 신의 징조가 동효가 있기 때문이다.

효신이 순공을 만나도 일진이 충기冲起하면 유용한데 이를 충공冲空을 만나 실하게 되었다고 한다.
동효가 순공을 만나고 일진의 충을 만나면 더욱 실하게 된다.
효신이 합을 만나도 일진이 충하면 합이 풀어지며 충개되는데 이를 합처봉충合處逢冲이라고 한다.
단, 흉신이 합처되면 봉충을 좋아하고 길신이 합처되면 봉충을 싫어한다.

총괄하면 왕旺한 것은 효신의 제왕으로서 일월이며 비比한 것은 효신과 일월이 같은 지지이며 부扶와 공拱은 효신과 일월이 같은 오행이며 묘墓와 절絕은 효신이 일월에 묘절墓絕된 것이다.

3. 태세의 작용

태세太歲란 점을 치는 당년年이며 이를 세군歲君이라고도 한다.

육효에서는 점치는 월月은 월장으로서 점을 지휘하는 사령부의 역할을 하고, 점치는 일日은 사계절에 모두 왕강하고 생살의 대권을 장악하므로 일반적으로 월일에 의하여 점괘를 다스린다.

년年은 세군으로서 존엄하지만 가까이 하지 못하고 바라보기조차 어려우며 가정사 등 사소한 일은 월일에 맡기고 관여하지 않는다. 그러므로 태세라고 하여도 다른 효와 다를 바 없다.

✍ 야학노인曰

당년의 화복은 무겁지 않고 후세의 길흉은 가볍지 않다.

가령 용신이 木인데 金이 동하여 극하면 상한다.

비록 지금은 木이 왕하고 金이 쇠약하여 무난하여도 申酉년에는 반드시 재앙을 면하지 못한다.

【예14】 子년 巳월 壬子일(寅卯 공망)에 시험에 합격할 수 있는지.
여부점을 치고 수지비괘를 얻었다.

財子 ‖ 應	시험점이므로 부효가 용신이다.
兄戌 ∣	부효巳가 월건에 임하여 왕성하지만,
孫申 ‖	세효인 관효卯가 순공에 들었으므로
官卯 ‖ 世	출공하는 卯년에 뜻을 이루리라.
父巳 ‖	과연, 卯년에 시험에 합격하였다.
兄未 ‖	이는 태세가 전실되는 해에 응하였기
	때문이다.

6부
생극과 형충회합

1. 효신의 오행과 생극

효신이 생부공합生扶拱合되면 어린 싹이 비를 만난 것과 같으며 극충剋沖을 받으면 어린 싹이 가을서리에 죽는 것과 같다.

효신	寅卯	巳午	申酉	亥子	辰戌丑未
오행	木	火	金	水	土
생	수생목	목생화	토생금	금생수	화생토
극	금극목	수극화	화극금	토극수	목극토

가. 생生이란 오행의 생으로서

亥子는 水오행이고 寅卯는 木오행이므로 수생목을 한다.
寅卯는 木오행이고 巳午는 火오행이므로 목생화를 한다.
巳午는 火오행이고 辰戌丑未는 土오행이므로 화생토를 한다.
辰戌丑未는 土오행이고 申酉는 金오행이므로 토생금을 한다.
申酉는 金오행이고 亥子는 水오행이므로 금생수를 한다.

나. 부扶란 같은 오행끼리 서로 돕는 것으로서

寅과 卯가 서로 돕고 巳와 午가 서로 돕고 亥와 子가 서로 돕고
申과 酉가 서로 돕고 辰과 戌과 丑과 未가 서로 돕는 것이다.
공합拱合이란 삼합이나 육합 등을 말한다.

다. 극剋이란 오행의 극으로서

寅卯는 木오행이고 辰戌丑未는 土오행이므로 목극토를 한다.

辰戌丑未는 土오행이고 亥子는 水오행이므로 토극수를 한다.

亥子는 水오행이고 巳午는 火오행이므로 수극화를 한다.

巳午는 火오행이고 申酉는 金오행이므로 화극금을 한다.

申酉는 金오행이고 寅卯는 木오행이므로 금극목을 한다.

라. 극처봉생

극을 받아 위험에 처하여도 원신의 생을 받아 극적으로 살 수 있는 것을 극처봉생剋處逢生이라고 한다.

대개 용신과 원신은 극을 적게 받고 생을 많이 받으면 길하다.

기신은 생을 많이 받고 극이 적으면 흉하다.

【예1】 辰월 丙申일에 아우의 전염병이 위급하여 질병점을 쳐서 수화기제 괘가 택화혁괘로 변하였다.

兄子 ‖ 應	
官戌 ∣	
兄亥 / 父申 ╫	
兄亥 ∣ 世	
官丑 ‖	
孫卯 ∣	

아우의 질병점이므로 형효가 용신이다.

용신인 형효亥가 월건辰의 극을 받지만,

왕성한 부효申이 동하여, 용신亥를 생하므로

극처봉생한다고 알려주고 있다.

과연 치료하고 亥일에 완치되었다.

마. 정효의 생극

정효이라고 하여도 휴수한 효는 왕성한 효의 생을 받을 수 있으며
왕성한 효가 쇠약한 효를 극할 수 있다.
대개 왕성한 것은 힘있는 사람과 같기 때문이다.

【예2】 봄에 부친점을 쳐서 곤위지괘를 얻었다.

孫酉 ‖ 世	
財亥 ‖	
兄丑 ‖	
官卯 ‖ 應	
父巳 ‖	
兄未 ‖	

부친점이므로 부효가 용신이다.
봄에 부효巳가 왕성하므로, 능히 손효酉를
극할 수 있다.
손효酉는 봄에 휴수하여 쇠약하기 때문이다.

바. 동효의 생극

동효는 정효를 생극할 수 있으나, 정효는 왕성하여도 동효를 생극하지는 못
한다. 정효는 누워있는 것과 같으며, 동효는 걸어다는 것과 같기 때문이다.

【예3】 寅월에 점을 쳐서 태위택괘가 뇌택귀매괘로 변하였다.

父未 ‖ 世	
兄申 / 兄酉 ㄨ	
孫亥 │	
父丑 ‖ 應	
財卯 │	
官巳 │	

형효酉가 비록 봄에 휴수하여도 동하여 왕성
한 재효卯를 극할 수 있다.
재효卯는 비록 봄에 왕성하지만, 정효이므로
부효未를 극하지 못한다.

사. 변효의 생극

동효가 동하면 반드시 변효를 화출한다.

변효는 동효를 생극할 수 있지만 다른 효는 생극하지 못한다.

단지 변효를 생극할 수 있는 것은 오직 일월뿐이다.

【예4】子월 己卯일에 점을 쳐서 곤위지괘가 화지진괘로 변하였다.

父巳 / 孫酉 ⚊⚊ 世
　　　　財亥 ⚊⚊
孫酉 / 兄丑 ⚊⚊
　　　　官卯 ⚊⚊ 應
　　　　父巳 ⚊⚊
　　　　兄未 ⚊⚊

손효酉가 동하여 부효巳를 화출하였고
화출한 부효巳는 손효酉를 회두극할 수 있지
만 다른 효는 극하지 못한다.
형효丑이 동하여 손효酉를 화출하였고
형효丑은 세효인 손효酉를 생할 수 있지만
화출한 손효酉는 생하지 못한다.

아. 간효의 생극

간효는 세효와 응효 사이에 있는 두 개의 효신을 말한다.

✐ 야학노인曰

세효는 자신이고 응효는 상대방이며 서로 친하려고 할 때 간효가 동하면
친하지 못하고 일이 막히는 것이 많게 된다.

간효가 동하여 세효와 응효와 생합하면 간효의 도움을 얻는다.

간효가 세효와 가까우면 자신을 돕는 것이며 응효와 가까우면 상대를
돕는 것이다. 그러므로 세효를 생하는 간효와 친하는 것이 좋고 세효를
극하는 간효와는 멀리하는 것이 좋다.

오직 세효와 응효를 극하는 것을 꺼리는데 반드시 일이 이루어지기 어렵다.
세효를 극하면 자신이 어리석게 당하므로 흉하며, 응효를 극하면 상대방이
어리석게 유혹당하게 된다.
만약 간효가 형효이면서 동하면 일은 어그러져도 단지 손재를 당하는 것에
불과하지만, 간효가 귀효이면서 동하면 재난이 가볍지 않게 된다.

【예5】 巳월 庚辰일에 주택매매점을 쳐서 지택림괘가 뇌천대장괘로 변하였다.

```
        孫酉 ‖
        財亥 ‖ 應
    父午 / 兄丑 ⚋
    兄辰 / 兄丑 ⚋
        官卯 ⚊ 世
        父巳 ⚊
```

세효卯와 응효亥가 상생하므로 매매가 성사
되는 상이지만, 간효에 형효丑이 임하여
동하므로 중개인이 농간을 부리고 있다.
더구나 간효丑이 응효亥를 극하므로 비용만
낭비하고 매매가 성사되지 않는다고 알려주
고 있다.

2. 효신의 충 작용

• 효신의 충 작용은 지지의 충 작용을 따르며, 寅申충, 巳亥충, 卯酉충,
  子午충, 丑未충, 辰戌충 작용을 한다.

충이란 부딪쳐 흩어지므로 충산沖散이라고 한다.
용신이 왕성하면 충하여도 장애가 없지만, 용신이 쇠약한데 충하면 흉하다.

또한 육합괘가 육충괘로 변하면 용신이 왕성하여도 처음에는 길하지만,
나중에는 결국 흉하게 되며 일이 이루어진다고 하여도 용두사미가 된다.

가. 일월이 효신을 충하는 경우
월건이 효신을 충하면 월파月破되었다고 한다.
일진이 왕상한 정효를 충하면 암동暗動한다고 한다.
일진이 휴수한 효신을 충하면 일파日破되었다고 한다.
일진이 순공한 효신을 충하면 실공實空되었다고 한다.

【예6】 巳월 戊戌일(辰巳 공망)에 재물점을 쳐서 풍뢰익괘를 얻었다.

兄卯 | 應
孫巳 |
財未 ||
財辰 || 世
兄寅 ||
父子 |

재물점이므로 재효가 용신이다.
재효辰이 세효에 임하고, 순공에 들어
용신으로 채용한다.
일진戌이 충공하여 실공되므로, 오늘
재물이 들어온다고 알려주고 있다.

【예7】 丑월 壬子일(寅卯 공망)에 형사소송점을 쳐서 천산둔괘를 얻었다.

```
父戌 丨
兄申 丨  應
官午 丨
兄申 丨
官午 ‖  世
父辰 ‖
```

형사소송점에서는 세효가 본인이다.
세효에 귀효午가 임하고 손효가 보이지 않는다.
세효가 丑월에 휴수되었고, 일진子가 세효午를 충파하므로 子일인 오늘 형벌을 받는다고 알려주고 있다.

【예8】 巳월 戊戌일(辰巳 공망)에 자금을 구하는 점을 쳐서 풍뢰익괘를 얻었다.

```
兄卯 丨  應
孫巳 丨
財未 ‖
財辰 ‖  世
兄寅 ‖
父子 丨
```

자금을 구하는 점이므로 재효가 용신이다.
재효辰이 세효에 임하고, 월건巳의 생을 받아 왕성하며 순공되었으므로 일진戌이 충공하는 戌일에 자금을 구할 수 있다고 알려주고 있다.

나. 육충괘를 만나는 경우

```
孫酉 ‖  世
財亥 ‖
兄丑 ‖
官卯 ‖  應
父巳 ‖
兄未 ‖
```

초효와 사효가 丑未충을 하고
이효와 오효가 巳亥충을 하고
삼효와 상효가 卯酉충을 하고 있다.
이를 육충괘六冲卦라고 한다.

【예9】 子월 己巳일(戌亥 공망)에 투기를 하였는데 이익이 나겠는가.

점을 쳐서 곤위지괘를 얻었다.

孫酉 ‖ 世	투자점이므로 세효와 응효의 관계이다.
財亥 ‖	일진이 재효亥를 충동하여 응효卯를 생하고
兄丑 ‖	응효卯가 세효酉를 충파하므로 좋지 않다.
官卯 ‖ 應	다행히 육충괘이므로 중도에 멈추게 되어 약
父巳 ‖	간의 잔돈은 회수할 수 있다고 알려주고 있다.
兄未 ‖	

【예10】 酉월 乙未일(辰巳 공망)에 자식이 집을 나간지 오래되었는데 언제

돌아오는가. 점을 쳐서 곤위지괘를 얻었다.

孫酉 ‖ 世	자식점이므로 손효가 용신이다.
財亥 ‖	비록 육충괘이지만, 세효에 손효酉가 임하고
兄丑 ‖	일월의 생부를 받아 왕성하므로 길하다.
官卯 ‖ 應	손효酉를 충하는 卯년에는 돌아온다고 알려
父巳 ‖	주고 있다.
兄未 ‖	

✎ 육충괘를 만나도 반드시 용신으로 판단하여야 한다.

용신이 왕성하면 용신으로 판단하고 용신이 쇠약하면 흉하다.

단지 예로 최근에 발생한 질병점에서 육충괘를 만나면 용신을 쓰지

않아도 질병이 낫지만 오래된 질병에는 위험하며, 풍수점에서는 장애물

이 있는 것이니 오래가지 못할 상이다

육충괘라고 하여 무조건 흉하다고 판단하여서는 안 된다.

비록 육충괘일지라도 용신이 일월의 생부를 받아 왕성하면 흉이 길로

변할 수 있다.

다. 육충괘가 육합괘로 변하는 경우

```
(酉)  兄戌 ‖
(亥)  孫申 ‖
兄丑 / 父午 ⼂ 世
      兄辰 ∣
      官寅 ∣
      財子 ∣ 應
```

육충괘인데
초효子와 변효丑이 합을 하고
이효와 오효가 寅亥합을 하고
삼효와 상효가 辰酉합을 하여
육합괘로 변한 것이다.

【예11】 亥월 壬子일(寅卯 공망)에 자식이 싸움을 했는데 괜찮을지.
여부점을 쳐서 뇌천대장괘가 지천태괘로 변하였다.

```
      兄戌 ‖
      孫申 ‖
兄丑 / 父午 ⼂ 世
      兄辰 ∣
      官寅 ∣
      財子 ∣ 應
```

자식점이므로 손효가 용신이다.
부효午가 세효에 임하고 동하여 손효申을 극
하므로 부친이 혼내려하지만, 일진子가 부효
午를 충극하고 육충괘가 육합괘로 변하므로
혼내지 않고 무마한다고 알려주고 있다.

라. 육합괘가 육충괘로 변하는 경우

```
      父戌 ∣ 應
      兄申 ∣
      官午 ∣
父辰 / 財卯 ⼁ 世
財寅 / 官巳 ⼁
孫子 / 父未 ⼁
```

육합괘인데
초효 변효와 사효가 子午충을 하고
이효 변효와 오효가 寅申충을 하고
삼효 변효와 상효가 辰戌충을 하여
육충괘로 변한 것이다.

【예12】午월 丙辰일(子丑 공망)에 해외무역으로 돈을 벌 수 있는가.

여부점을 쳐서 뇌풍항괘가 뇌지예괘로 변하였다.

財戌 ‖ 應
官申 ‖
孫午 |
兄卯 / 官酉 ⸝ 世
孫巳 / 父亥 ⸝
財丑 ‖

무역점이므로 재효가 용신이다.

일진辰이 재효戌을 충동하여 세효酉를 생하므로 돈을 벌 수 있다.

다만, 육합괘가 육충괘로 변하여 반음이 되므로 여러 번 반복하며 무역을 하여야 돈을 벌 수 있다고 알려주고 있다.

【예13】巳월 甲寅일(子丑 공망)에 자식의 스승을 초청하는 점을

쳐서 천지비괘가 건위천괘로 변하였다.

父戌 | 應
兄申 |
官午 |
父辰 / 財卯 ⸝ 世
財寅 / 官巳 ‖
孫子 / 父未 ‖

스승초청점이므로 응효가 용신이다.

세효와 응효가 상합하고, 응효戌이 월건巳의 생을 받으므로 스승에게 배움을 얻을 수 있다.

단지, 육합괘가 육충괘로 변하고 부효가 손효 순공으로 화하였으므로 자식에게 변고가 있음을 알려주고 있다.

과연, 未월에 손효子를 극하므로 자식이

병으로 인하여 갑자기 사망했다.

✎ 대개 육합괘가 육충괘로 변하면

반음이 되므로 모든 점에서 일이 이루어졌다가 다시 지체가 되며 얻었다가 다시 잃거나 하는 등 반복하는데 오직 관재소송 등 흉사에는 길로 작용한다.

마. 육충괘가 육충괘로 변하는 경우

官酉 / 兄卯 ㅓ 世	
父亥 / 孫巳 ㅓ	육충괘를 이루고 있는데
(丑)　財未 ‖	내괘에서 이효와 삼효가 동하고
兄卯 / 官酉 ㅓ 應	외괘에서 오효와 상효가 동하여
孫巳 / 父亥 ㅓ	또 다시 육충괘로 변하였다.
(未)　財丑 ‖	

【예14】 午월 丙子일(申酉 공망)에 개업점을 쳐서 뇌천대장괘가 손위풍괘로
　　　　변하였다.

官卯 / 兄戌 ㅐ	개업점이므로 재효가 용신이다.
父巳 / 孫申 ㅐ	세효午에 월건이 임하고, 동하여 午未합으로
兄未 / 父午 ㅓ 世	화합하고, 재효子에 일건이 임하고 동하여
兄辰 ㅣ	자축합으로 화합하여 길하지만,
官寅 ㅣ	육충괘가 육충괘로 변하였으니 개업하여도
兄丑 / 財子 ㅓ 應	오래 가지 못한다고 알려주고 있다.

✎ 육충괘가 육충괘로 변하면

반드시 위아래가 불화하고 친한 사람과 반목하며 피차 간사한 마음을
가지고 있어 일을 이루기 어렵게 된다.
만약 용신이 다시 극을 받으면 크게 흉한 징조이며 용신이 왕성하여도
오래 가지 못한다.

바. 동효가 충으로 변하는 경우

```
        財戌 ‖ 應
        官申 ‖
        孫午 ∣
兄卯 / 官酉 ⼊ 世
        父亥 ∣
        財丑 ‖
```

삼효酉가 동하여 卯로 변하였다.
이를 회두충回頭冲이라고 한다.
일반적으로 회두충은 반음이 되어
일이 반복되는 경향이 많다.

【예15】午월 丙辰일에 사업으로 돈을 벌 수 있는가.
　　　여부점을 쳐서 뇌풍항괘가 뇌지예괘로 변하였다.

```
        財戌 ‖ 應
        官申 ‖
        孫午 ∣
兄卯 / 官酉 ⼊ 世
孫巳 / 父亥 ⼊
        財丑 ‖
```

사업점이므로 재효가 용신이다.
재효戌이 월건午의 생을 받고,
일진辰이 충동하여 세효酉를 생한다.
비록 내괘가 반음괘로서 일이 반복되어도
재효戌의 생을 받으므로, 결국 돈을 벌 수
있다고 판단한다.

사. 효신과 효신이 충하는 경우

【예16】酉월 庚子일(辰戌 공망)에 문서점을 쳐서 천수송괘가 화택규괘로
　　　변하였다.

```
        孫戌 ∣
孫未 / 財申 ⼊
        兄午 ∣ 世
        兄午 ‖
        孫辰 ∣
兄巳 / 父寅 ⼊ 應
```

문서점이므로 부효가 용신이다.
부효寅이 동하여 세효午를 생하지만,
재효申이 동하여 부효寅을 충극하므로
寅일을 기다려야 문서가 들어온다고
판단한다.

3. 효신의 형 작용

• 효신의 형 작용은 지지의 형작용을 따르며 寅巳申, 丑戌未, 子卯형 작용을 따른다.

일반적으로 용신이 휴수되고 더불어 다른 효의 극을 받으면서, 寅巳申 삼형을 범하는 경우에는 흉함이 나타난다.
용신이 일월동효와 삼형을 이루면 모든 점에서 흉하다.

【예17】 丙申일(辰巳 공망)에 문서를 얻을 수 있는지,
　　　　여부점을 쳐서 지천태괘를 얻었다.

孫酉 ‖ 應 財亥 ‖ 兄丑 ‖ 兄辰 丨 世 官寅 丨　(父巳) 財子 丨	문서점이므로 부효가 용신이다. 부효巳가 복신이지만, 일진申이 귀효寅을 충동하여 복신과 삼형을 이루므로 문서를 얻기 어렵다고 판단한다.

✒ 야학노인曰

이 경우에는 복신巳가 비록 공망에 들었지만, 일진申이 귀효寅을 충동하여 복신巳는 귀효寅의 장생을 얻고 일진申은 복신巳의 장생을 얻어 유기하므로 공망으로 보지 않는다.

그러므로 공망으로 인하여 문서를 얻지 못한 것이 아니며 일진申에 의하여 귀효寅과 복신巳가 삼형을 이루어 흉하므로 문서를 얻지 못한 다고 판단한 것이다.

【예18】 寅월 庚申일(子丑공망)에 자식의 질병점을 쳐서 풍화가인괘가
　　　　변한 리위화괘를 얻었다.

```
      兄卯  |
 財未 / 孫巳  ㅏ 應
 官酉 / 財未  ㅐ
      父亥  |
      財丑  ‖ 世
      兄卯  |
```

자식의 질병점이므로 손효가 용신이다.
손효巳가 월건寅의 생을 받아 왕성하므로
치료하면 낫겠으나,
일월과 용신이 寅巳申삼형을 이루므로
寅일에 삼형의 흉함으로 자식이 위험하다고
알려주고 있다.

✎ 이는 괘에서 寅이 없어 삼형을 이루지 못하여도 부족한 寅이 도래하는
寅일에 삼형을 이루어 응하기 때문이다.

【예19】 巳월 己未일(子丑 공망)에 병이 오래되어 나을 수 있는지.
　　　　여부점을 쳐서 택수곤괘가 태위택괘로 변하였다.

```
      父未  ‖
      兄酉  |
      孫亥  | 應
      官午  ‖
      父辰  |
 官巳 / 財寅  ㅐ 世
```

본인 질병점이므로 세효가 용신이다.
세효寅이 동하여 귀효巳로 화하고,
申일에는 세효와 변효가 삼형을 이루어
위험하다고 알려주고 있다.

✎ 이는 괘에서 申이 없어 삼형을 이루지 못하여도 부족한 申이 도래하는
申일에 삼형을 이루어 응하기 때문이다.

4. 효신의 삼합 작용

• 효신의 회會작용에는 지지의 삼합 작용이 있으며, 寅午戌삼합,
  申子辰삼합, 亥卯未삼합, 巳酉丑삼합을 이룬다.

삼합국은 괘안에서 동효끼리 이룰 수 있으며, 괘 안의 동효와 일월과 함께
삼합국을 이룰 수도 있고, 두 개가 동하고 하나가 동하지 못하면 하나를
채우는 일월을 기다려 삼합국을 이루는 허일대용虛一待用의 묘법이 있다.
모든 점에서 삼합국이 용신과 원신을 생조하면 길하고 극제하면 흉하다.
특히 용신과 세효가 함께 삼합국을 이루면 길하다.

가. 한 괘에서 삼효가 동하여 삼합국을 이루는 경우

父戌 ㅣ 世	
兄申 ⚊	
官午 ㅣ	
父辰 ⚊ 應	
財寅 ㅣ	
孫子 ⚊	

형효申과 손효子와 부효辰이 동하여
삼합국을 이루지만, 재효寅과 관효午와
부효戌은 동하지 않았으므로
삼합국을 이루지 못한다.

나. 일월과 동효가 삼합국을 이루는 경우

父戌 ㅣ 世	
兄申 ⚊	
官午 ㅣ	
父辰 ㅣ 應	
財寅 ㅣ	
孫子 ㅣ	

子월 辰일에 친 점이면, 형효申과 함께
삼합국을 이룰 수 있다.
이때 삼합국은 水국이 되며, 손효국이
왕강한 기운을 갖게 된다.

다. 두 개의 효신만 동하는 경우

두 개의 효신만 동하면 삼합국을 이루지 못하지만 지금의 일월 또는 나중에 오는 일월과 함께 삼합국을 이룰 수 있다.

【예20】 巳월 丁酉일(辰巳 공망)에 승진여부에 대한 점을 쳐서 건위천괘가 수천수괘로 변하였다.

孫子 / 父戌 ⚊ 世	
兄申 ⚊	
兄申 / 官午 ⚊	
父辰 ⚊ 應	
財寅 ⚊	
孫子 ⚊	

승진점이므로 관효가 용신이다.
왕성한 관효午가 동하여 세효戌을 생하므로 반드시 승진한다.
재효寅이 동하여 삼합국을 이루는 寅일을 기다리면 승진한다고 알려주고 있다.

【예21】 酉월 乙巳일(寅卯 공망)에 승진여부에 대한 점을 쳐서 택지췌괘가 천지비괘로 변하였다.

父戌 / 父未 ⚋	
兄酉 ⚊ 應	
孫亥 ⚊	
財卯 ⚋	
官巳 ⚋ 世	
父未 ⚋	

승진점이므로 관효가 용신이다.
관효巳가 세효와 일진에 임하고, 일진巳가 손효亥를 충동하여 극을 하지만, 내년 卯월에 동효인 未와 삼합木국을 이루면 관효巳를 생하고 승진한다고 알려주고 있다.

라. 내괘나 외괘에서 변효와 삼합을 이루는 경우

내괘나 외괘에서 2개의 효가 동하고, 변출한 효와 삼합을 이룰 수 있다.

【예22】辰月 丁亥일(午未공망)에 취업할 수 있는가.

　　　여부점을 쳐서 택지췌괘가 택화혁괘로 변하였다.

```
父未 ‖
兄酉 | 應
孫亥 |
財亥 / 財卯 ⚊
官巳 ‖ 世
父卯 / 父未 ⚊
```

취업점이므로 관효가 용신이다.

내괘에서 초효와 삼효가 동하여. 변효亥를
화출하고 삼합木국을 이루어 용신인 관효巳
를 생하므로 길하다.

부효未가 순공에 들었으므로 실공하는
未월에 취업한다고 판단한다.

【예23】戌月 丁巳일(子丑공망)에 재물을 구하는 점을 쳐서 이위화괘가
　　　지화명이괘로 변하였다.

```
財酉 / 兄巳 ⚊ 世
孫未 ‖
孫丑 / 財酉 ⚊
官亥 | 應
子丑 ‖
父卯 |
```

재물점이므로 재효가 용신이다.

외괘에서 사효와 상효가 동하여
변효丑을 화출하고 삼합 金국을 이루며
용신인 재효酉를 생부하므로 길하다.

변효丑이 공망에 들었으므로 실공하는
丑일에 재물을 구할 수 있다.

마. 내괘와 외괘가 모두 삼합국인 경우

피차의 형세점에서는 내괘는 본인이고 외괘는 타인이다.

외괘가 삼합국으로서 내괘를 생하면 좋고 내괘를 극하면 흉하다.

✎ 본래 피차의 점에서는 세효와 응효로 판단하는데

내괘와 외괘가 모두 삼합국이면 삼합국의 형세로 판단한다.

이는 삼합으로 협심하여 상대와 세력을 겨루기 때문이다.

가령 가택점을 치는데 외괘가 삼합국을 이루고 내괘를 극하는데 집안에 있으면 흉하며, 내괘가 삼합국을 이루고 외괘를 생하는데 밖에 있으면 길하다.

【예24】 卯월 丁巳일(子丑 공망)에 이웃 마을과의 분쟁으로 인한 점을 쳐서 이위화괘가 곤위지괘로 변하였다.

財酉 / 兄巳 ⚊ 世	
孫未 ⚋	
孫丑 / 財酉 ⚊	
父卯 / 官亥 ⚊ 應	
子丑 ⚋	
孫未 / 父卯 ⚊	

내괘는 우리 마을이고, 외괘는 이웃 마을이다. 내괘에서 이루는 木국은 왕상하고 외괘에 이루는 金국은 쇠약하므로 금극목을 두려워하지 않는다. 단지, 육충괘가 육충괘로 변하였으므로 화해를 중재하는 사람이 반드시 나타나 분쟁이 멈추게 도울 것이다. 과연, 중재하는 사람으로 인하여 서로 화해하였다.

이 경우에는 피차 분쟁점이므로 마땅히 세효와 응효로 판단하여야 하지만 내외괘에서 삼합을 이루고 있으므로 마을 사람들끼리 협심한 것으로 나타난 것이다. 그러므로 내외괘의 삼합으로 판단한 것이다. 만약, 육충괘가 육충괘로 변하지 않았다면 중재하는 사람이 나타나 화해하지는 않았을 것이고, 이웃 마을에게 지지는 않지만 여전히 좋은 않은 감정으로 시비가 계속될 것이다.

바. 삼합국의 길흉

삼합국은 길이 되기도 하고 흉이 되기도 한다.

삼합국을 이루면 강한 세력을 형성하므로 원신과 용신을 도우면 길하지만 원신과 용신을 극충하면 흉하다.

가령 구직점이나 승진점에서 관효가 용신인데 관국을 이루면 관의 형세가 왕강하므로 길하고 재국을 이루면 관국을 도우므로 역시 길하다. 그러나 손국을 이루면 관효를 극상하므로 흉하여 승진이나 진급에 불리하다.

선거에서 공천이나, 선거 당선점에서는 삼합국이 세효를 생하면 길하며 응효를 생하면 다른 사람에게 이롭게 된다.

투자점에서 재효가 삼합국을 이루고 세효를 생하면 나에게 이롭고 응효를 생하면 상대방이 이롭다.

출행점에서 용신과 함께 삼합국을 이루면 돌아오기 어렵다.

재물을 구하는 점에서 재효가 용신인데 재국이나 손국을 이루면 역시 길하여 뜻대로 재물을 구할 수 있지만 형국을 이룬다면 재물을 구하지 못할 뿐만 아니라 파재하므로 매우 흉하게 된다.

혼인점이나 부부점을 치는 경우에는 재관이 합국하는 것이 좋다.

가택점에서는 부효가 합국하는 것이 좋다.

관재 소송점에서 용신국을 이루고 세효에 임하면 모든 근심걱정이 해소되지만, 삼합국을 이루어 용신이나 세효를 극하면 불길하다.

삼합국에 일월 중에 하나라도 임하여 왕성하고 용신이 삼합국에 속하든지 세효를 생하면 길하다.

5. 효신의 육합 작용

• 효신은 육합 작용은 지지의 육합 작용을 따르며
  寅亥, 巳申, 辰酉, 卯戌, 午未, 子丑 등 육합의 작용을 한다.

정효가 육합을 만나면 합기습起라고 하며 일월과 육합하면 마치 동효처럼
왕상하게 작용한다.
동효가 육합을 만나면 합반습絆이라고 하며 오히려 동하지 못하다가 충개
하는 시기에 길흉이 나타난다.

합기습起는 육합하여 일어나 움직인다는 뜻이며
합반습絆이란 육합하여 묶이므로 움직이지 못한다는 뜻이 있다.
동효와 동효끼리 육합하면 서로 사이좋게 돕는다는 뜻이 있으며
동효가 화출한 효와 육합하면 화부化扶라고 하여 도움을 얻는다.

✒ **야학노인曰**

육합이 되면 길한데 가령 세효午가 未효와 육합하면 이미 중형을
구형받아도 결국 사면될 수 있기 때문이다.

가. 정효가 일월과 육합하면 합기가 된다.

합기습起란 육합하여 일어난다는 뜻으로서 정효가 일월과 육합하면 동효로서 작용하며 효가 휴수하여도 왕상한 뜻이 있다.

兄子 ‖ 世	
官戌 ‖	
父申 ‖	
財午 ‖ 應	
官辰 ‖	
孫寅 ‖	

월건이 丑월이면, 비록 세효子가 정효이지만, 월건과 함께 子丑합을 하면서 마치 동효처럼 작용하는데 이를 합기라 한다.

✎ 정효가 일월과 육합을 이루어 합기가 되어도 괘에서 동효가 충극하고 생부함이 없으면 합이 되어도 결국 극으로 작용한다.

【예25】丑월 庚辰일(申酉 공망)에 자식의 질병이 위중하여 점을쳐서 산지박괘를 얻었다.

財寅 ‖	
孫子 ‖ 世	
父戌 ‖	
財卯 ‖	
官巳 ‖ 應	
父未 ‖	

자식의 질병점이므로 손효가 용신이다.
손효子가 세효에 임하고, 월건丑과 육합을 이루어 합기하지만, 일진辰이 부효戌을 충동하여 손효子를 극하므로 오늘을 넘기지 못한다고 알려주고 있다.

나. 동효가 일월과 육합하면 합반이 된다.

동효가 일월과 육합하면 합반襲絆이라고 하여 움직이지 못하며,
동효를 충개하는 일월을 만나면 합반이 풀어지며 길흉이 응기한다.

【예26】未월 庚寅일(午未 공망)에 직장운이 평탄한가
　　　　여부점을 쳐서 택화혁괘가 수화기제괘로 변하였다.

```
官未 ‖
父酉 │
父申 / 兄亥 ⼀ 世
兄亥 │
官丑 ‖
孫卯 │ 應
```

직장점이므로 관효가 용신이다.
관효未가 월건에 임하여 왕성하고
일진寅과 寅亥합을 이루어 합반되므로
일진의 도움으로 직장운이 평탄하다고
판단한다. 다만, 巳년에는 세효亥를 충개하여
합반을 풀고 동하여 변효申을 화출하여 태세와
형하므로 직장운이 흉하다고 알려주고 있다.

【예27】申월 丙子일(申酉 공망)에 딸의 혼수품을 준비하려고 출행하는 점을
　　　　쳐서 지화명이괘가 뇌산소과괘로 변하였다.

```
父酉 ‖
兄亥 ‖
財午 / 官丑 ⼀ 世
兄亥 │
官丑 ‖
官辰 / 孫卯 ⼀ 應
```

출행점이므로 세효가 용신이다.
세효丑이 동하여 일진子와 육합을 이루어 합
반되므로 움직이지 못한다고 알려주고 있다.
또한, 손효卯가 월건申에 절되고 일진子에 형
되며 또한 동하여 귀효로 화하므로 딸에게
변고가 있다고 알려주고 있다. 과연, 이 사람
은 병으로 인하여 출발하지 못하였고 딸은
辰일에 사고로 사망하였다.

✎ 이와 같이 출행점을 쳤는데 출행하는 목적이 변고로 인하여 없어지는
경우에 이를 알려주기도 한다.

다. 효신과 효신이 육합하는 경우

동효와 동효는 육합할 수 있으며 동효와 정효는 육합할 수 없다.
세효와 응효가 동효이면서 육합하면 본인과 상대가 서로 화합하는 것이다.
이를 합호合好라고하여 서로 돕는다는 뜻이 있다.

```
父戌 ⚊ 應
兄申 |
官午 |
財卯 ⚋ 世
官巳 ⚋
父未 ⚋
```

세효卯와 응효戌이 동하여, 육합을 이루므로
서로 돕고 있다.

라. 효신이 동하여 변효와 육합하는 경우

```
      父戌 |
      兄申 |
      官午 | 應
      兄酉 |
      孫亥 |
孫子 / 父丑 ⚋ 世
```

세효丑이 동하여 변효子를 화출하고
세효와 변효가 子丑합하는데,
이를 화부化扶라고 한다.
화부가 되면 다른 사람의 도움을 받는다.

마. 육합괘를 만난 경우

```
父戌 | 應
兄申 |
官午 |
財卯 ⚋ 世
官巳 ⚋
父未 ⚋
```

육효가 동하지 않아도
초효와 사효가 午未합하고
이효와 오효가 巳申합하고
삼효가 상효와 卯戌합하는 것을
육합괘六合卦라고 한다.

【예28】 戌월 丁卯일(戌亥 공망)에 소송점을 쳐서 지천태괘를 얻었다.

```
孫酉 ‖ 應
財亥 ‖
兄丑 ‖
兄辰 ∣ 世
官寅 ∣
財子 ∣
```

소송점이므로 세효가 용신이다.

육합괘를 만났지만, 월건戌와 일진卯가 세효 辰을 충극하며 일진卯가 응효酉를 충동하고 월건戌의 생을 얻으므로 상대방이 소송에서 이긴다고 판단한다.

이와 같이 육합괘를 얻으면 길하다고 하지만, 용신이 극충을 받으면 육합괘를 얻어도 길하지 않다고 판단한다.

바. 육충괘가 육합괘로 변한 경우

육충괘가 육합괘로 변하면 용신을 보지 않아도 길하다고 판단한다.

모든 점에서 일이 성사되지 않아도 뒤에 성사된다.

```
兄酉 / 父戌 ⳨ 世
孫亥 / 兄申 ⳨
父丑 / 官午 ⳨
      父辰 ∣ 應
      財寅 ∣
      孫子 ∣
```

육충괘인데 외괘가 동하여 육합괘로 변한 것으로 용신과 관계없이 길하다고 본다.

【예29】 丑월 戊申일(寅卯 공망)에 고시점을 쳐서 감위수괘가 택수곤괘로 변하였다.

```
      兄子 ‖ 世
      官戌 |
  兄亥 / 父申 ⫽
      財午 ‖ 應
      官辰 |
      孫寅 ‖
```

고시점이므로 부효가 용신이다.
부효申이 동하여 세효를 생하고
형효亥를 화출하여 육충괘가 육합괘로 변하였으니 우수한 성적으로 합격한다고 알려주고 있다.

【예30】 未월 丁巳일(子丑 공망)에 파혼하여 다시 혼인이 성사될 수 있는가. 여부점을 쳐서 이위화괘가 화산려괘로 변하였다.

```
      兄巳 | 世
      孫未 ‖
      財酉 |
      官亥 | 應
      子丑 ‖
  孫辰 / 父卯 ⫽
```

초효가 동하여 육충괘가 육합괘로 변하였으므로 흩어졌다가 다시 모이는 상이므로 반드시 혼인이 성사된다고 알려주고 있다. 다음 해 辰월에 다시 혼인이 성사되었다.

사. 육합괘가 육합괘로 변한 경우

```
        兄巳 |
        孫未 ||
孫戌 / 財酉 ⸮ 應
        財申 |
        兄午 ||
父卯 / 孫辰 ⸮ 世
```

육합괘에서 초효와 사효가 동하여 다시 육합괘로 변하였다.

육합괘가 동하여 육합괘로 다시 변하였으니 처음과 끝이 합하였다고 하여 모든 점에서 매우 길한 것으로 보며 용신이 왕성하면 더욱 길하게 된다.

다만, 관재 소송점이나 근심걱정을 해소하는 점이나 잉태점이나 출산점에서 용신이 다시 극을 받으면 불리하다.

【예31】卯월 甲寅일(子丑 공망)에 조상의 묘로 인하여 발복하겠는가. 여부점을 쳐서 택수곤괘가 수택절괘로 변하였다.

```
玄        父未 ||
虎        兄酉 |
蛇 兄申 / 孫亥 ⸮ 應
句        官午 ||
朱        父辰 |
龍 官巳 / 財寅 ⸮ 世
```

손효亥가 동하여 회두생을 받으므로 申은 생지로서 원류에 해당하지만,

일진寅에 의하여 충극을 받으므로 물이 세효를 생하지 못하고 있으므로 비록 세효에 청룡이 동하고 있지만,

발복하지 못하는 것이다.

다만, 육합괘가 육합괘로 변하였으므로 내년에는 승진할 것이며 ㅃ년에는 자식을 낳고 대대로 복이 이어진다고 알려주고 있다.

아. 육합의 충합

육합은 두 효신이 모두 동하여야 육합이 이루어진다.

삼합과 육합은 일월동효의 충극을 좋아하지 않지만 나중에 오는 일월의
충기를 좋아하며 응기한다.

기신이 동하여 일월과 합하거나 원신이 동하여 일월과 합하면 충개하는
일월에 길흉이 나타난다.

예를 들어 寅과 亥가 합하는데 일월이 巳나 申으로서 寅과 亥를 충하면
합처봉충合處逢沖이 되어 합이 깨진다.

나중에 오는 申이나 巳가 오는 일월에 합이 깨지며 응기한다.

자. 탐합과 병합

탐합貪合은 합을 탐하느라 극충형 등을 잊는 것으로서 이를 탐합망극,
탐합망충, 탐합망형이라고 한다.

탐합망형貪合亡刑은 가령 용신이 子인데 卯가 동하여 형하지만 戌도
함께 동하면 卯는 戌과 합하느라 형을 잊어버리는 것이다.

탐합망충貪合亡沖은 가령 용신이 巳인데 亥가 동하여 충하지만,
卯와 未가 함께 동하여 삼합을 이루면 亥는 巳를 충하는 것을 잊어버리고
오히려 木국이 되어 용신을 생한다는 것이다.

탐생망극貪生亡剋은 가령 용신이 卯인데 申이 동하여 극하지만, 亥도 함께
동하면 申은 亥를 생하느라 卯를 극하는 것을 잊어버린다는 것이다.

병합倂合이란 두 개의 효가 두 개의 효와 합하는 것으로서
육합에서는 병합을 하지 않는다.

가령 두 개의 子와 두 개의 丑은 합하지 않는다.

6부 생극과 형충회합

7부

효신의 변화

1. 괘변

괘가 변하는 것을 괘변卦變이라고 하며, 변생變生 변극變克 변절變絕 비화比和 등으로 구분한다.

괘변의 생극은 오행의 생극을 적용하며 변절은 조후를 적용한다.

오행	木	火	土	金	水
괘명	진震괘 손巽괘	리離괘	곤坤괘 간艮괘	건乾괘 태兌괘	감坎괘

가. 변생

괘가 변하여 생하는 것으로서 길한 것으로 판단한다.

진목괘나 손목괘가 감수괘로 변하여 수생목 하는 경우

리화괘가 진목괘나 손목괘로 변하여 목생화 하는 경우

곤토괘나 간토괘가 리화괘로 변하여 화생토 하는 경우

건금괘나 태금괘가 곤토괘나 간토괘로 변하여 토생금 하는 경우

감수괘가 건금괘나 태금괘로 변하여 금생수 하는 경우

```
父子 /兄卯 ㅓ 世
     孫巳 ㅣ
     財未 ‖
孫午 /官酉 ㅓ 應
     父亥 ㅣ
     財丑 ‖
```

손위풍괘가 감위수괘로 변하였으므로 손목괘가 동하여 감수괘로 변하여 수생목하므로 길하다고 판단한다.

나. 비화

비화는 같은 오행의 괘로 변하는 것을 말한다.

가령 건금괘가 건금괘나 태금괘로 변하면 같은 金오행으로 변하였으므로
비화되었다고 하며 이를 복음괘라고도 한다.

다. 변극

괘가 변하여 극하므로 흉한 것으로 판단한다.

건금괘와 태금괘가 리화괘로 변하여 화극금 하는 경우

리화괘가 감수괘로 변하여 수극화 하는 경우

감수괘가 곤토괘나 간토괘로 변하여 토극수 하는 경우

곤토괘나 간토괘가 진목괘나 손목괘로 변하여 목극토 하는 경우

진목괘나 손목괘가 건금괘나 태금괘로 변하여 금극목하는 경우

財戌 / 財戌 ‖ 世	
官申 / 官申 ‖	
孫午 丨	
財辰 / 財辰 ‖ 應	
兄寅 / 兄寅 ‖	
父子 丨	

진위뢰괘가 건위천괘로 변하였으므로
진목괘가 동하여 건금괘로 변하여
금극목하므로 흉하다고 판단한다.

父未 ‖ 世	
兄申 / 兄酉 丿	
孫亥 丨	
父丑 ‖ 應	
財寅 / 財卯 丿	
官巳 丨	

태위택괘가 진위뢰괘로 변하였으므로
태금괘가 진목괘로 변하여 내가 다른
사람을 극하는 것이므로 흉이 되지 않는다.

라. 변절

괘가 변하여 절되면 흉하다고 판단한다.

점치는 일월의 당시에는 신의 기미와 조짐이 일찍 나타나 비록 지금은 왕상하여도 때가 지나면 소멸되기 마련이다.

가령 午월 점에서 리화괘는 감수괘인 절괘로 변하니 지금은 여름의 火가 왕성하여도 겨울이 오면 火가 쇠약하여진다고 판단한다.

• 괘체란 마치 사람의 근본과 같아 괘가 극절로 변하면

마치 나무의 뿌리가 흙 밖으로 나오면 지금 가지와 잎이 비록 푸르다고 하여도 극절로 인하여 오래가지 않아 마르는 것과 같다.

그러므로 용신의 쇠왕에도 불구하고 괘의 생극절로 길흉을 판단하는 것이다.

兄卯 ㅣ 世 孫巳 ㅣ 孫午 / 財未 ⚊⚊ 官酉 ㅣ 應 父亥 ㅣ 父子 / 財丑 ⚊⚊	卯월 辛巳일에 상사의 점을 쳐서 손목괘가 건금괘로 변하여 금극목하는 변극괘가 되었다. 지금은 봄이라 목의 기세가 왕성하여 괜찮지만 가을이 오면 목의 기세가 절되어 위험하다고 판단한다.
官子 / 兄巳 ⚊⚊ 世 孫戌 / 孫未 ⚊⚊ 財申 / 財酉 ⚊⚊ 兄午 / 官亥 ⚊⚊ 應 孫辰 / 孫丑 ⚊⚊ 父寅 / 父卯 ⚊⚊	午월 丙寅일에 주인의 병점을 쳐서 리화괘가 감수괘로 변하여 수극화하는 변극괘가 되었다. 지금은 여름이라 화의 기세가 왕성하여 괜찮지만, 겨울이 되면 화의 기세가 절되어 위험하다고 판단한다.

官卯 / 孫酉 ⚊⚊ 世		
父巳 / 財亥 ⚊⚊		
兄丑 ⚊⚊		
孫酉 / 官卯 ⚊⚊ 應		
財亥 / 父巳 ⚊⚊		
兄未 ⚊⚊		

寅월 甲子일에 모친의 질병점을 쳐서 곤토괘가 손목괘로 변하여 목극토하는 변극괘가 되었다.

지금은 봄으로서 곤토괘가 절되었으므로 위험하다고 판단힌다.

2. 효변

효신이 동하여 변하는 것을 효변爻變이라고 하며, 효변된 효신을 변효變爻라고 하며 화신化神이라고도 한다.

가. 효변의 종류

화신에는 생극충형합과 묘절공이 있다.

회두생은 변효가 동효를 생하는 것이며

회두극은 변효가 동효를 극하는 것이다.

회두충은 변효가 동효를 충하는 것이며

회두형은 변효가 동효를 형하는 것이며

회두합은 변효가 동효를 합하는 것이다.

화생은 변효가 동효의 장생으로 화하는 것이며

화왕은 변효가 동효의 제왕으로 화하는 것이며

화묘는 변효가 동효의 묘로 화하는 것이며

화절은 변효가 동효의 절로 화하는 것이며

화공은 변효가 공망으로 화하는 것이다.

나. 생극충형합

일반적으로 희신이 회두생을 받으면 길하며 회두극은 흉하다.

그러나 기신이 회두생을 받으면 흉하고 회두극은 길하다.

특히 질병점, 수명점, 신수점에서 세효가 동하여 회두극이 되면 십중팔구는 살기 어렵다고 한다. 극해형충의 신은 일월동효가 극제하면 모름지기 뿌리를 완전히 뽑아야 한다. 만약 미진하게 제거하면 장래 년월의 생부를 만나면 거듭하여 재난이 되살아 난다.

【예1】 卯월 甲申일(午未 공망)에 자신의 질병점을 쳐서 지산겸괘가 수산건괘로 변하였다.

```
    兄酉 ||
父戌 / 孫亥 ⫮ 世
    父丑 ||
    兄申 |
    官午 || 應
    父辰 ||
```

자신의 질병점이므로 세효가 용신이다.

손효亥가 세로서 申일에 장생이고 일진의 생을 받으므로 비록 戌의 회두극을 받으나 卯월에 土가 쇠약하고 극제를 받으니 무방하리라.

과연, 丁亥일에 완전히 나았으나 비록 卯가 戌土를 극하여도 상합의 뜻이 있고 일진 申은 戌의 장생이므로 완전히 뿌리를 뽑지 못한다.

巳월에 손효亥는 월파되고 巳월이 부효戌을 생조하여 세효를 극하므로 속담에 풀을 잘라도 뿌리를 제거하지 않으면 새싹이 여전히 자란다고 하였으므로 다시 병을 얻어 사망하였다.

✎ 야학노인曰

동효는 신의 뜻이 담겨져 있는 것이므로 득괘하여 동효가 적으면 길흉을 쉽게 정할 수 있지만, 동효가 많으면 길흉이 어지러워 판단하기 어려우며 일의 핵심이 반복되는 경우가 많으니 반드시 재점하여 판단하는 것이 좋다.

다. 생왕묘절공

화생化生은 동효가 변하여 장생長生으로 화하는 것이다. 가령 寅효가 동하여 亥장생으로 화하는 것을 화생이라고 한다. 화왕化旺은 동효가 변하여 제왕帝旺으로 화하는 것이다. 가령 寅효가 동하여 卯제왕으로 화하는 것을 화왕이라고 하며 이를 진신眞神으로 화하였다고 한다. 그러나 卯효가 寅효로 화하면 제왕에서 물러나므로 화왕이라고 하지 않고 오히려 퇴신退神으로 화하였다고 한다.

화묘는 동효가 변하여 묘를 화출하는 것이다. 가령 寅효가 동하여 未로 변하면 묘를 화출하여 화묘된 것이다. 묘란 막히는 것으로서 모든 점에서 일이 이루어지기 어렵게 된다. 그러므로 모든 점에서 일이 이루어지기 어렵게 된다. 용신이 동하여 화묘되면 질병점에서 모두 위험하게 되는데 용신이 왕상하면 충묘하는 일월에 편안하여 지고 용신이 휴수한데 형충극해를 당하면 낫기 어렵다.
화묘가 되어도 동효가 왕상하거나 일월의 생부를 받으면 큰 해가 없다.
화묘가 되면 충개하는 일월에 이루어진다.

화절은 동효가 변하여 절로 화하는 것이다. 가령 寅효가 동하여 申효로 화하는 것을 화절이라고 한다. 화절되면 생왕하는 일월에 얻는다.

화공은 동효가 변하여 공망으로 화하는 것이다. 가령 午가 순공인데 寅이 동하여 午로 화하면 화공이라고 한다. 화공되면 실공하는 일월에 이루어진다. 다만 최근의 질병점에서는 출공하는 날에 병이 낫지만 오래된 병은 흉하다. 동효는 공망에 들어도 공망이 아니며 동하여 공망으로 화하여도 충공이나 실공하는 일월에 응한다.

3. 암동

암동暗動이란 정효가 암암리에 동하는 것이다.

가. 암동하는 경우
정효가 왕성한데 일진의 충을 받으면 암동하며
정효가 쇠약한데 일진의 충을 받으면 일파된다.

나. 암동의 희기
용신이 쇠약한데 원신이 암동하여 용신을 생하는 경우와, 기신이 동효인데
원신이 암동하여 용신을 생하는 경우에는 암동을 반긴다.

용신이 쇠약하고 돕는 것이 없는데 기신이 암동하여 용신을 극해하는 경우
에는 암동을 꺼린다.

【예2】寅월 己未일(子丑공망)에 자식의 질병점을 쳐서 곤위지괘가 지수사괘
　　　로 변하였다.

孫酉 ‖ 世	자식의 질병점이므로 손효가 용신이다.
財亥 ‖	손효酉가 비록 봄에 쇠약하지만,
兄丑 ‖	일진未의 생을 받고 있으며
官卯 ‖ 應	부효巳가 동하여 원신丑을 생하므로
兄辰 / 父巳 ⚊	일진未가 원신丑을 충동하여 손효酉를
兄未 ‖	생하는 것이 길하다.

일진未가 용신과 원신을 도우므로 오늘 치료
받으면 완치된다고 알려주고 있다. 과연, 의사에게 치료받고 나았다.

4. 반음과 복음

복음伏吟과 반음反吟은 반복反伏이라고 하며 효신이 동하여 반복反復하여 변하는 것이다.

복음	반음
동효와 변효가 같은 경우 본괘와 변괘가 같은 경우	동효와 변효가 충하는 경우 본괘와 변괘가 충하는 경우

가. 괘변에 의하여 반복되는 경우

1) 육충괘가 육충괘로 반복되는 경우

兄酉 / 父戌 ㄨ 世
孫亥 / 兄申 ㄨ
父丑 / 官午 ㄨ
財卯 / 父辰 ㄨ 應
官巳 / 財寅 ㄨ
父未 / 孫子 ㄨ

건위천괘가 곤위지괘로 변한 경우이다.
건위천괘는 육충괘인데
곤위지괘도 육충괘로서
육충괘가 육충괘로 반복된 것이다.

2) 육합괘가 육합괘로 반복되는 경우

(寅) 兄巳 │
(子) 孫未 ‖
孫戌 / 財酉 ㄨ 應
(亥) 財申 │
(丑) 兄午 ‖
父卯 / 孫辰 ㄨ 世

화산려괘가 산화비괘로 변한 경우이다.
화산려괘는 육합괘인데
산화비괘도 육합괘으로서
육합괘가 육합괘로 반복된 것이다.

나. 효변에 의하여 반복되는 경우

내외괘가 동일하지 않은 괘이지만 효신이 반복反伏하고 있다.

兄卯 / 官酉 ╳	
孫巳 / 父亥 ╳	
(未)　財丑 ‖ 世	
兄卯 / 官酉 ╱	
孫巳 / 父亥 ╱	
(未)　財丑 ‖ 應	

지풍승괘가 풍지관괘로 변한 경우이다.
내괘는 풍괘가 지괘로 변하고
외괘는 지괘가 풍괘로 변하면서
변괘가 본괘를 회두충하여 반음이다.

다. 외괘가 반복하고 내괘는 동하지 않는 경우

財子 ‖ 應	
兄戌 ∣	
孫申 ‖	
孫酉 / 官卯 ╳ 世	
財亥 / 父巳 ╳	
(丑)　兄未 ‖	

수지비괘가 수풍정괘로 변한 괘로서
내괘에서 반음이 되었다.

라. 내괘가 반복하고 외괘는 동하지 않는 경우

官卯 / 孫酉 ╳	
父巳 / 財亥 ╳ 應	
(未)　兄丑 ‖	
兄丑 ‖	
官卯 ∣ 世	
父巳 ∣	

지택림괘가 풍택중부괘로 변한 괘로서
외괘에서 반음이 되었다.

마. 복음이 되는 경우

父戌 / 父戌 ㅐ		
兄申 / 兄申 ㅐ		
(午) 官午 ㅣ 應		
兄酉 ㅣ		
孫亥 ㅣ		
父丑 ‖ 世		

천풍구괘가 뇌풍항괘로 변한 괘로서
외괘에서 복음이 되었다.

바. 반음의 길흉

내외괘가 모두 반음이면 안과 밖에서 모두 불안하다.
내괘 반음은 안에서 불안하고, 외괘 반음은 밖에서 불안하다.

피차의 형세점에서는
내괘가 반음이면 내가 불안하고, 상대방은 편안하며
외괘가 반음이면 내가 편안하고, 상대방은 불안해한다.

반음괘를 얻으면
성공하였다가 실패하고, 실패하였다가 성공하며
얻었다가 잃게 되고, 잃었다가 얻게 되며
갔다가 오게 되고, 왔다가 가게 되며
모였다가 흩어지고 흩어졌다가 다시 모이는 등 반복하게 된다.

용신이 왕성하고 충극으로 변하지 않으면 비록 반복하여도 반드시 일을
이룰 수 있지만, 용신이 변하여 회두극충을 당하는 것으로서 반음괘를
얻으면 크게 흉하다.

【예3】卯월 己亥일(辰巳공망)에 영전점을 쳐서 지택림괘가 풍택중부괘로
　　　변하였다.

```
官卯 / 孫酉 ∥
父巳 / 財亥 ∥ 應
　　　兄丑 ∥
　　　兄丑 ∥
　　　官卯 ┃ 世
　　　父巳 ┃
```

영전점이므로 관효가 용신이다.

세효에 관효卯가 임하고 왕성하고 또한 일진
亥에 장생이 되므로 영전한다.

단지, 외괘가 반음이 되므로 영전되어 임지
로 갔다가 다시 복직한다고 알려주고 있다.

【예4】卯월 壬申일(戌亥 공망)에 승진점을 쳐서 수지비괘가 수풍정괘로 변하
　　　였다.

```
　　　財子 ∥ 應
　　　兄戌 ┃
　　　孫申 ∥
孫酉 / 官卯 ∥ 世
財亥 / 父巳 ∥
　　　兄未 ∥
```

승진점이므로 관효가 용신이다.

세효에 관효卯가 임하고 월건이 임하니
반드시 승진한다고 알려주고 있다.

단지, 내괘가 변하여 반음괘가 되고 세효가
일진申에 절을 만나고 세효가 동하여 회두충
을 당하므로 불길하다고 알려주고 있다.

과연, 승진하였으나 임지에 감사가 있어

가지 않고 있다가 감사가 끝나고 임지에 갔다가 변을 당하였다.

【예3】의 괘에서는 세효와 관효가 모두 득지하여 왕성하므로 비록 반음괘
를 얻어도 임지를 옮겨도 피해가 없었으나, 【예4】의 괘에서는 세효와 관효
가 모두 일진에 절을 만나고 반음괘를 만났으니 일신이 변을 당한 것이다.

사. 복음의 길흉

내외괘가 모두 복음이면 안팎이 우울하고 괴로워한다.
내괘 복음은 안에서 괴로워하고 외괘 복음은 밖에서 괴로워한다.

직장생활이 어렵고 힘들며 재물이 모두 없어져 본전도 못 찾고
집이나 무덤을 옮기고 싶어도 옮기지 못하고
혼인점에서는 근심으로 즐거움이 없으며
질병점에서는 오래된 병으로 괴로워하고
관재소송점에서는 일이 해결되기 어려우며
여행점에서는 움직이기 곤란하고 우울하게 된다.

【예5】 申월 癸巳일(午未 공망)에 부친이 임지에서 언제 돌아오겠는가.
　　　여부점을 쳐서 천풍구괘가 뇌풍항괘로 변하였다.

父戌 / 父戌 ㅓ	
兄申 / 兄申 ㅓ	
官午 丨 應	
兄酉 丨	
孫亥 丨	
父丑 ‖ 世	

부친점이므로 부효가 용신이다.
부효丑이 세효에 임하고 일진의 생을 받으므로 임지에서 편안하겠으나 단지 외괘가 복음으로 화하므로 부득이한 일로 인하여 힘들어하고 있음을 알려주고 있다.
그러므로 돌아오고 싶어도 돌아오지 못하는 것이다. 복음효를 충개하는 辰년에 돌아온다고 판단하였다. 과연 辰년에 문제를 해결하고 돌아왔다.

✎ 辰년에 돌아온 것은 부효戌이 동하여 복음으로 화한 戌을 충개하는 해이기 때문이고, 문제를 해결한 것은 일진이 손효亥를 충동하여 귀효午를 극하였기 때문이다.

5. 순공

가. 순공旬空이란 공망에 든 것을 말한다.

구분	점치는 날					공망
甲子순	甲子 己巳	乙丑 庚午	丙寅 辛未	丁卯 壬申	戊辰 癸酉	戌亥
甲戌순	甲戌 己卯	乙亥 庚辰	丙子 辛巳	丁丑 壬午	戊寅 癸未	申酉
甲申순	甲申 己丑	乙酉 庚寅	丙戌 辛卯	丁亥 壬辰	戊子 癸巳	午未
甲午순	甲午 己亥	乙未 庚子	丙申 辛丑	丁酉 壬寅	戊戌 癸卯	辰巳
甲辰순	甲辰 己酉	乙巳 庚戌	丙午 辛亥	丁未 壬子	戊申 癸丑	寅卯
甲寅순	甲寅 己巳	乙卯 庚午	丙辰 辛未	丁巳 壬申	戊辰 癸酉	子丑

甲子일이나 乙丑일에 점을 치면 戌亥가 甲子순의 순공이 되며
己丑일이나 庚寅일에 점을 치면 午未가 甲申순의 순공이 된다.
나머지도 이와 같다.

나. 순공이 되는 경우

1) 효신이 동하지 않거나 월파되는 경우
2) 효신이 회두극을 당하는 경우
3) 복신이 극파를 당하는 경우
4) 효신이 계절의 기운을 얻지 못하여 쇠약한데 공망이 되면
   진공眞空이라고 한다. 가령 가을에 寅이나 卯의 공망은 진공이다.

다. 순공이 안되는 경우

1) 효신이 왕상한 경우 또는 효신이 동하는 경우

2) 효신이 동하여 공망으로 화하는 경우

3) 일건과 동효의 생부가 있는 경우

4) 복신이 왕성한 경우에는 모두 공망이 안 된다.

라. 순공의 응기

천지의 이치는 공망에서 생기며 공망이 되면 기다려야 한다.

동하면 공망이 안되고 공망으로 화하여도 공망이 안되며

일진의 충을 만나면 충공이라고 하여 유용하며

순을 지난 일의 충을 받으면 충기沖氣되어 길흉이 나타난다.

충기되면 순공에서 벗어났다고 하여 출공出空이라고 하며 공망이

채워졌다고 하며 전실塡實이라고도 한다.

마. 순공의 다점묘법

공망이란 비워진 것으로서, 있는 것 같아도 없는 것과 같고 없는 것 같아도

있는 것과 같기 때문에 귀신도 알지 못하는 묘함이 있다. 그러므로

다점으로 종합하여 판단하는 것이 가히 조화의 미묘함을 드러낸다.

✎ 야학노인曰

다점의 법을 얻어 비록 한 번에 귀신의 기미와 합하지 못한 것이

있을지라도 다점하여 능히 귀신의 기미를 깨달을 수 있었다.

그래서 괘가 길하면 순을 벗어날 때 공망이 안 되었고 괘가 흉하면

공망이 되는 것으로 판단하였다.

【예6】 辰월 乙卯일(子丑 공망)에 재물을 구하는 점을 쳐서 풍화가인괘가
산화비괘로 변하였다.

兄卯 |
父子 / 孫巳 ∤ 應
財未 ||
父亥 |
財丑 || 世
兄卯 |

재물점이므로 재효가 용신이다.
세효에 재효丑이 임하고 유기하지만,
공망에 들고 원신巳가 회두극되어 재효丑을
생하지 못하므로 재물을 구하지 못한다고 알
려준다. 재점하여 판단하리라.
재점하여 화택규가 산택손괘로 변하였다.

父巳 |
兄未 || (財子)
兄戌 / 孫酉 ∤ 世
兄丑 ||
官卯 |
父巳 | 應

재효子가 복신으로서 무기하며 공망에 들고
기신未의 극을 당하므로 흉하다고 알려주고
있다.
과연, 재물을 구하지 못하였다.

【예7】 子월 辛亥일(寅卯 공망)에 먼 곳으로 출행하여 재물을 구할 수 있는지.
여부점을 쳐서 산천대축괘를 얻었다.

官寅 |
財子 || 應
兄戌 ||
兄辰 |
官寅 | 世
財子 |

출행점이므로 세효가 용신이며 응효에 왕상한
재효子가 임하고 세효寅을 생하므로 원하는
재물을 구할 수 있다고 알려준다.
세효寅이 순공에 들었으므로 먼 곳으로 출행
하라는 말을 못하겠으니 재점하여 판단한다.

```
父酉 ‖
兄亥 ‖
財午 / 官丑 ⚋世
兄亥 丨
官丑 ‖
孫卯 丨 應
```

재점하여 지화명이괘가 뇌화풍괘로 변하였다.
세효丑이 회두생을 받으므로 길하다.
단지 변효가 월파되었으나 寅월에는 월파에서 벗어나므로 寅월에는 재물을 구한다고 알려주고 있다.
과연, 寅월에 재물을 구하였다.

이는 앞의 괘에서 세효寅이 출공하는 寅월에 응하여 왕성한 재효의 생을 받을 수 있기 때문이다. 그러므로 세효가 출공하는 甲寅일에 출발하여 寅월에 재물을 구하여 무사히 돌아올 수 있었던 것이다.

이아평曰

공망의 법은 귀신도 알지 못하는 묘함이 있다. 공망은 있는 것 같으나 없는 것과 같고 없는 것과 같으나 있는 것과 같으며 실공하여도 공망에서 나오지 못하는 것도 있고 전실하여도 공망이 아닌 것도 있으니 다점해서 판단하는 것이 미묘한 묘법이다.

천지의 이치는 공망에서 생기는 것이니 공망에 들면 기다리라고 한 것이다. 모든 점에서 공망을 만나면 점치는 일을 보아 가까운 일이면 순공에는 공망이 되나 충공하는 날이나 실공하는 시기에 일이 이루어진다.

먼 일이면 순공을 벗어났다고 일이 이루어지는 것이 아니니 괘가 불길하면 공망이라고 말하고 괘가 길하면 전실할 수 있는 태세 월건을 기다려야 할 것이다. 그러나 다점하여 판단하는 묘법만 못하다.

【예8】 寅월 辛卯일(午未공망)에 부친이 언제 돌아올 것인가.

하는 점을 쳐서 풍지관괘가 천지비괘로 변하였다.

財卯 ┃	부친점이므로 부효가 용신이다.
官巳 ┃	세효에 인한 부효未가 일월이 극상하고 진공
官午 / 父未 ╟ 世	에 들었으나 동하였으므로 감히 판단하기
財卯 ╟	어렵다.
官巳 ╟	재점하는 것이 좋겠다.
父未 ╟ 應	

兄戌 ┃	재점하여 천택리괘가 풍택중부괘로 변하였다.
孫申 ┃ 世	부효午가 역시 공망에 들었으나,
兄未 / 父午 ╱	일월의 생을 받아 왕성하므로 길하다.
兄丑 ╟	부효午가 동하여 세효申을 극하므로 午일이
官卯 ┃ 應	나 未일에 돌아온다고 알려주고 있다.
父巳 ┃	과연, 未일에 돌아 왔다.

앞의 괘에서는 세효에 임한 부효未가 일월이

극상하고 진공에 들었으니 흉하지만 동한 것이 의심스러워 재점한 것이며,

재점하여 다시 흉괘가 나왔다면 흉으로

판단하였지만 길괘가 나왔으므로 길로 판단한 것이다.

6. 진신과 퇴신

가. 진신과 퇴신이란

동효가 화하여 변출한 변효가 동효와 같은 오행으로서 앞으로 나아가면 진신眞身이라고 하며, 동효가 화하여 변출한 변효가 동효와 같은 오행으로서 뒤로 물러나면 퇴신退身이라고 한다.

진신 → (지지의 순방향)		퇴신 ← (지지의 역방향)	
동효	변효	동효	변효
寅	卯	卯	寅
巳	午	午	巳
申	酉	酉	申
亥	子	子	亥
丑	辰	辰	丑
未	戌	戌	未

진신과 퇴신이란 효가 동하여 진신으로 화하거나 퇴신으로 화하여 길흉화복과 희기를 분별하는 것이다.

바라는 바는 진신이 좋고 꺼리는 바는 퇴신이 좋다.

진신은 나아가는 것으로서 마치, 봄에 꽃나무의 가지가 번성하고 무성한 것과 같다.

퇴신은 뒤로 물러나는 것으로서 마치, 가을에 꽃나무가 점차 마르며 비틀어지는 것과 같다.

나. 진신과 퇴신의 진퇴

1) 진신이 되는 경우

가) 동효와 변효가 왕성하면 왕성한 기세를 타고 나아간다.

나) 동효와 변효가 쇠약하면 왕성한 시기를 기다려 나아간다.

다) 동효와 변효가 공파되면 전실하는 시기를 기다려 나아간다.

2) 퇴신이 되는 경우

가) 동효와 변효가 쇠약하면 물러난다.

나) 동효와 변효가 왕성하면 쇠약한 시기를 기다려 물러난다.

다) 동효와 변효가 공파되면 전실하는 시기를 기다려 물러난다.

✎ 동효와 변효가 왕성하면 최근의 일에는 득시한 것이므로 퇴신으로
  화하여도 물러나지 않는다.

【예9】 卯월 乙丑일(戌亥 공망)에 결혼여부점을 쳐서 화뢰서합괘가 수지비괘
      로 변하였다.

父子 / 孫巳 ㅣ	혼인점이므로 세효가 용신이다.
財戌 / 財未 ㅐ 世	세효未가 동하여 진신으로 화하므로 길하며,
官申 / 官酉 ㅣ	귀효酉는 동하여 퇴신으로 화하여 무력하므
財辰 ‖	로 역시 길하다.
兄寅 ‖ 應	단지, 세효未를 생하는 손효巳가 동하여 회두
財未 / 父子 ㅣ	극되어 세효를 생하지 못하지만, 반드시 午일

에 子를 충거하고 세효와 午未합되면 혼인이
성사된다고 알려주고 있다. 과연, 午일에 혼인이 성사되었다.

【예10】申월 癸卯일(辰巳 공망)에 취업점을 쳐서 뇌풍항괘가 택풍대과괘로
　　　 변하였다.

```
    財戌 ‖ 應        취업점이므로 관효가 용신이다.
官酉 / 官申 ╫        관효酉가 세효에 임하고 왕성하며
    孫午 │          卯일의 충으로 암동하고 있다.
    官酉 │ 世        관효申이 동하여 진신으로 화하므로
    父亥 │          반드시 합격한다고 알려주고 있다.
    財丑 ‖
```

【예11】未월 丁卯일(戌亥 공망)에 취업 여부를 점쳐서 천화동인괘가 택화혁
　　　 괘로 변하였다.

```
孫未 / 孫戌 ╪ 應     취업점이므로 관효가 용신이다.
    財申 │          관효亥가 세효에 임하고 쇠약하지만,
    兄午 │          손효戌이 퇴신으로 화하여 무력하므로
    官亥 │ 世        손효戌을 충극하는 辰년에는 취업된다고
    孫丑 ‖          알려주고 있다.
    父卯 │
```

【예12】 申월 辛卯일(午未 공망)에 최근에 생긴 자신의 질병점을 쳐서
택천괘가 뇌천대장괘로 변하였다.

兄未 ‖	
孫申 / 孫酉 ⭨ 世	
財亥 │	
兄辰 │	
官寅 │ 應	
財子 │	

자신의 질병점이므로 세효가 용신이다.
세효에 손효酉가 임하고 동하여 손효申을
화출하여 세효와 변효가 모두 왕성하므로
곧 낫는다고 알려주고 있다.
만약 오래된 질병이면 퇴신으로 화한 세효가
쇠약한 시기에는 위험하다.

【예13】 辰월 癸丑일(寅卯 공망)에 신수점을 쳐서 택수곤괘가 뇌수해괘로
변하였다.

父未 ‖	
兄申 / 兄酉 ⭨	
孫亥 │ 應	
官午 ‖	
父辰 │	
財寅 ‖ 世	

신수점이므로 세효가 용신이다.
기신酉가 동하여 퇴신으로 화하지만,
일월의 생조를 받아 왕성하고
일진丑이 상효未를 충동하여 생하므로
세효寅이 기신의 극을 받아 未일에
입묘된다고 알려준다.

【예14】 戌월 癸未일(申酉공망)에 자신의 오래된 질병점을 쳐서 건위천괘가 택천쾌괘를 변하였다.

```
父未 / 父戌 ⚊ 世
        兄申 ⚊
        官午 ⚊
        父辰 ⚊ 應
        財寅 ⚊
        孫子 ⚊
```

자신의 질병점이므로 세효가 용신이다.
오래된 질병이 육충괘를 만나면 치료가
불가하다.
지금은 용신戌이 동하여 퇴신으로 화하므로
괜찮겠지만, 변효未를 충파하는 丑일에는
위험하다고 알려준다.

【예15】 卯월 癸酉일(戌亥공망)에 부친의 최근에 생긴 질병점을쳐서 택지췌괘
가 천지비괘로 변하였다.

```
父戌 / 父未 ⚏
        兄酉 ⚊ 應
        孫亥 ⚊
        財卯 ⚏
        官巳 ⚏ 世
        父未 ⚏
```

부친의 질병점이므로 부효가 용신이다.
부효未가 진신으로 화하고 변효戌이 순공에
드니 근병에 공망을 만나면 낫게 되므로
출공하는 다음 날 완쾌된다고 알려준다.

【예16】 卯월 丙寅일(戌亥 공망)에 승진점을 쳐서 뇌수해괘가 택수곤괘로 변하였다.

```
        財戌 ‖
官酉 / 官申 ⺀ 應
        孫午 丨
        孫午 ‖
        財辰 丨 世
        兄寅 ‖
```

승진점이므로 관효가 용신이다.
관효申이 비록 일월의 극충을 받지만,
동하여 진신으로 화하였으므로 장생을
만나는 巳월에는 반드시 승진한다고
알려준다.

【예17】 巳월 乙丑일(戌亥공망)에 취업시험점을 쳐서 태위택괘가 천수송괘로 변하였다.

```
父戌 / 父未 ⺀ 世
        兄酉 丨
        孫亥 丨
        父丑 ‖ 應
        財卯 丨
財寅 / 官巳 ⺀
```

취업시험점이므로 부효가 용신이다.
부효未가 동하여 진신으로 화하고
관효巳가 동하여 세효未를 생하며
원신寅을 화출하여 회두생 받으므로
합격한다고 알려준다.

【예18】 未월 辛未일(戌亥 공망)에 개업점을 쳐서 화뢰서합괘가 수뢰둔괘로 변하였다.

```
父子 / 孫巳 ⺀
財戌 / 財未 ⺀ 世
官申 / 官酉 ⺀
        財辰 ‖
        兄寅 ‖ 應
        父子 丨
```

개업점이므로 재효가 용신이다.
세효에 재효未가 임하고 진신으로 화하므로
변효戌이 출공하는 甲戌일에 개업하면 장사
가 잘 된다고 알려준다.

7. 독정과 독발

가. 독정과 독발이란

독정獨靜이란 동효가 다섯 개이고 정효가 하나인 것을 말하며
독발獨發이란 정효가 다섯 개이고 동효가 하나인 것을 말한다.

일의 성패는 용신에 있는 것이며
응기의 늦고 빠름도 역시 용신에 있는 것이므로
독정이 비록 적고 독발이 많다고 하여도 용신을 버리고 판단하면 잘못될
것이다.

나. 독발의 사례

【예19】 午월 甲申일(午未 공망)에 비가 많이 오므로 농작물 유실이 걱정되어
        비가 언제 그치겠는가 여부점을 쳐서 천화동인괘가 택화혁괘로 변
        하였다.

```
孫未 / 孫戌 ㅓ 應
財申 |
兄午 |
官亥 | 世
孫丑 ||
父卯 |
```

홍수에 농작물이 유실되는 것이 걱정되어
점을 친 것이므로 신이 손효戌을 독발시켜
세효에 있는 귀효亥를 극거하여 걱정을 제거
한 것이므로 걱정하지 말라고 한 것이다.
또한, 卯일에는 반드시 맑게 된다.
왜냐하면 날씨점에서는 손효는 맑은 날씨를
주관하므로 동하는 손효戌이 합을 만나는
卯일에 맑아지기 때문이다.

다. 독정의 사례

【예20】 寅월 庚戌일(寅卯공망) 딸의 질병점을 쳐서 화수미제괘가 수산건괘로
변하였다.

官子 / 兄巳 ㅓ 應
孫戌 / 孫未 ㅐㅓ
財申 / 財酉 ㅓ
財申 / 兄午 ㅐㅓ 世
兄午 / 孫辰 ㅓ
　　父寅 ‖

딸의 질병점이므로 손효가 용신이다.
손효가 비록 휴수되어도 巳午가 동하여 생하
고 손효未가 진신으로 화하고 손효辰도 회두
생되어 길하며 독정한 寅이 공망에 들었으므
로 출공하는 寅일에는 완치 된다고 알려준다.
그러나 지금 병세가 위중하여 감히 판단하기
어려우므로 딸의 모친에게 재점하라고 하였다.

딸의 모친이 재점하여 천풍구괘가 천뢰무망괘로 변하였다.

父戌 ㅣ
兄申 ㅣ
官午 ㅣ 應
父辰 / 兄酉 ㅓ
財寅 / 孫亥 ㅓ
孫子 / 父丑 ㅐㅓ 世

손효亥가 동하여 寅공망으로 화하니 최근의
병은 공망을 만나면 완치가 된다.
출공일이 앞의 괘와 상합하므로 지금은 비록
병이 위중하여도 寅일에 치유가 된다는 것을
알려준다.
과연, 寅일에 병석에서 일어났다.

이는 앞의 괘에서는 독정에 응하였다고 하지만, 용신이 왕상하였기 때문에
완치가 되었다.

8. 관효와 귀효

가. 관귀의 구분

관효는 관官이 되기도 하고 귀鬼가 되기도 한다.

동효가 관귀를 변출하면 두 가지의 길흉이 있다.

직장점에서 세효가 왕상한데 동하여 관효를 변출하고 파손되지 않으면

직장운이 좋은 것이다. 세효가 휴수되고 관효를 변출하면

관이 귀로 변하여 직장생활에 어려움이 생긴다.

【예21】戌월 甲寅일(子丑 공망)에 신상점을 쳐서 풍뢰익괘가 수산건괘로
　　　　변하였다.

父子 / 兄卯 ⼳ 應	신상점이므로 세효辰이 용신이다.
孫巳 ｜	세효辰이 월파되고 일진寅이 극상하며
財未 ‖	형효卯가 동하여 극하는데
官申 / 財辰 ⼳ 世	세효辰을 돕는 것이 없고 세효辰이
兄寅 ‖	귀효申으로 화하므로 다음 해 寅월에
財辰 / 父子 ⼳	위험하다고 알려주고 있다.

【예22】巳월 壬申일(戌亥 공망)에 개업점을 쳐서 곤위지괘가 산지박괘로
　　　　변하였다.

官寅 / 孫酉 ⼳ 世	개업점이므로 재효가 용신이다.
財亥 ‖	재효亥가 월파되어 일어서기 어려운데
兄丑 ‖	세효酉가 귀효寅으로 화하므로 개업이
官卯 ‖ 應	어려울 뿐만 아니라, 가을에 자식에게
父巳 ‖	어려움이 있다고 알려주고 있다.
兄未 ‖	과연, 자식이 죄를 짓고 형벌을 받았다.

【예23】 申월 乙未일(辰巳공망)에 금년 신수점을 쳐서 산택손괘가 수택절괘로 변하였다.

財子 / 官寅 〆 應
兄戌 / 財子 ⚊⚊
　　　兄戌 ‖
　　　兄丑 ‖ 世
　　　官卯 ∣
　　　父巳 ∣

신상점이므로 세효가 용신이다.
귀효寅이 동하였지만
월파되고 일묘되었으며 재효子가 동하여
회두극되어 귀효를 도울 수 없으므로
금년에는 무난하다고 알려주고 있다.

【예23】 辰월 乙未일(辰巳 공망)에 신수점을 쳐서 지천태괘가 뇌화풍괘로 변하였다.

　　　孫酉 ‖ 應
　　　財亥 ‖
父午 / 兄丑 ⚊⚊
　　　兄辰 ∣ 世
兄丑 / 官寅 〆
　　　財子 ∣

신수점이므로 세효가 용신이다.
비록 귀효寅이 동하였으나
세효辰이 월건에 임하여 왕성하고
형효丑이 동하여 세효를 도우므로
금년에는 무난하다고 알려주고 있다.

나. 신상의 귀

세효가 관효이면 이를 신상의 귀鬼라고 하며 신변에 근심 걱정의 신이
있다는 것이므로 이를 제거하여야 무사하다.

그러나 직장운을 점치는 경우에는 신상의 귀라고 하지 않는다.

신상의 귀는 일월동효가 충극하는 것이 가장 좋으며 길하다.

일반적으로 모든 점에서 세효를 극하는 것을 가장 꺼리지만,

신상의 귀에는 손효가 약이며 손효로 극하여 제거하여야 길하다.

【예24】午월 癸丑(寅卯공망)일에 처의 질병점을 쳐서 택지췌괘가 수지비괘로
변하였다.

```
父未 ‖
兄酉 ┃ 應
兄申 / 孫亥 ㇏
財卯 ‖
官巳 ‖ 世
父未 ‖
```

처의 질병점이므로 재효가 용신이다.
신상인 세효에 귀효巳가 임하였지만,
손효亥가 독발하여 신상의 귀를 제거하고
용신인 재효卯를 생하므로 재효卯가 출공하는
卯일에 낫고 근심이 해소된다고
알려주고 있다.

【예25】 辰월 戊子일(午未 공망)에 수입물품에 대한 통관 여부에 대한 점을
    쳐서 수지비괘가 택산함괘로 변하였다.

財子 ‖ 應   통관점이므로 부효가 용신이다.
兄戌 ┃   신상인 세효에 귀효卯가 임하였지만,
財亥 / 孫申 ⋕   손효申이 동하여 신상의 귀를 극거하므로
孫申 / 官卯 ⋕ 世   卯일에 관문을 통과하니 걱정하지
父巳 ‖   않아도 된다고 알려주고 있다.
兄未 ‖

【예26】 酉월 己丑일(午未 공망)에 스승의 관재송사점을 쳐서 수뢰둔괘가
진위뢰괘로 변하였다.

句	兄子 ‖	
朱	父申 / 官戌 ⼂ 應	
龍	財午 / 父申 ⼂	
玄	官辰 ‖	
虎	孫寅 ‖ 世	
蛇	兄子 ∣	

스승점이므로 부효가 용신이다.
부효申이 동하여
재효午로 화하여 순공에 들었으며
부효申이 청룡을 만났으므로 형을
받지 않지만, 신상이 위험하다고
알려주고 있다.

후에 판결이 나지 않고 재판이 오래 끌며 결론이 나지 않아 형을 받지
않았으나 丙午년에 질병으로 사망했다.
이는 재효午가 순공에 들어 실공된 해에 응한 것으로 회두극으로 인하여
죽은 것이다.

✎ 육친점에서 용신이 회두극으로 화하는 것을 꺼리는데 부모점에
부효가 회두극으로 화하면 부모가 오래 살지 못한다고 판단한다.
나머지도 마찬가지이다.

9. 삼묘

가. 삼묘三墓란
세효와 용신이 辰戌丑未일에 일묘日墓되는 경우
세효와 용신이 동효辰戌丑未에 동묘動墓되는 경우
세효와 용신이 동하여 辰戌丑未로 화하고 화묘化墓에 드는 경우

나. 수귀입묘란
수귀입묘隨鬼入墓란 귀효를 따라 삼묘에 들어가는 것을 말한다.
삼묘에 들면 무덤 안으로 들어가는 것이니 죽는 것과 같다.
일반적으로 수귀입묘가 되면 흉하다고 하지만 효의 쇠왕으로
삼묘의 진정성 여부를 보고 길흉을 판단하여야 할 것이다.

다. 삼묘의 진정성 여부
자점에서는 세효가 왕성하면 진정한 묘가 안되며
대점에서는 용신이 왕성하면 진정한 묘가 안 된다.
오직 세효와 용신이 쇠약하고 입묘된 것이 진정한 묘이다.
묘신이 일월동효에 충파되어 파괴되어도 진정한 묘가 안 된다.
묘를 파하면 그물을 파괴하는 것과 같아 쉽게 나오기 때문이다.

라. 삼묘의 길흉

모든 점에서 세효와 용신이 왕성하고 득지하면 묘고를 충개하는 년월에
이루지만 쇠약하고 공파되면 처음부터 끝까지 이루기 어렵다.
세효와 용신이 왕성하고 묘가 공파되면 묘가 전실되는 시기를 기다리면
길하게 되고, 세효와 용신이 쇠약하고 공파되면 전실되는 시기에 흉하다.

신명점에서 묘를 만나면 우매하고 지체되어 나아가지 못하고
실물점에서 묘를 만나면 암장되어 찾지 못하며
혼인점에서 묘를 만나면 혼인을 이루기 어렵다.

관재소송점에서 세효와 용신이 왕성하고 삼묘에 들면 충개하는 년월에
벗어나지만, 쇠약한데 공파와 극을 받으면 감옥에 들어간다.

질병점에서는 세효와 용신이 왕성하고 삼묘에 들면 충개하는 시기에
낫지만 쇠약하고 공파되면 충개하는 시기에 위험하다.
용신이 동하여 묘로 화하면 최근 병이나 오래된 병이나 모두 혼미의
상이 되며 용신이 왕성하면 묘를 충개하는 시기에 편안해지고 용신이
쇠약한데 형충극해를 당하면 낫기 어렵다.

출행점에서 용신이 화묘나 동묘에 드는 경우에 용신이 왕성하면 반드시
무사히 돌아오지만 용신이 쇠약하고 공파되면 재난을 당하여 무사히
돌아오기 어렵다.

가택점이나 음택점에서 세효가 왕성하고 재효가 세효를 생하면 입묘하여
도 충개하는 년월에 집안이 발전하지만 쇠약하고 공파되면 몸이 쇠약해지
고 흉하다. 단지, 새로운 묘를 쓰는 경우에 입묘가 되면 용신의 쇠왕에 불
구하고 흉하다.

출산점에서는 재효와 손효가 동묘 화묘에 들고

재효와 손효가 왕성하면 충묘하는 년월에 출산하지만

재효가 쇠약하고 공파하면 처가 산액을 만나고

손효가 쇠약하고 공파하면 아기가 위험하게 된다.

【예27】 戌월 甲寅일(子丑 공망)에 승진점을 쳐서 뇌산소과괘가 간위산괘로
　　　　변하였다.

財寅 / 父戌 ⚊⚊	
兄申 ⚊⚊	
父戌 / 官午 ⚊✕ 世	
兄申 ⚊	
官午 ⚊⚊	
父辰 ⚊⚊ 應	

승진점이므로 관효가 용신이다.
세효에 관효午가 임하고 동하여 부효戌에
동묘와 화묘되어 입묘된다.
그러나 일월과 삼합을 이루어 왕성하므로
내년 辰년에 충묘하면 승진한다고 알려주고
있다.

【예28】 未월 戊辰일(戌亥 공망)에 중죄를 받았으나 사면여부점을 쳐서 산풍
　　　　고괘가 산택손괘로 변하였다.

兄寅 ⚊ 應	
父子 ⚊⚊	
財戌 ⚊⚊	
財丑 / 官酉 ⚊✕ 世	
父亥 ⚊	
孫巳 / 財丑 ⚊⚊	

형사소송점이므로 세효가 용신이다.
세효酉가 동묘와 화묘에 수귀입묘하지만
일월이 세효酉를 생하고 丑묘는 월파되므로
酉년 辰월에 사면된다고 알려주고 있다.

【예29】 申월 己未일(子丑 공망)에 본인과 자식의 출행점을 쳐서 산천대축괘
가 지천태괘로 변하였다.

孫酉 / 官寅 ⸝
　　　 財子 ‖ 應
　　　 兄戌 ‖
　　　 兄辰 ∣
　　　 官寅 ∣ 世
　　　 財子 ∣

출행점이므로 세효가 용신이다.
세효寅이 월파되고 일진에 수귀입묘하며
귀효寅도 동하여 손효로 화하므로 본인과
자식이 모두 위험하다고 알려주고 있다.
과연 부자가 여행길에서 강도를 만났다.

【예30】 申월 戊辰일(戌亥 공망)에 남편의 질병점을 쳐서 천화동인괘가 이위
화괘로 변하였다.

　　　 孫戌 ∣ 應
孫未 / 財申 ⸝
　　　 兄午 ∣
　　　 官亥 ∣ 世
　　　 孫丑 ‖
　　　 父卯 ∣

남편점이므로 관효가 용신이다.
세효에 관효亥가 임하고 일진辰에 입묘되지
만 손효戌이 암동하여 재효申을 생하여 세효
를 생하므로 진정한 입묘가 아니다.
단지, 세효亥가 공망이 되어 원신의 생을 받
지 못하고 있다.

하지만 내일 己巳일에 충공하면 원신申의 생을 받을 수 있으므로 완치된다
고 알려주고 있다. 과연, 다음 날 완치되었다.

【예31】 申월 己丑일(午未 공망)에 질병점을 쳐서 뇌풍항괘를 얻었다.

財戌 ‖ 應
官申 ‖
孫午 ∣
官酉 ∣ 世
父亥 ∣
財丑 ‖

세효酉가 일월의 생부를 받아 왕성하므로 비록 일진丑이 임한 丑효가 있지만 진정한 묘가 아니다.

未일에 丑묘를 충개하므로 약을 쓰지 않고 낫는다고 알려준다.

✎ **이아평** 曰

여기서 말하는 수귀입묘의 이치는 묘하고 정확하다. 괘를 판단하면서 辰戌丑未를 만나면 삼묘에 걸리지 않는 경우가 없으니 모두 흉하단 말인가? 모든 책에서 쇠왕은 말하지 않고 수귀입묘만 되면 무조건 흉하다고 판단하며 세효가 월파되고 수귀입묘되면 근심이 없다고 하는데 이는 길흉이 전도된 것이다.

7부 효신의 변화

8부
응기와 점을 치는 자세

1. 응기應氣

1) 정효靜爻가 치값나 충沖을 만나면 응기한다.

가령 용신이 정효子이면 나중에 치값일인 子일이나 충沖일인 午일을 만나면
응기한다.

2) 동효가 합슴이나 치값를 만나면 응기한다.

가령 용신이 동효子이면 나중에 합슴일인 丑일이나 치값일인 子일에 응기한다.

3) 태왕太旺한 것은 묘墓나 충沖을 만나면 응기한다.

가령 용신이 午인데 또 巳午월일에 점을 치거나 괘중에 巳午효가 너무
많으면 태왕한 것으로서 나중에 충沖일인 子일에 응기하고 또 火를
입묘하는 戌일에 응기한다.

4) 쇠절衰絶한 것은 생왕生旺을 만나면 응기한다.

가령 용신이 金에 속하고 巳午월일에 점을 쳤다면 쇠약한 것이다.
나중에 土의 월일이 생하거나 가을에 이르면 왕성하여지므로 응기한다.

5) 삼묘三墓에 들면 모두 충개衝開하는 일진에 응기한다.

가령 용신이 午에 임하였는데 만약 戌묘에 들면 辰일에 戌을 충개하면 응기
한다.

6) 육합六合을 만나면 충개하는 월일에 응기한다.

가령 용신이 子일에 임하고 丑과 합을 하였다면 나중에 충개하는 午未일에
응기한다.

7) 월파는 합과 전실填實되는 일진에 응기한다.

가령 子월에 점을 쳐서 용신이 午로서 월파되었다면 나중에 未일에 응기하는데 이를 파가 합을 만난 것이라고 한다. 또 午일에 응기하는데 전실하는 일진에는 불파不破되기 때문이다.

8) 순공旬空은 전실填實과 충沖을 가장 좋아한다.

가령 용신이 午로서 순공에 들었다면 전실되는 午일이나 충되는 子일에 출공하여 응기한다.

9) 대상大象이 길한데 극을 받으면 모름지기 극신克神이 극을 받기를 기다려야 한다.

가령 용신이 辰에 임하고 일월동효의 생부를 얻어 왕성한 괘를 얻으면 대상이 길하다고 한다.

그러나 寅卯에게 극을 받으면 해로운데 나중에 申酉일에 寅卯극신을 충극하면 길하다.

10) 대상大象이 흉한데 극을 받으면 모름지기 극신을 생하는 것을 방비하여야 한다.

가령 앞에서 용신辰이 임하고 일월동효의 생부가 없는 괘를 얻으면 대상은 흉한 것인데 다시 寅卯의 극을 받으면 나중에 寅卯일에 흉하게 된다.

11) 원신元神과 기신忌神

원신이 부조扶助하여 도우면 용신의 쇠왕衰旺을 보는 것이 중요하며, 기신이 충극沖克하면 모름지기 원기의 흥쇠興衰를 관찰하여야 한다.

12) 진신進神으로 화하여 치值나 합습을 만나면 응기한다.

가령 申이 동하여 酉가 되면 진신이라고 하며 복福이 되기도 하고 화禍가 되기도 하는데, 치일인 申월일에 응기하거나 합일인 巳월일에 응기한다.

13) 퇴신退神으로 화하면 치值나 충沖을 꺼린다.

가령 酉가 申으로 화하면 퇴신이라고 하며 흉이 되기도 하고 길이 되기도 하는데, 치일인 申월일에 응기하기도 하고 충일인 寅월일에 응기하기도 한다.

14) 변효와 동효의 응기

가령 효가 戌에 임하고 동하여 酉를 변출하면 길흉은 戌일에 응기하거나 酉일에 응기한다.

15) 원근의 응기

원근遠近이란 멀리 있는 일과 가까운 일을 뜻하는 것으로서 멀리 있는 일은 년월로 정하고 가까운 일은 일시로 정한다.

멀리 있는 일에 대한 점을 쳤는데 가까운 일에 응기하기도 하고 가까운 일에 대한 점을 쳤는데 멀리 있는 일에 응기하기도 한다.

월에 점을 쳐서 년에 응기하기도 하고, 일에 점을 쳐서 시에 응기하는 경우도 있다.

16) 만일 괘가 분명하지 않으면 재점한다.

괘가 어리둥절하면 재점하여 종합판단하는 것이 좋으며 함부로 판단하여서는 안 된다.

17) 세효가 공망에 들고 원신이 동하면 반드시 원신이 치를 만나는 날에 응기한다.

【예1】 가령 甲辰일(寅卯 공망)에 재물을 구하는 점을 쳐서 택수 곤괘가 감위 수괘로 변하였다고 하자.

```
    父未 ‖
    兄酉 |
兄申 / 孫亥 ⟋ 應
    官午 ‖
    父辰 |
    財寅 ‖ 世
```

재물점이므로 재효가 용신이다.
세효에 재효寅이 임하고 비록 공망에 들었지만, 손효亥 원신이 동하므로 亥일에 득재한다고 판단한다.

18) 세효가 쇠약하고 원신이 정효이면 반드시 원신이 충을 만나야 한다.

【예2】 가령 가을에 일을 도모하는 점을 쳐서 택수곤괘를 얻었다.

```
父未 ‖
兄酉 |
孫亥 | 應
官午 ‖
父辰 |
財寅 ‖ 世
```

세효에 재효寅이 임하고 가을에 쇠약한데 원신인 손효亥는 정효로서 돕지 못하므로 나중에 巳일에 손효亥 원신을 충동하면 응기되어 일이 성사된다고 판단한다.

2. 점을 치는 자세

1) 점을 칠 때 바르게 물어야 하며 애매하게 물어서는 안 된다.

혼인점에서 직장점이나 질병점을 묻는다거나

직장점에서 한 해의 신수를 묻는다거나

보직점에서 다른 사람이 물러나기를 내심으로 바라면서 말하지 않고

점을 치는 등 애매모호하게 물어서는 안된다.

2) 점이란 미래를 알려주는 것이지 이미 지나간 과거를 보여주는 것이 아니다.

가령 자식점에서 이미 자식이 있음에도 불구하고 자식이 있겠느냐고 하는 등 애매모호하게 물어서는 안된다.

그러면 신은 반드시 무자식의 괘를 보여줄 것이다. 신은 이미 있는 것을 말해주지 않고 후에 없을 것을 알려주기 때문이다.

괘를 판단하는 사람이 괘에 의해서만 무자식의 팔자라고 판단한다면 점치는 사람이 수긍하지 못할 것이다.

3) 성심으로 점을 치면 子일이라고 꺼리겠는가.

천하에 이유 없는 일이 없는 것이니 마음이 동하여 신의 답변을 구하려면 반드시 성의를 다하여야 한다.

고서에서 말하기를 정성이 있으면 반드시 겉으로 드러나고 겉으로 드러나면 모으고 모이면 분명해진다고 하였다.

성심으로 구하면 괘에서 반드시 나타나는 변화를 볼 것이다.

고서에서는 子일에는 점을 치지 말라고 하였는데 황금책에서 말하기를 子일이든 아니든 성심으로 점을 치는가 아닌가에 달려 있다고 하였다.

4) 점을 치면서 두 마음을 갖지 않으면 아침이나 저녁이나 어찌 방해를 받겠는가.

일념으로 정성을 다하면 천지를 감동시킬 수 있으며 귀신에게 바칠 수 있는 것이다. 만약 두세 가지 일로 점을 친다면 마음이 한결같지 않은 것이므로 성심으로 점을 친 것이 아니다. 어떠한 일로 점을 치면서 아침이나 저녁이나 두 마음으로 점을 친다면 적중하지 않을 것이다.

【예1】 가령, 재물을 구하는 점을 치면서 장인의 질병점을 함께 치는 경우 辰월 乙丑일에 재물을 구하는 점을 쳐서 택뢰수괘가 천지비괘로 변하였으며 장인의 질병점을 쳐서 화지진괘를 얻었다 하자.

財戌 / 財未 ‖ 應	官巳 ∣
官酉 ∣	父未 ‖
父亥 ∣	兄酉 ∣ 世
財辰 ‖ 世	財卯 ‖
兄寅 ‖	官巳 ‖
財未 / 父子 ⁄	父未 ‖ 應

만약, 점을 친 사람이 고한 순서대로 판단하면, 먼저 재물을 구하는 점에서 재효가 세효에 임하고 재효未가 동하여 진신으로 화하므로 반드시 재물을 구한다고 판단할 것이며, 장인의 질병점에서 부효가 일월의 도움으로 죽지 않는다고 판단할 것이다.

그러나 두 가지 일로 점을 친 것이므로 신이 앞의 괘에서 장인의 병을 응하게 하여 재효未가 동하여 부효子를 극하니 장인의 병이 辰일에 중태에 빠진 것이다. 辰일에 응한 것은 부효와 재효가 입묘되기 때문이다.

나중에 친 괘에서는 재물을 구하는 점에 응하여 형효가 세효에 임하였으므로 재물을 얻지 못하였다. 그러므로 한가지 일에만 일념으로 점을 쳐야하며 2~3가지 일로 한꺼번에 신에게 답을 구한다면 역시 착오가 생길 것이다.

5) 나의 일을 다른 사람에게 점을 치게 하면 안 된다.

내 마음에 있는 것을 다른 사람으로 하여금 대점하게 하여서는 안 된다.
나의 마음과 다른 사람의 마음으로 두 가지 마음이 다르기 때문이다.

【예2】 가령, 현재 관서에 있는 사람이 집안사람에게 대점하게 하여 관재수를 방지할 수 있는지 여부점을 치게 하였다. 卯월 戊戌일(辰巳 공망)에 주인이 지금 잘못으로 관재수를 당하지 않겠는가.
여부점을 쳐서 수지비괘가 택산함괘로 변하였다.

財子 ‖ 應	
兄戌 ┃	
財亥 / 孫申 ╫	
孫申 / 官卯 ╫ 世	
父巳 ‖	
兄未 ‖	

집안 사람이 점을 친 것이므로 부효가 용신이다.

부효巳가 순공되고 戌일에 입묘되므로 비록 원신卯가 세효에 임하고 왕성하여도 첩첩한 申의 극을 감당하기 어렵다. 지금은 비록 무방하여도 가을이 오면 위험하다고 판단한다.

만약, 본인이 점을 쳤다면 손효申이 세효의 귀를 극하여 신변의 귀를 제거하니 걱정이 없게 된다고 판단한다.

申일에 소식을 들으니 누가 윗사람에게 고하여 해결이 되었다고 하므로 집안사람이 주인의 점을 대점한 결과와는 차이가 있다.

또한 본인의 마음에 응하지 않고 집안 사람의 마음에 응하는 경우도 있으므로 나의 일은 반드시 친히 점을 쳐야 하며 다른 사람에게 대점하게 하면 용신을 취하기 어려워 적중하지 않는다.

6) 저 사람이 성심을 가지고 점을 치고자 하는데 나에게 먼저 점을 치라고 양보하면 신이 허락하지 않을까 두렵게 된다.

진실하고 성실하게 물으면 이미 마음을 일으킨 것이 있으니 다른 사람에게 점을 양보하여도 신은 반드시 나에게 응한다.

【예3】 가령, 辰월 癸未일(申酉 공망)에 승진점을 치려고 하는데 옆에 노인이 있어 먼저 점을 치라고 양보하여 노인이 자식의 질병점을 쳐서 천풍구괘가 변한 풍수환괘를 얻고, 이어서 내가 직장점을 쳐서 천택리괘를 얻었다고 하자.

父戌 |	兄戌 |
兄申 |	孫申 | 世
父未 / 官午 ⼳ 應	父午 |
官午 / 兄酉 ⼳	兄丑 ‖
孫亥 |	官卯 | 應
父丑 ‖ 世	父巳 |

앞의 괘에서 자식이 반드시 죽는다고 판단한다.

손효亥가 일월에 극상되고 세효丑이 암동하여 손효亥를 극상하며 원신인 형효酉가 회두극되므로 이른바 기신이 왕성하고 원신이 쇠약하므로 반드시 죽게 된다고 판단한 것이다.

그러나 앞의 괘가 직장점에 먼저 응하여 관효午가 동하여 세효를 생하고 세효가 암동하여 흥성하므로 午월에 승진하였다.

나중에 얻은 천택리괘는 부친이 자식점을 친 것으로 응하여 손효申을 일월이 생하므로 다음날 나았다.

7) 다른 사람의 마음속에 있는 일을 내가 다른 사람의 일로 점을 치면, 나의 마음으로 점을 치는 것이 된다.

【예4】午월 辛酉일(子丑 공망)에 아버지가 어린 자식의 평생명예점을 쳐서 택지췌괘가 천산둔괘로 변하였다.

父戌 / 父未 ⚋
兄酉 ⚊ 應
孫亥 ⚊
兄申 / 財卯 ⚋
官巳 ⚋ 世
父未 ⚋

관효巳가 세효에 임하고 왕성하며, 부효未가 학문인데 동하여 진신으로 화하므로 공부를 잘 하겠으니 장차 명예운이 유망하다고 판단하였다.

그러나 아버지가 자식의 평생명예점을 친 것으로서 아버지의 마음으로 점을 친 것이므로 손효가 용신이다.

부효未가 동하여 손효亥를 극하고 재효卯가 동하여 회두극 되므로 처가 상하는 것으로 응한 것이다. 자식은 부효未가 동하는 未년에 사망했고, 부인은 재효卯가 申에 화절되므로 申월에 사망했다.

✒ **야학노인曰**

다른 사람의 일로 점칠 경우에 별도로 한 가지 법칙이 있다.

먼저 그 사람에게 말하기를 비록 내가 너의 일로 점을 친다고 하여도 지금은 내 마음을 일으켜 점을 친 것이므로 네 점이 아니다. 그러므로 조금 기다려 내 마음을 잊은 다음에 불현듯 네 마음으로 점을 쳐야 한다고 말하고 점을 쳐야 한다.

수차례 시험하여 보니 적중하였다.

8) 먼 일을 점쳤는데 가까운 일에 응하는 것은 반드시 주의해야 한다.

천하의 이치는 동하는 데에서 나오며 기미가 있어야 비로소 동한다.

대개 점치러 오는 자가 일을 목전에 두고 심신을 다하면 마음이 서로 교감하면서 결과를 판단하는 사람과 정신이 한데 모이므로 길흉이 나타난다.

일에 대한 기미가 없는데 다음 운을 점치거나 일과 관련 없는 일로 점을 치거나 장난으로 점을 치면 두 마음이 조금도 서로 돕지 못하므로 점괘 역시 막연하게 되므로 먼 일을 점쳐도 가까운 일을 알려주고 가까운 일을 점쳐도 먼 일을 알려주게 된다.

【예5】 未월 丙辰일(子丑 공망)에 재물점을 쳐서 택산함괘가 택풍대과괘로 변하였다.

```
        父未 ‖ 應
        兄酉 |
        孫亥 |
        兄申 | 世
  孫亥 / 官午 ⚊
        父辰 ‖
```

재물점이므로 재효가 용신이다.

재효는 보이지 않고, 귀효午가 동하여 손효亥로 화하였으니, 재물보다는 자녀에 대한 위험에 대비하라고 알려주고 있다.

과연 亥일에 자녀가 전염병으로 죽었다.

亥일에 응한 것은 귀효午가 손효亥로 화하였기 때문이다.

비록 재물점을 쳤지만 집안에서 한가하게 노는 사람이 점을 친 것으로서 재물에 대한 기미가 없으므로 자녀가 죽는다는 것을 알려준 것이다.

9) 이것을 점쳤으나 저것에 응하기도 하니 자세히 살펴야 한다.

대개 점을 쳐서 괘상이 나오면 반드시 세밀하고 상세하게 살펴야 한다.
점괘가 묻는 것에 응하지 않고 오히려 묻지 않은 것에 응하는 경우가
있기 때문이다.

신은 작은 일은 버리고 큰 일을 알려주고, 작고 길한 것은 버리고
크고 흉한 것을 알려주기도 한다.
이것을 버리고 저것에 응하기도 하며 내가 친 점에서 다른 사람이 응하고
다른 사람이 친 점에서 내가 응하기도 한다.
조석으로 화복이 다가오므로 기미가 동하면 반드시 나타난다.
그러므로 신은 기미를 미리 알고 알려주는 것이다.

【예6】 巳월 己未일(子丑 공망)에 부하직원의 질병점을 쳐서 수지비괘가
　　　　수산건괘로 변하였다.

財子 ‖ 應	이 괘는 부하직원의 질병에 응하지 않고
兄戌 ∣	금년 가을에 보직의 장애에 응하였다.
孫申 ‖	세효에 관효卯가 임하고 동하여 회두극이
孫申 / 官卯 ╫ 世	되었기 때문이다.
父巳 ‖	신의 기미가 종종 이와 같아 작은 일은
兄未 ‖	버리고 큰일을 알려준 것이니 모든 일에
	신중하여야 한다.

과연 申월에 파면 당하였다.
이것은 다른 사람의 점을 쳤으나 나에게 응하였기 때문이다.

【예7】 申월 戊寅일(申酉 공망)에 자신의 질병점을 쳐서 곤위지괘가 수지비괘로 변하였다.

```
孫酉 ‖ 世
兄戌 / 財亥 ⚊⚊
兄丑 ‖
官卯 ‖ 應
父巳 ‖
兄未 ‖
```

질병점이므로 세효가 용신이다.

세효에 손효酉가 임하고 가을에 왕성하므로 약을 쓰지 않고도 병이 낫겠으나

戌亥월에 처가 위험하다고 알려준다.

이는 재효가 동하여 회두극되었기 때문이며 과연 戌월에 처가 사고로 죽었다.

【예8】 未월 丁亥일(午未공망)에 최근에 발병한 모친의 질병점을 쳐서 곤위지괘가 산지박괘로 변하였다.

```
官寅 / 孫酉 ⚊⚊ 世
財亥 ‖
兄丑 ‖
官卯 ‖ 應
父巳 ‖
兄未 ‖
```

육충괘이므로 최근에 얻은 모친의 병은 낫겠으나 손효酉가 동하여 귀효寅으로 화하므로 자녀에게 재앙이 있다고 알려준다.

아이가 태어난지 2개월 되었다고 하니 酉월을 조심하라.

酉월 丁卯일(戌亥공망)에 자식이 경끼를 하므로 자식의 질병점을 쳐서 수화기제괘가 택화혁괘로 변하였다.

```
兄子 ‖ 應
官戌 ⚊
兄亥 / 父申 ⚊⚊
兄亥 ⚊ 世
官丑 ‖
孫卯 ⚊
```

용신 손효卯가 월파되고 부효申이 동하여 극상하니 비록 손효가 일진에 임하여도

오늘 卯일을 넘기기 어렵다고 알려준다.

앞의 괘에서 이미 酉월에 자식이 죽는다고 알려주었으니 구하지 못한다.

과연 卯일을 넘기지 못하고 죽었다.

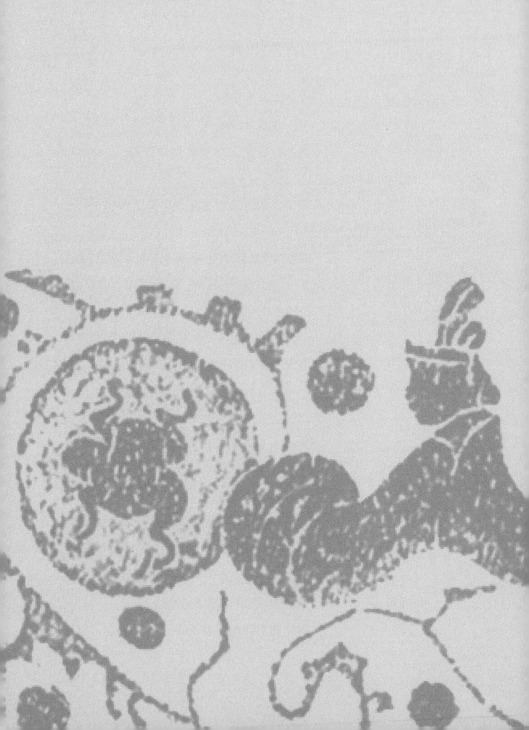

제2장
육효점의 접례

1부
날씨점

• 사람의 일로 인사점을 치면 검증하기 쉽지 않으나, 날씨점은 바로 검증할 수 있다. 날씨점이나 인사점은 모두 오행의 이치를 벗어나지 않는다.

1. 날씨점의 주관효

주관효	손효	재효	형효	부효	관효
날씨	쾌청 맑음	약간의 구름	바람 흐림	비 눈 서리	천둥 번개 안개

가. 점을 치는 목적을 분명하게 한다.

대개 점을 치는 경우에는 모름지기 맑은가, 비가 오는가, 눈이 오는가, 서리가 내리는가 등을 구분하여 전념으로 한 가지만을 신에게 고하여야 한다. 또한 어느 지역에 맑아지기를 바라는지 어느 지역에 비가 내리기를 바라는지를 분명하게 하여야 한다.

나. 날씨점은 주관효가 동하는 것을 살핀다.

가령 맑은 날씨를 점치는 경우에는 재효나 손효가 동하여야 하며
비오는 날씨를 점치는 경우에 부효나 관효가 동하여야 한다.
재효가 동하면 구름이 약간 끼지만, 형효가 동하면 바람이 불면서 흐린
날씨가 된다. 그러나 날씨점은 계절의 영향을 많이 받으므로 장마의
시기에는 형효가 동하여도 비가 내리며 관효가 동하여도 비가 내리며,
가뭄의 시기에는 부효가 동하여도 구름과 안개가 짙은 것에 불과하며
비는 내리지 않는다.

다. 동하는 것이 먼저이고 변하는 것은 나중이다.

가령 형효가 부효로 화하면 먼저 바람이 불고 비가 오며
관효가 부효로 화하면 먼저 번개가 치고 나중에 비가 온다.

라. 삼합국을 이루면 왕지에 해당하는 효가 주관한다.

가령 午가 부효인데 寅午戌삼합국을 이루면 부효가 국을 이룬 것으로서
주로 비가 오는 날씨가 된다.

마. 날씨점에서는 쇠왕을 논하지 않는다.

날씨점은 계절의 영향이 크므로 쇠왕을 논하지 않는다.
장마철에는 형효가 동하여도 비가 오고 가뭄이 드는 계절에는 부효가
동하여도 구름만 약간 낄 뿐이다.
가령 부효가 왕성하다고 하여 비가 계속 오는 것은 아니며 부효가 쇠약
하다고 하여 비가 조금 오는 것은 아니다. 부효의 쇠왕에 불구하고 부효
가 동하면 비가 오는 것이며 동하지 않으면 비가 오지 않는 것이다.

【예1】 巳월 초하루 庚辰일(申酉 공망)에 언제 비가 내리겠는가.
하는 점을 쳐서 곤위지괘가 지수사괘로 변하였다.

孫酉 ‖ 世	부효巳가 동하였으므로 내일 巳일에 비가
財亥 ‖	내린다고 판단하였다. 과연 다음 날 작은
兄丑 ‖	비가 내렸을 뿐이었다. 만약 부효巳가
官卯 ‖ 應	월건에 임하고 형효辰를 화출하였으니
兄辰 / 父巳 ⚋	한달 내내 비바람이 불고 홍수가 일어나겠
兄未 ‖	다고 판단하면, 이는 날씨점에서는 쇠왕을
	논하지 않는 것을 모르기 때문이다.

2. 맑은 날씨점

가. 맑은 날씨점에는 손효와 재효가 주관효이다.
손효는 구름 한 점 없는 쾌청한 날씨를 주관하며
재효는 약간 구름이 낀 맑은 날씨를 주관한다.

【예2】卯월 甲午일(辰巳 공망)에 언제 맑아지는가.
    점을 쳐서 뇌천대장괘가 택천쾌괘로 변하였다.

兄戌 ‖	
孫酉 / 孫申 ‖	
父午 ∣ 世	
兄辰 ∣	
官寅 ∣	
財子 ∣ 應	

손효申이 동하여 진신으로 화하므로
申일에는 맑아지기 시작하고
酉일에 쾌청한 날씨가 된다고 판단한다.

【예3】辰월 丙辰일(子丑 공망)에 비가 계속 내리는데 오늘 맑겠는가.
    점을 쳐서 택수곤괘가 수지비괘로 변하였다.

父未 ‖	
兄酉 ∣	
兄申 / 孫亥 ‖ 應	
官午 ‖	
官巳 / 父辰 ‖	
財寅 ‖ 世	

부효辰이 동하므로 지금은 비가 계속 내리
지만, 손효亥가 동하여 형효申으로 화하여
회두생하므로 申시에 구름이 걷히면서
亥시에 맑아진다고 판단한다.
이는 부효가 동하므로 비가 계속 내리고
손효가 동하므로 맑아지지만, 형효로 변하
였으므로 구름이 걷히면서 맑아진다고 알
려준 것이다.

나. 날씨가 맑았다가 흐리는 경우

【예4】辰월 己卯일(申酉 공망)에 오늘 흐리겠는가. 점을 쳐서 수뢰둔괘가 지택림괘로 변하였다.

```
        兄子 ‖
兄亥 / 官戌 ⼂ 應
        父申 ‖
        官辰 ‖
孫卯 / 孫寅 ⼂ 世
        兄子 ⼁
```

손효寅이 동하여 진신으로 화하므로
맑은 날씨가 지속되겠으나
관효戌이 동하므로 戌시와 亥시에
반드시 검은 구름이 일겠다고 판단한다.
과연 戌시에 구름이 일며 어두워졌다.
이는 손효와 관효가 동시에 동한 것으로
손효로 인하여 맑은 날씨가 지속되지만,
관효가 동하여 흐린 날씨로 변하게 된다고 알려준 것이다.

다. 구름이 약간 끼다가 쾌청한 날씨가 되는 경우

【예5】酉월 乙巳일(寅卯 공망)에 언제 맑아질 것인가. 점을 쳐서 지풍승괘가 뇌풍항괘로 변하였다.

```
        官酉 ‖
        父亥 ‖
孫午 / 財丑 ⼂ 世
        官酉 ⼁
        父亥 ⼁
        財丑 ‖ 應
```

재효丑이 동하므로 오전에는 약간의 구름
이 끼는 맑은 날씨가 시작되겠으며 손효午
를 화출하므로 午시 이후에는 구름 한 점
없는 쾌청한 날씨가 된다고 판단한다.
이는 재효가 동하여 약간의 구름이 낀
날씨가 시작되며, 손효로 변하므로 쾌청한
날씨로 이어진다고 알려준 것이다.

라. 맑은 날씨가 흐리다가 비가 오는 경우

【예6】 巳월 甲寅일(子丑공망)에 가뭄이 계속되므로 언제 비가 내리겠는가.
점을 쳐서 수화기제괘가 수산건괘로 변하였다.

```
兄子 ‖ 應
官戌 ┃
父申 ‖
兄亥 ┃ 世
官丑 ‖
官辰 / 孫卯 ⺅
```

손효卯가 동하여 관효辰으로 화하므로 卯일에는 맑으나, 다음 날 辰일에는 흐리겠으며 일건 寅이 부효申을 충동하므로 申부효가 합을 만나는 巳일에는 비가 내리겠다고 판단한다. 이는 손효가 동하여 맑은 날씨가 지속되지만 관효로 동하며 흐리게 되고 부효가 충동되므로 비가 온다고 알려준 것이다.

동효는 합을 만나는 날에 응하기 때문이다.

마. 맑은 날씨가 지속되는 경우

【예7】 未월 甲午일(辰巳 공망)에 언제 비가 올 것인가.
점을 쳐서 수뢰둔괘가 풍택중부괘로 변하였다.

```
孫卯 / 兄子 ⺅
       官戌 ┃ 應
       父申 ‖
       官辰 ‖
孫卯 / 孫寅 ⺅ 世
       兄子 ┃
```

부효申은 동하지 않고 손효寅이 동하여 진신으로 화하고, 형효子도 동하여 손효卯로 화하므로 바람이 불다가 연일 맑은 상태가 지속되며 비는 오지 않는다고 판단한다.
과연 두 달에 걸쳐 비가 오지 않았다.
이는 손효가 동하여 가뭄이 지속되고, 형효가 동하여 손효로 변하므로 바람이 불지만, 맑은 날씨가 지속되므로 비는 오지 않는다.

3. 흐린 날씨점

• 형효는 바람과 구름을 주관한다.

형효가 동하면 비록 바람과 구름을 주관하여도, 구름은 엷고
바람은 가벼우며 맑지도 않고 비도 내리지 않는다.

【예8】午월 丁亥일(午未 공망)에 오늘 흐리겠는가.

　　　점을 쳐서 천산둔괘가 천지비괘로 변하였다.

```
      父戌 丨
      兄申 丨 應
      官午 丨
財卯 / 兄申 ⺅
      官午 ⚋ 世
      父辰 ⚋
```

형효申이 동하였으니 오늘 흐리겠으나
동하여 재효卯를 화출하므로 구름이 약간
끼며 다시 맑아진다고 판단한다.

과연 종일 흐리다가 申시가 지나 구름이 걷
히기 시작하고 다음날 卯시에는 구름이 약
간 끼며 맑아졌다. 이는 형효가 동하였으므
로 흐리며 바람이 불겠으나 재효로 변하므
로 구름이 약간 끼는 맑은 날씨가 된다고 알려준 것이다.

【예9】辰월 戊申일에 오늘 흐리고 바람이 불겠는가.

　　　점을 쳐서 풍택중부괘가 풍천소축괘로 변하였다.

```
      官卯 丨
      父巳 丨
      兄未 ⚋ 世
兄辰 / 兄丑 ⺅
      官卯 丨
      父巳 丨 應
```

형효丑이 동하여 진신으로 화하였지만,
단지 흐릴 뿐이며 바람은 불지 않는다.
만약, 형효가 木이거나 木으로 화하면 바람이
불겠으나, 형효가 土이며 또한 土로 화하였으
므로 바람이 불지 않는다고 알려준 것이다.

4. 눈이나 비오는 날씨점

가. 부효는 비와 눈과 안개와 서리를 주관한다.

부효가 동하면 비가 오고 겨울에는 눈이 온다.

【예10】 巳월 甲戌일(申酉 공망) 언제 비가 오겠는가.
　　　　점을 쳐서 뇌산소과괘가 화산려괘로 변하였다.

官巳 / 父戌 ∦	부효戌이 동하였으므로
兄申 ‖	辰시에 구름이 일며 비가 오기 시작하고
官午 ㅣ 世	관효巳를 화출하였으므로 巳시에 번개를
兄申 ㅣ	동반한 비가 크게 온다고 판단한다.
官午 ‖	이는 부효戌이 동하여 관효巳를 화출하였으
父辰 ‖ 應	므로, 戌을 충하는 辰시에 비가 오고 巳시에 번개를 동반한 비가 온다고 알려준 것이다.

【예11】 卯월 丁巳일(子丑공망)에 언제 비가 오는가.
　　　　점을 쳐서 풍수환괘가 감위수괘로 변하였다.

官子 / 父卯 ⊁	부효卯가 동하므로 卯일에 비가 온다고 판
兄巳 ㅣ 世	단한다.
孫未 ‖	이 경우에 卯일에만 비가 오는 것이 아니
兄午 ‖	라 합이 되는 戌일에 비가 오거나 卯의 장
孫辰 ㅣ 應	생일인 亥일에도 비가 오기도 한다.
父寅 ‖	

【예12】 午월 己丑일(午未 공망)에 언제 비가 오겠는가.
점을 쳐서 지택림괘가 지수사괘로 변하였다.

孫酉 ‖
財亥 ‖ 應
兄丑 ‖
兄丑 ‖
官卯 ∣ 世
官寅 / 父巳 ㅓ

날씨점에서는 부효가 동하면 비가 온다.
초효에서 부효巳가 동하므로
巳일에 비가 온다고 판단한다.

兄子 ‖ 應
官戌 ∣
兄亥 / 父申 ㅒ
兄亥 ∣ 世
官丑 ‖
孫卯 ∣

癸巳일 아침에 하늘을 보니 붉은 기가 가득
하기에 과연 비가 올 것인가. 재점하여 수
화기제괘가 택화혁괘로 변하였다.
역시 부효申이 동하였으므로 申시에는
번개가 치면서 비가 온다고 판단한다.

【예13】 子월 己亥일(辰巳 공망)에 연일 눈이 오는데 언제 맑아질 것인가.
점을 쳐서 풍지관괘가 수지비괘로 변하였다.

孫子 / 財卯 ㅓ
官巳 ∣
父未 ‖ 世
財卯 ‖
官巳 ‖
父未 ‖ 應

일진亥가 관효巳를 충동하여 눈이 계속
내리지만, 재효卯가 동하여 손효子를 화출
하므로 子일 卯시에 구름이 걷히고 맑아진
다고 판단한다.

나. 비가 계속 오는 경우

부효와 관효가 중첩되거나
관효가 부효로 변하거나 부효가 관효로 변하거나
부효가 형효로 화하거나 형효가 부효로 화하거나
재점하여도 손효나 재효가 발동하는 것을 보지 못하는 경우

【예14】午월 乙卯(子丑 공망)일에 언제 맑아질 것인가.
점을 쳐서 화지진괘가 화택규괘로 변하였다.

官巳 ㅣ	
父未 ‖	
兄酉 ㅣ 世	
財卯 ‖	
財卯 / 官巳 ⚊	
官巳 / 父未 ⚊ 應	

부효未와 관효巳가 중첩되어 동하고
재효와 관효를 화출하므로
매일 비바람이 부는 상이다.
다음 날 재점하여도 역시 관효와 부효가
동하였으므로 10일간 비가 내렸다.

다. 입묘일에 응하는 경우

비점에서 부효와 관효가 동하지 않고 손효와 재효가 동하면 반드시
재효와 손효가 입묘되거나 절에 임하는 날에 비가 온다.

【예15】戌월 丙午일(寅卯 공망)에 언제 비가 오는가.
　　　점을 쳐서 감위수괘가 수풍정괘로 변하였다.

```
        兄子 ‖ 世
        官戌 ∣
        父申 ‖
父酉 / 財午 ╫ 應
        官辰 ∣
        孫寅 ‖
```

재효午가 동하여 맑은 날씨가 지속되지만
부효酉를 화출하므로 酉일에 흐려지고
재효午가 입묘되는 戌일에 비가 온다고
판단한다.
이는 午재효가 입묘되어 맑은 날씨가
사라지기 때문이다,

5. 천둥 번개를 동반한 비오는 날씨점

가. 관효는 천둥과 번개와 안개를 주관한다.

관효는 춘하추동을 불구하고 천둥 번개 안개를 일으킬 수 있다.

【예16】 巳월 丁卯일(戌亥 공망)에 언제 비가 올 것인가.
　　　　점을 쳐서 뇌풍항괘가 택풍대과괘로 변하였다.

```
          財戌 ‖ 應
   官酉 / 官申 ⚊      관효申이 동하여 진신으로 화하니
          孫午 ⚊       오늘 申시에 천둥 번개가 치면서 멀리서
          官酉 ⚊ 世     큰 비가 온다고 판단한다.
          父亥 ⚊
          財丑 ‖
```

나. 관효가 金이면 천둥소리가 크고 火이면 번개가 친다.

형효가 木으로서 동하면 바람이 강하게 불고

관효가 金으로서 동하면 천둥소리가 크고

관효가 火로서 동하면 번개가 친다.

✐ 야학노인曰

이러한 판단은 천둥 번개가 잦은 계절에만 응하므로 그렇지 않은 계절에
는 이렇게 판단하면 안 된다.

6. 두 개 이상 동하는 경우

동효가 여러 개인 경우에는 동효를 조합하여 여러 가지 상황을 종합적으로 판단한다.

【예17】 卯월 甲辰일(寅卯 공망)에 비가 오겠는가.
　　점을 쳐서 간위산괘가 건위천괘로 변하였다.

官寅	l 世	
孫申 / 財子	╫	
父午 / 兄戌	╫	
孫申	l 應	
官寅 / 父午	╫	
財子 / 兄辰	╫	

괘안에서 4개의 효가 동하였다.
오늘부터 흐리거나 비가 오다가 맑겠다.
초효 형효辰이 동하여 재효子로 화하므로 오늘은 흐리다가 재효子가 장생이 되는 申시에는 맑아진다.
내일부터 이효에서 부효午가 동하여 관효寅으로 화하고, 사효에서 형효戌이 동하여 부효午로 화하므로 연일 비가 오다가, 오효에서 재효子가 손효申으로 화하므로 申일에 맑아진다고 알려주고 있다.

【예18】 未월 庚子일(辰巳 공망)에 언제 비가 내리겠는가.
　　점을 쳐서 택수곤괘가 화뢰서합괘로 변하였다.

官巳 / 父未	╫	
父未 / 兄酉	⁄	
孫亥	l 應	
官午	‖	
財寅 / 父辰	⁄	
孫子 / 財寅	╫ 世	

지금은 재효寅이 동하여 손효子를 화출하므로 연일 맑겠지만, 부효辰이 동하여 재효寅으로 화하므로 적은 비가 내리며 형효酉가 동하여 부효未로 화하고 부효未가 동하여 관효巳로 화하므로 未일에는 반드시 큰 비가 내린다고 알려준다.

【예19】 巳월 丁亥일(午未 공망)에 비가 계속 내리는데 언제 맑아지는가.
　　　 점을 쳐서 수뢰둔괘가 화뢰서합괘로 변하였다.

```
財巳 / 兄子 ⫲
官未 / 官戌 ⫲ 應      부효申이 동하여 부효로 화하고
父酉 / 父申 ⫲        관효戌이 동하여 관효로 화하므로
       官辰 ⫵        연일 비바람이 불겠으며
       孫寅 ⫵ 世      형효子가 재효巳로 화하였으므로
       兄子 ∣        巳일에 맑아진다고 판단한다.
```

【예20】 酉월 丙戌일(午未 공망)에 비가 계속 내리는데 언제 맑아지는가.
　　　 점을 쳐서 뇌산소과괘가 산화비괘로 변하였다.

```
                    괘중에서 동효가 모두 부효와 관효이므로
財寅 / 父戌 ⫲        오늘은 반드시 큰 비가 내리겠으나
       兄申 ⫵        다행히 초효 부효辰이 재효卯로 화하고
父戌 / 官午 ⫲ 世      상효 부효戌가 재효寅으로 화하므로
       兄申 ∣        내일 寅시에는 반드시 맑게 개인다고 알려
       官午 ⫵        준다.
財卯 / 父辰 ⫲ 應
```

【예21】 卯월 癸巳일(午未 공망)에 비가 계속 내리는데 언제 맑아지는가.
　　　 점을 쳐서 수지비괘가 택화혁괘로 변하였다.

```
       財子 ⫵ 應
       兄戌 ∣        형효未와 관효卯가 동하므로 연일 큰 비가
財亥 / 孫申 ⫲        오지만, 손효申이 동하므로 申일에는 맑아
財亥 / 官卯 ⫲ 世      진다고 알려준다.
       父巳 ⫵
官卯 / 兄未 ⫲
```

【예22】申월 丁未일(寅卯 공망)에 언제 맑아지겠는가.
　　점을 쳐서 지뢰복괘가 수화기제괘로 변하였다.

```
　　孫酉 ‖
兄戌 / 財亥 ⚋
　　兄丑 ‖ 應
財亥 / 兄辰 ⚋
　　官寅 ‖
　　財子 ｜ 世
```

형효辰이 재효亥로 화하므로 亥일에 맑아
지겠으나, 재효亥가 형효戌로 화하므로
오래가지 못한다고 판단한다.
과연, 亥일에 맑아졌으나 그날 저녁
戌시에 비가 다시 내리기 시작하였다.

【예23】酉월 癸未(申酉 공망)일에 언제 맑아지겠는가.
　　점을 쳐서 천수송괘가 태위택괘로 변하였다.

```
孫未 / 孫戌 ⚊
　　財申 ｜
　　兄午 ｜ 世
　　兄午 ‖
　　孫辰 ｜
兄巳 / 父寅 ⚋ 應
```

부효寅이 형효巳로 변하였으므로
비가 오다가 흐려지고,
손효戌가 동하였으므로 戌시에 맑아진다고
판단한다.

【예24】巳월 丙申(辰巳 공망)일에 언제 비가 오겠는가.
　　점을 쳐서 지택림괘가 산수몽괘로 변하였다.

```
官寅 / 孫酉 ⚋
　　財亥 ‖ 應
　　兄丑 ‖
　　兄丑 ‖
　　官卯 ｜ 世
官寅 / 父巳 ⚊
```

부효巳가 공망이므로 충공하는 亥일에
비가 내리겠으나,
손효酉가 동하였으므로 酉시에 다시
맑아진다고 알려준다.

7. 날씨점에서 통변의 묘리

가. 동효는 합을 만나고 정효는 충을 만나야 응한다.

정효가 충을 만나면 응하며 월파되면 응하지 않고
동효가 합을 만나면 응하며 월파되면 실파일에 응한다.

【예25】 辰월 癸卯(辰巳 공망)일에 언제 비가 오겠는가.
　　　점을 쳐서 수산건괘를 얻었다.

孫子 ‖
父戌 ┃
兄申 ‖ 世
兄申 ┃
官午 ‖
父辰 ‖ 應

비점에서는 부효가 주관효이다.
부효戌이 정효로서 월파되므로
비는 오지 않고
단지, 구름만 끼며 흐린다고 판단한다.

나. 동효가 공망에 드는 경우

동효가 공망에 들면 충공이나 전실되는 날에 응한다.

【예26】未월 丙午일(寅卯 공망)에 언제 비가 오겠는가.
　　　점을 쳐서 이위화괘가 화산려괘로 변하였다.

兄巳 ｜ 世	비점에서는 부효가 주관효이다.
孫未 ‖	부효卯가 동하고 순공되었으므로
財酉 ｜	충공하는 酉일에 비가 오지 않으면
官亥 ｜ 應	전실되는 卯일에는 반드시 비가 온다.
子丑 ‖	정확한 날짜를 정하기 위하여 재점하여
孫辰 / 父卯 ⼂	종합판단한다.

孫酉 / 官寅 ⼂ 世	다시 재점하여 간위산괘가 지산겸괘로 변
財子 ‖	하였다.
兄戌 ‖	관효寅이 동하고 순공되어 전실되는 寅일
孫申 ｜ 應	에 하늘에서 변화를 일으키며 구름이 낀다
父午 ‖	고 판단한다.
兄辰 ‖	종합판단하면 寅일에 구름이 끼므로 앞의

괘에서 卯일에 비가 온다고 알려준 것이며,
앞의 괘에서 부효卯가 손효辰을 화출하였으므로 卯일에 비가 오고 辰일
에는 다시 맑아지겠다고 알려준 것이다.
그러므로 동하면 순공에 들어도 공망이 안 되는 것이다.

다. 정효가 암동하면 비록 공망이어도 동하는 것과 같다.

【예27】 巳월 己卯일(申酉 공망)에 언제 맑아지겠는가.

　　　점을 쳐서 이위화괘를 얻었다.

兄巳 ㅣ 世	
孫未 ‖	
財酉 ㅣ	
官亥 ㅣ 應	
子丑 ‖	
父卯 ㅣ	

맑은 날씨점은 손효와 재효가 주관효이다.
재효酉가 순공이고 일진이 충동하므로
내일 辰일에 맑아진다고 판단한다.
이는 일진의 충으로 순공의 재효酉가
충동하고 재효酉와 합하는 辰일에
응하기 때문이다.

라. 주관효가 동하여 극을 받으면 극신을 충거하는 날에 응한다.

주관효가 동하여 회두극을 받거나 동효의 극을 받으면 반드시 극신을
충거하는 날을 기다려야 한다.

【예28】 丑월 甲戌일에 언제 비가 올 것인가.

　　　점을 쳐서 진위뢰괘가 뇌지예괘로 변하였다.

財戌 ‖ 世	
官申 ‖	
孫午 ㅣ	
財辰 ‖ 應	
兄寅 ‖	
財未 / 父子 ㅓ	

비점에서는 부효가 주관효이다.
부효子가 동하여 회두극을 당하므로
丑일에 비가 온다고 판단한다.
丑일에 응한 것은 회두극하는 재효未를
충거하고 부효子와 子丑합을 하므로 비가
온다고 알려준 것이다.

마. 반음괘를 얻으면 날씨가 반복된다.

【예29】 辰월 庚寅(午未 공망)일에 언제 맑을 것인가.

점을 쳐서 풍지관괘가 지풍승괘로 변하였다.

兄酉 / 財卯 ⟋
孫亥 / 官巳 ⟋
　　　 父未 ‖ 世
兄酉 / 財卯 ⟍
孫亥 / 官巳 ⟍
　　　 父未 ‖ 應

맑은 날씨점은 손효와 재효가 주관효이다.
재효卯가 동하므로 내일 반드시 맑겠으나
단지 내외가 반음괘이므로 비가 다시 온다
고 판단한다.

과연, 다음 날 맑았다가 또 비가 내렸다.

바. 복음괘와 반음괘인 경우

복음괘이면 동하여도 동하지 않은 것과 같다.

손효와 재효가 동하여도 복음괘이면 충개일에 맑아지며 부효가 동하여
도 복음괘이면 충개일에 비가 온다. 반음괘이면 비오는 날씨가 개었다
가 다시 비가 오는 등 반복되는 날씨가 계속된다.

【예30】辰월 庚寅일(午未 공망)에 어느 날 맑아지겠는가.
　　　　점을 쳐서 풍지관괘가 지풍승괘로 변하였다.

兄酉 / 財卯 乂	맑은 점에서는 손효가 주관효이다.
孫亥 / 官巳 乂	관효巳가 동하여 손효亥를 화출하고
父未 ‖ 世	재효卯가 동하여 형효酉를 화출하면서
兄酉 / 財卯 乂	반음괘를 이루므로 맑았다가 다시 비가
孫亥 / 官巳 乂	오는 것이 반복된다고 판단한다.
父未 ‖ 應	

【예31】卯월 癸卯일(辰巳 공망)에 언제 비가 오겠는가.
　　　　점을 쳐서 뇌산소과괘가 천산둔괘로 변하였다.

父戌 / 父戌 乂	부효와 형효가 동하여 복음괘로 화하였으
兄申 / 兄申 乂	므로 복음괘는 충개하여야 응한다.
官午 ｜ 世	그러므로 내일 辰일에 비가 내리리라.
兄申 ｜	
官午 ‖	
父辰 ‖ 應	

사. 먼 일을 점쳤으나 가까운 일에 응하기도 한다.

【예32】 酉월 초닷새 戊子일(午未 공망)에 추석날 비가 오겠는가.
　　　점을 쳐서 뇌산소과괘가 뇌화풍괘로 변하였다.

父戌 ‖	
兄申 ‖	
官午 ┃ 世	
兄申 ┃	
官午 ‖	
財卯 / 父辰 ⚊ 應	

부효辰이 동하므로 추석날에 비가 내리겠다고 판단하였으나 뜻밖에 초구일 辰일에 비가 내렸다. 이는 추석날의 날씨를 점쳤으나 가까운 辰일의 날씨에 응한 것이다.

兄卯 ┃	
孫巳 ┃	
財未 ‖ 應	
財丑 / 財辰 ⚊	
兄寅 ┃	
父子 ┃ 世	

초구일 壬辰일(午未 공망)에 추석날 맑은지 여부에 대한 점을 쳐서 풍천소축괘가 풍택중부괘로 변하였다.
재효辰이 동하므로 추석날 맑아진다고 알려준다.

孫卯 / 兄子 ⚊	
官戌 ┃ 應	
父申 ‖	
官辰 ‖	
孫卯 / 孫寅 ⚊ 世	
兄子 ┃	

다음 날 癸巳일에 재점하여 수뢰둔괘가 풍택중부괘로 변하였다.
앞의 괘에서는 재효가 동하였고 이 괘에서는 손효가 동하였으며 부효와 관효는 동하지 않았으므로 맑아지는 것이 틀림없다고 판단한다.
과연, 추석날 밤에 달이 휘영청 밝았다.

아. 퇴신으로 화하는 경우

대개 부효가 퇴신으로 화하면 비가 그치며, 형효가 퇴신으로 화하면 구름이 걷히고, 손효와 재효가 퇴신으로 화하면 맑은 날씨가 오래가지 않는다.

【예33】 辰월 癸巳일(午未 공망)에 점을 쳐서 내일 비가 내리겠는가. 여부점을 쳐서 천산둔괘가 택산함괘로 변하였다.

父未 / 父戌 ㅓ
兄申 ㅣ 應
官午 ㅣ
兄申 ㅣ
官午 ‖ 世
父辰 ‖

오늘은 비가 내리지 않으며 내일 申시에 비가 내리지만, 戌시에는 멈춘다고 판단한다. 申시에 응한 것은 戌土의 장생이기 때문이며 戌이 퇴신으로 화하므로 오래 내리지는 않는다고 알려준 것이다.

【예34】 丑월 戊辰일(戌亥 공망)에 오랫동안 눈이 왔는데 언제 맑아지는가. 점을 쳐서 택뢰수가 진위뢰괘로 변하였다.

財未 ‖ 應
官申 / 官酉 ㅓ
父亥 ㅣ
財辰 ‖ 世
兄寅 ‖
父子 ㅣ

관효酉가 퇴신으로 화하므로 눈이 그친다고 판단한다. 과연, 酉시에 눈이 그치고 개었다. 이는 비록 관효가 관효로 변하였지만, 퇴신으로 화하였으므로 눈 오는 날씨가 오래 가지 못한다는 것을 알려준 것이다.

자. 변효와 합이 되는 경우

【예35】辰월 丙子일(申酉 공망)에 어느 날 맑아지겠는가.
　　　　점을 쳐서 손위풍괘가 천풍구괘로 변하였다.

```
            兄卯 ｜ 世
            孫巳 ｜
      孫午 / 財未 ∦
            官酉 ｜ 應
            父亥 ｜
            財丑 ∥
```

재효未가 동하여 손효午를 화출하여 서로
합을 하지만, 일진子가 손효午를 충하므로
未는 午와 합할 수 없다.
그러므로 未일에 반드시 맑아진다.
이와 같이 변효와 합이 되면 동하여도
동하지 않는 것과 같지만 합을 충하는
날에는 합이 풀어지며 응기하게 된다.

같은 날 다른 사람이 점을 쳐서 천풍구괘가 건위천괘로 변하였다.

```
            父戌 ｜
            兄申 ｜
            官午 ｜ 應
            兄酉 ｜
            孫亥 ｜
      孫子 / 父丑 ∦ 世
```

부효丑이 동하여 손효子를 화출하므로
역시 합이 되면 동하지 않는 것과 같다.
그러므로 未일에 丑을 충개하면 丑은 子와
합할 수 없으므로 未일에 반드시 맑아진다
고 알려주고 있다.
앞의 괘에서는 일진이 변효를 충하여 합을
못하게 하였지만 이번 괘에서는 변효가 일
진과 같으므로 동효를 충하는 날에 응기한 것이다.

8. 다점으로 확실하게 판단하는 비법

점사를 확실하게 판단하기 어려운 경우에는 다점하여 판단하는 것이 최선이다. 또한 점의 판단을 의심하는 경우에는 날씨점으로 점의 정확성을 증험하여 점의 판단을 믿게 하였으며 합일에 응하는가 치일에 응하는가를 판단하기 어려운 경우에는 재점하여 확실한 판단을 하였으며 여러 번 재점하여 같은 결과가 나오는 경우에는 신이 확고하게 알려주기 때문이다. 그러므로 다점의 비법을 알려준다.

가. 야학노인이 날씨점으로 의심을 풀어준 경우

한 관리가 고발을 당하여 우려하기에 점을 쳐서 손효가 세효에 임하므로 걱정하지 말라고 하였더니 의심하기에 날씨점으로 점의 정확성을 알려주며 의심을 풀어주었다.

【예36】 酉월 丙子일(申酉 공망)에 어느 날 비가 오겠는가.
　　　　점을 쳐서 산수몽괘가 지택림괘로 변하였다.

財酉 / 父寅 ㇇	초효와 상효에서 부효寅이 동하므로
官子 ‖	寅일에 비가 오는 것이 분명하다.
孫戌 ‖ 世	
兄午 ‖	
孫辰 ┃	
父寅 ㇇ 應	

兄戌 ‖	다른 사람에게 재점하여 뇌천대장괘가
孫申 ‖	지천태괘로 변하였다.
兄丑 / 父午 ⼳ 世	부효午가 寅에 장생하므로 역시 寅일에 응
兄辰 ⏐	하여 비가 오는 것이 분명하다.
官寅 ⏐	앞의 괘에서 부효寅이 중복하여 동하였고,
財子 ⏐ 應	이 괘에서는 부효午가 동하고 午는 寅에 장

이 괘에서는 부효午가 동하고 午는 寅에 장
생하므로 역시 寅일에 응하여 비가 온다고
알려준 것이다.

財未 ‖ 應	또 다른 사람에게 재점하여 택뢰수괘가 수
官酉 ⏐	뢰둔괘로 변하였다.
官申 / 父亥 ⼳	부효亥가 동하므로 합이 되는 寅일에 비가
財辰 ‖ 世	오는 것이 분명하다.
兄寅 ‖	이 괘에서는 亥부효가 동하므로 합을 만나
父子 ⏐	는 寅일에 응하기 때문이다. 그러므로 첫

번째 괘와 두 번째 괘에서 寅일에 응한다
고 하는 것과 일치한다.

父巳 ⏐	앞의 괘에서 오늘 戊寅일(申酉 공망)에 비가
孫申 / 兄未 ⼳	온다고 하였는데 몇시에 비가 오겠는가. 점
孫酉 ⏐ 世	을 쳐서 화택규괘가 천택리괘로 변하였다.
兄丑 ‖	형효未가 동하여 손효申을 화출하므로
官卯 ⏐	未시에 비가 오고 申시에는 반드시 맑아진
父巳 ⏐ 應	다고 알려준다.

과연 未시에 비가 오고 申시에 맑아지는 것
을 보고 관리는 놀라면서 신점이라고 하였다.

관리에게 손효가 세효에 임하여 걱정하지 말고 하였더니
믿지 않기에 날씨점으로 시험하였으니 이래도 믿지 않겠는가?
과연 한 달이 못되어 사면되었다.

혹자가 묻기를 형효未가 동하면 바람만 부는데 어찌하여 未시에
비가 내린다고 판단하였는가?
첫 번째 괘에서 신이 부효를 발동시켜 이미 寅일에 비가 내린다고
하였는데 오늘 재점하였다고 맑다고 하겠는가.

그렇지 않다. 통변의 묘미는 임기응변에 있다.
지금 비록 맑아도 申손효가 나타났으므로 형효未가 동하여도
未시에 비가 내리고 申시가 되어야 비로소 맑아진다고
임기응변으로 통변한 것이다.

나. 합일인가 치일인가 결정하기 어려운 경우

【예37】 寅월 癸酉일(戌亥 공망)에 어느 날 맑겠는가 하는 점을 쳐서
　　　　 감위수괘가 수택절괘로 변하였다.

```
          兄子 ‖ 世
          官戌 |
          父申 ‖
          財午 ‖ 應
          官辰 |
   財巳 / 孫寅 ╫
```

손효寅이 독발하였으니 합이 되는 亥일이
나 치가 되는 寅일에 맑아진다고 알려주고
있다.
亥일에 응하는 것은 동효가 합을 만나는
날이며 寅일에 응하는 것은 동효의 치일이
기 때문이다.
단지 실제로 어느 날 맑은지 정하지 못하
므로 재점하여 종합판단한다.

어느 날 비가 오는지 확실하게 결정하기 위하여 재점한 결과
택천쾌괘가 수천수괘로 변하였다.

```
          兄未 ‖
          孫酉 | 世
   孫申 / 財亥 ╫
          兄辰 |
          官寅 | 應
          財子 |
```

재효亥가 동하고 순공에 임하므로
실공하는 亥일에 응하여
맑아지는 것이 틀림없다.
과연 亥일에 쾌청하였다.

다. 여러 번 재점하여도 같은 결과가 나오는 경우

【예38】 辰월 丙子일에 언제 맑아지는가 하는 점을 쳐서 손위풍괘가 천풍구괘로 변하였다.

兄卯 | 世
孫巳 |
孫午 / 財未 ∦
官酉 | 應
父亥 |
財丑 ∥

재효未가 동하고 손효午를 화출하여 午未합하지만 일진子가 충개하는 未일에 맑아진다고 판단한다.

父戌 |
兄申 |
官午 | 應
兄酉 |
孫亥 |
孫子 / 父丑 ∦ 世

다른 사람이 점을 쳐서 천풍구괘가 건위천괘로 변하였다.
부효丑이 동하고 손효子로 화하여 子丑합이 되므로 未일에 부효丑을 충개하면
비로소 맑아진다고 알려주고 있다.

財戌 |
官申 |
孫午 | 世
財辰 ∥
兄寅 ∥
父子 | 應

같은 날 또 다른 사람이 점을 쳐서 천뢰무망괘를 얻었다. 손효午가 일진子에 의하여 충동하므로 합을 만나는 未일에 응하여 맑아지는 것이 틀림없다. 과연, 癸未일에 구름 한 점 없이 쾌청하였다.
이상 재점한 3괘를 합하여보면 未일에 맑아진다고 신이 알려주는 것을 확실하게 알 수 있다.

1부 날씨점

2부
신명점

1. 평생재복점

가. 재복의 조건

평생재복점이란 평생 부유히게 살 수 있는가를 섬치는 것이다.

재복점에서는 세효와 재효와 손효 삼자가 모두 왕성하고 무너지지 않아야 집안이 풍족하고 복록이 길게 이어진다.

세효는 자신이며 재효는 재물이고 손효는 복신福神이다.

왕성하다는 것은 일월의 생조를 받아 기세가 왕성한 것이며

왕성하지 않다고 하는 것은 일월의 생조를 받지 못하여 기세가 쇠약한 것이며 공파묘절되어 무너진 것을 말한다.

손효는 복신福神이라고 하며 재물의 원신이며 근원이 된다.

재물의 근원이 없으면 재효가 왕성하여도 결국 재물이 마른다.

그러므로 복신인 손효가 없으면 무기無氣하여 마치 뿌리가 없는 나무와 같아 나무가 강건하여도 결국 말라 죽는 것과 같다,

세효와 손효가 왕성하여도 재효가 왕성하지 않으면 부모가 물려준 재산으로 여유있는 생활을 할 수 있어도 결국 관리를 하지 않으므로 집안이 점차 기울게 된다.

재효와 손효는 왕성한데 세효가 왕성하지 않으면 부자 집에서 살아도 재산을 쓰지 못하므로 결국 가난한 사람과 같다.

손효는 명예나 이익을 탐내지 않으며 만약 세효에 임하고 무기한데 재효가 무너지면 고상한 뜻이 있어 도를 닦거나 스님이 되기도 하지만 출가하지 않는 경우도 있으니 함부로 판단해서는 안 된다. 손효를 보면 범법행위를 하지 않으므로 평생 형벌 받을 일은 없게 된다.

나. 재효와 손효와 세효가 쇠약한 경우

세효와 손효와 재효가 쇠약하면서 무너지면 가난하다.

세효가 유기하면 이 사람의 몸은 강건하고 약간의 지모와 기술이 있어

재효와 손효가 무기하여도 하루 일하여 하루 먹고 산다.

세효와 손효가 유기하고 재효가 무기하면 청빈한 생활을 한다.

세효와 재효가 유기하고 손효가 무기하면 이 사람은 비록 재물을 모은 것이
없어도 돈이 떨어지지 않거나 다른 사람의 재물을 관리하면서 살게 된다.
비록 무기하여도 왕성한 효신의 생부를 얻으면 작은 성취는 이룰 수 있다.

【예1】卯월 申일에 평생재복점을 쳐서 지뢰복괘가 산뢰이괘로 변하였다.

```
官寅 / 孫酉 ||
       財亥 ||
       兄丑 || 應
       兄辰 ||
       官寅 ||
       財子 | 世
```

재효子가 세효에 임하고 쇠약하여도
일진申에 장생하여 유기하므로 평생 의식주
는 부족하지 않지만, 손효酉가 월파되고
동하여 寅에 화절하므로 재물을 모으기는
어렵다고 판단한다.
과연 이 사람은 식구를 부양하기 위하여
70세가 넘어도 열심히 일하며 산다.

✎ **야학노인曰**

재효와 손효가 비록 왕성하지 않아도 역시 기가 있어야 좋다.
만약 재효와 손효가 무너지게 되면 집안이 기울어지는데
단지 동공이나 동파된 것은 실공이나 실파되는 년월에 응하기 때문에
무방하다.

다. 세효가 공망이 되는 경우

세효가 공망이어도 왕성하거나 동하면 공망이 아니며,

일진의 충을 만나 충공하면 실하게 된다.

재효와 손효가 유기하면 충공이나 실공하는 해에 발복한다.

【예2】 戌월 辛亥일(寅卯 공망)에 평생재복점을 쳐서 수지비괘가 풍지관괘로
　　　변하였다.

官卯 / 財子 ⚋ 應
兄戌 ∣
孫申 ⚋
官卯 ⚋ 世
父巳 ⚋
兄未 ⚋

세효卯가 비록 공망이지만 월건과 합하고
亥일에 장생하므로 유기하다.
재효子가 동하여 세효卯를 생하므로
실공되는 卯년에 발복한다고 알려준다.

【예3】 酉월 辛未일(戌亥 공망)에 평생재복점을 쳐서 산뢰이괘를 얻었다.

兄寅 ∣
父子 ⚋　　(孫巳)
財戌 ⚋ 世
財辰 ⚋
兄寅 ⚋
父子 ∣ 應

재효戌이 세효에 임하고 비록 일진의 도움을
받으나 공망이 되어 좋지 않은데 손효가
복신으로 있어 도와주지 못하므로 부를
이루기 어렵다고 알려준다.
이 사람은 50세가 넘도록 동분서주하며
평생 열심히 일하였으나 하나도 이룬 것이
없이 빈곤하게 살았다.

이는 세효가 손효의 도움을 받지 못하여 무기하므로 실공이 안 되어 발복
하지 못하기 때문이다.

라. 세효가 입묘하는 경우

세효가 입묘하면 왕상하거나 동하여 길하게 화하여도 묘고를 충개하는
해를 만나지 못하면 뒤집혀 혼미하게 된다.

그러나 충개를 만나면 새싹이 비를 만난 것과 같이 일어나며

다시 재효와 손효가 상생하거나 왕성하면 풍족해진다.

【예4】 午월 丙戌일(午未 공망)에 평생재복점을 쳐서 수택절괘를 얻었다.

```
兄子 ‖
官戌 ∣
父申 ‖ 應
官丑 ‖
孫卯 ∣
財巳 ∣ 世
```

재효巳가 세효에 임하고 왕성하므로
평소에 여유롭지만, 일진戌에 입묘되므로
도박을 좋아하였다.
후에 辰년에 투자한 곳이 발하며 巳년에
졸지에 부자가 되었다.
이 괘에서는 세효가 비록 일묘에 들었지만,
辰년에 일묘를 충개하고 세효의 치년인 巳년
에 응하여 발복한 것이다.

마. 육충괘나 육합괘를 얻는 경우

일반적으로 육충괘를 만나면 흉하다고 하며

육합괘를 만나면 길하다고 하지만, 평생재복점에서는 반드시 그렇다고
할 수 없다.

육충괘이며 세효와 재효와 손효가 무기한데 다시 육충괘를 만나면 흉하다
고 할 것이다.

육합괘에서도 반드시 용신으로 판단하여야 하며 효상이 길한 것은 길하지
만, 효상이 흉한 것은 합이 되어도 이익이 없다.

【예5】 寅月 乙巳일(寅卯 공망)에 평생재복점을 쳐서 뇌천대장괘를 얻었다.

```
兄戌 ‖
孫申 ‖
父午 ∣ 世
兄辰 ∣
官寅 ∣
財子 ∣ 應
```

비록 육충괘를 만났으나, 세효와 부효와 관효가 모두 왕성하므로 재복을 묻기 보다는 명예를 물어야 할 것이다.

출공하는 寅년에 반드시 귀인을 만나고 세효의 치년인 午년에 관직을 얻는다고 알려준다.

과연, 寅년에 귀인을 만나고 午년에 관직에 나아갔으나 육충괘이므로 여러 번 자리를 옮기다가 사직하였으며 재효子가 무기하고 일진巳에 절되므로 빈털터리가 되었다.

【예6】 子月 乙未일(辰巳 공망)에 평생재복점을 쳐서 태위택괘를 얻었다.

```
父未 ‖ 世
兄酉 ∣
孫亥 ∣
父丑 ‖ 應
財卯 ∣
官巳 ∣
```

육충괘를 만나고 재효卯가 未일에 입묘되고 관효巳가 쇠약하므로 재물과 명예 모두 이루기 어렵다고 알려준다.

부효未가 일진에 임하고 세효에 임하여 재주는 높으나 거만하여 귀인이 여러 번 초빙하였으나 모두 거절하고 나아가지 않았다.

10여년 가난하게 지내다가 지방으로 승진하여 발령 난 사촌 형제를 따라 갔으나, 마침내 소식을 알지 못하였다.

【예7】 酉월 壬辰일(午未 공망)에 평생재복점을 쳐서 뇌풍항괘를 얻었다.

```
財戌 ‖ 應
官申 ‖
孫午 |
官酉 | 世
父亥 |
財丑 ‖
```

세효인 관효酉에 월건이
임하고 일진辰이 재효戌를 충동하여
세효酉를 생하므로 재생관왕이 된다.
비록 재복을 물었지만 명예로 응하고 있다.
이분은 상인으로서 하늘에서 관직이 떨어져
도 결코 자신과는 관계없는 일이라고 장담하
므로 다시 재점하여 판단하기로 하였다.

재점하여 화뢰서합괘가 변한 천지비괘를 얻었다.

```
       孫巳 |
官申 / 財未 ‖ 世
       官酉 |
       財辰 ‖
       兄寅 ‖ 應
財未 / 父子 |
```

세효인 재효未가 관효申을 변출하므로
분명히 명예로 응하고 있다.
세효未가 실공되는 未년에는 반드시 관직에
임명된다고 알려준다.
卯년에 군에 들어가 공을 세워 巳년에
병마사가 되고 未년에 현령에 임명되었다.

바. 자수성가하는 경우

재효가 세효에 임하고 손효와 함께 왕성하면 자수성가한다.
재효가 세효에 임하지 않으면 비록 스스로 강왕하여도 부자가 되지 못하고
단지 근근히 살아갈 뿐이며 왕성한 동효의 생합이 있으면 사업이 흥성하게
되고 기술이 빼어난다.
재효가 동하여 진신으로 화하면 사업이 점차 발전하지만 퇴신으로 화하면
점차 기울어지게 되며 형충극해를 당하면 파재한다.

【예8】 申월 壬子일(寅卯 공망)에 평생재복점을 쳐서 지천태괘가 지택림괘로
변하였다.

孫酉 ‖ 應
財亥 ‖
兄丑 ‖
兄丑 / 兄辰 ∤ 世
官寅 ┃
財子 ┃

세효辰이 동하여 일월과 삼합을 이루므로 스스로 강왕하다.

그러나 세효에 형효가 임하므로 부자가 되지는 못하고 단지 근근이 살아갈 뿐이라고 알려준다.

세효가 형효이며 퇴신으로 화하므로 비록 스스로 강왕하여도 오래 유지하지 못하고 가난하게 살다가 결국 丑년에 사망했다.

사. 세효가 도움을 받는 경우

세효가 무기하여도 왕상한 동효가 생부하면 반드시 다른 사람의 도움을 받아 성공한다.

재효가 세효에 임하고 왕성하거나 왕성한 재효가 세효를 생하면 다른 사람의 도움으로 일가를 이룰 수 있다.

형효와 부효가 세효에 임하고 왕성한 동효와 합주되면 단지 근근이 살아갈 뿐이며 세효가 무기하면 고용인 대접을 받는다.

일월 중에 하나라도 세효를 생하면 윗사람의 총애를 받고 아랫사람에게 공경을 받으며 관효가 세효를 생하면 주로 귀인으로부터 도움을 받는다.

세효가 유기하여도 일월 중에 하나라도 충극하면 윗사람으로부터 업신여김을 받고 동료와 불화하며 소인이 비방한다.

태세가 세효를 충극하면 능욕과 속임을 당하고 시기와 질투를 받으며 조롱거리가 되고 세효가 쇠약하면 더욱 심하다.

【예9】 丑월 丙辰일(子丑 공망)에 평생재복점을 쳐서 화수미제괘가 화택규괘
로 변하였다.

```
龍      兄巳 丨 應
玄      子未 ‖
虎      財酉 丨
蛇      兄午 ‖ 世
句      孫辰 丨
朱 兄巳 / 父寅 ⺊
```

형효午가 세효에 임하고 비록 부효寅의 생을
받아도 재물을 모으기 어렵다고 알려준다.

木이 동하여 생하므로 목화통명이 되고 더구
나 주작이 부효에 임하니 글을 쓰는 재주가
있다.

후에 숙부의 도움으로 관공서 서기가 되었으
나 단지 근근이 살아갈 뿐이고 재물은 모으
지 못하였다.

숙부가 발탁하여 준 것은 부효寅이 세효午를 생하였기 때문이며 주작이
부효에 임하니 글씨 쓰는 재주로 연명하였다.

【예10】 巳월 己丑일(午未 공망)에 평생재복점을 쳐서 뇌택귀매괘가 지택림
괘로 변하였다.

```
    父戌 ‖ 應
    兄申 ‖
父丑 / 官午 ⺊
    父丑 ‖ 世
    財卯 丨
    官巳 丨
```

재효가 왕성하지 않은데 관효와 부효가 모두
왕성하므로 재복을 물었으나 명예로 응한 것
이 틀림없다.

세효丑이 일진에 임하고 월건巳와 관효午의
생을 받으므로 반드시 巳午년에 귀한 사람으
로부터 추천을 받는다고 알려준다.

과연 午년에 귀인으로부터 추천을 받아 관직
에 임명되었다.

아. 세효를 극하는 경우

신수점에서는 재효가 세효를 극하면 재물을 얻을 수 있으나
평생재복점에서는 재효가 세효를 극하면 평생 재물로 인하여
고통받고 해로움을 당하게 된나.

집안이 기울고 명예를 잃는 것은 귀효가 세효를 극상하기 때문이다.
대개 귀효가 세효를 극하는데 세효가 왕성한 경우에도 평생 재판을 받거나
소인의 질투와 해침을 받거나 장애인이 된다.

만약 귀효가 왕성하고 세효가 쇠약하면 몸이 상하고 집안이 기울 징조이므
로 추길피흉의 대책을 세워야 한다.
세효가 동하여 귀효로 변하여 세효를 회두극하거나 일월이 귀효에 임하고
세효를 극하면 더욱 흉하다.

【예11】 午월 壬寅일(辰巳 공망)에 평생재복점을 쳐서 뇌화풍괘를 얻었다.

```
官戌 ‖
父申 ‖ 世
財午 ∣
兄亥 ∣
官丑 ‖ 應
孫卯 ∣
```

재효午가 월건에 임하여 왕성하므로 부유하다.
세효申은 쇠약하고 일파되었으며 재효午의
극을 받으므로 평생 고생만 하고 열심히
일하여 모은 재산은 자신이 쓰지도 못하고
남좋은 일만 시킨다.
과연, 이 사람은 농부로서 고생을 하며
재산을 열심히 모았지만 후에 午년에 자식이
도박으로 재산을 탕진하자 화병으로 죽었다.
午년에 응한 것은 세효申이 월건午의 극을 당하고 일진寅의 충을 받는데
다시 午년의 극을 만났기 때문이다.

자. 세효가 형효나 귀효인 경우

모든 재복점에서 형효가 세효에 임하면 비록 부유하지 않지만 역시 쇠왕을 보고 판단하여야 한다.

형효가 왕성하면 가난하여도 의리가 있으며 쇠약하면 질병과 시비를 초래한다. 일월의 생부를 받으면 가난해도 즐거우며 일월이 재효에 임하고 세효와 합하면 부유하지만 교만하다.

형효가 왕성하면서 백호, 등사, 현무에 임하면 간사한 도둑과 사기꾼이고 쇠약하면서 구진, 주작, 현무에 임하면 남을 배반하고 싸움을 일삼는 불량배가 되고 극제를 받으면 하천한 졸개에 불과하며 생합 생부함을 얻으면 윗사람이 돕는다.

세효에 귀효가 임하고 쇠약하면 질병이 떠나지 않고 장애인이 된다. 만약 유기하고 왕성한 동효가 생조하면 귀인이 도와 자수성가하지만 재효가 무기하고 공망에 들면 허명만 있을 뿐이다.

【예12】卯월 癸未일(申酉 공망)에 평생재복점을 쳐서 택화혁괘가 풍화가인 괘로 변하였다.

孫卯 / 官未 ╫	세효에 형효亥가 임하고 동하여
父酉 ∣	일월과 삼합을 이루니 길지만
官未 / 兄亥 ⚊ 世	세효가 동하여 회두극을 당하고
兄亥 ∣	귀효未도 동하여 세효를 극하는
官丑 ∥	것이 좋지 않다.
孫卯 ∣ 應	지금은 비록 삼합으로 인하여 무방하지만
	금년 巳酉丑월에 삼합을 충개하는 달에는

예측하지 못한 우환이 발생한다고 알려준다.

과연 巳월에 악창이 나서 酉월에 죽었다.

【예13】辰월 甲寅일(子丑 공망)에 평생재복점을 쳐서 풍택중부괘가 수택절 괘로 변하였다.

```
財子 / 官卯 ⚊
     父巳 ㅣ
     兄未 ⚏ 世
     兄丑 ⚏
     官卯 ㅣ
     父巳 ㅣ 應
```

세효에 형효未가 임하고 월건辰이 돕지만
일진寅에 의하여 극상되고 귀효卯가 동하여
세효를 극상하는 것이 좋지 않다.
재복을 묻기 보다는 추길피흉하는 대책을
마련하여야 할 것이다.
금년 戌월에 밖에 나가지 않으면 피할 수
있다고 판단하였다.

과연 戌월에 관청에 일이 있어 다른 사람이 대신 가도록 하였는데
그 사람이 중도에 화를 당하였다고 한다.

차. 육수로 판단하는 경우

청룡 손효가 세효에 임하면 높은 뜻을 세우나 무기하면 부귀는 얻지 못하고 세속에서 벗어나 스스로 가난한 것을 즐긴다.

백호 재효가 세효에 임하면 비록 예의를 모르는 사람도 집안이 부유하다. 다만 재효가 왕상하여도 거듭 충극하면 파재한다.

【예14】 酉월 癸丑일(寅卯 공망)에 평생재복점을 쳐서 천풍구괘가 천산둔괘로 변하였다.

虎	父戌	
蛇	兄申	
句	官午	應
朱	兄酉	
龍	官午 / 孫亥	(財寅)
玄	父丑	世

재효寅이 복신이고 공망이므로 재물을 모으기는 어렵다.
단지 손효亥가 독발하고 청룡을 만났으니 비록 세효에 임하지 못하였지만 뜻은 높아 청고하다.

손효亥가 귀효午로 화하고 재효寅이 공망에 들었으므로 자식은 죽고 처는 비었으니 세상과 인연을 끊고 홀로 떠돌게 된다고 알려준다.
과연 이 사람은 처가 일찍 죽고 재혼하지 않아 자식이 없다고 하며 조상이 남겨준 재산을 아우에게 주고 자신은 집을 떠나 세상을 떠돌다가 화산에 들어갔는데 소식이 없다고 한다.

이 괘는 손효가 독발하고 청룡을 만나 뜻이 높은 청고한 사람인데 손효가 귀효로 변하여 후손이 끊어진 것이며 속세와 인연을 끊은 것은 재효가 복신이며 공망에 들었기 때문이다.

【예15】 午월 丙子일(申酉 공망)에 재복점을 쳐서 지화명이괘가 뇌화풍괘로
변하였다.

```
龍        父酉 ∥
玄        兄亥 ∥
虎 財午 / 官丑 ⚊⚋ 世
蛇        兄亥 ⚊
句        官丑 ∥
朱        孫卯 ⚊ 應
```

세효丑에 백호가 임하고 동하여 재효午가
회두생하므로 비록 이 사람은 무식한 농부로
살아가지만 부유하다고 알려준다.

戌년에 점을 쳤는데 子년에 메뚜기가 식량을 모두 먹어치우고 가족과
가축이 모두 전염병에 걸려 파재하였다.

점을 친 시기가 子일로서 일진이 午재효를 충하여도 월건에 임하므로 능히
대적하여 재산을 지킬 수 있었으나 子년에는 午재효를 거듭 충극하므로
파재한 것이다.

이와 같이 재효가 왕상하여도 거듭 충극하면 파재하는 것으로 응한다.

2. 평생명예점

가. 학업을 성취하고 명예를 득하는 경우
왕상한 부효가 세효에 임하고 관효가 동하여 생하거나
관효가 세효에 임하고 부효가 왕성한데 동하거나
관효와 부효가 왕성한데 동하고 세효와 생합하거나
일월이 관효나 부효에 임하고 세효와 생합하면
모두 학업을 성취하고 사방에 이름을 빛내고 부귀하게 된다.

나. 정당에 공천금을 납입하고 명예를 득하는 경우
관효가 세효에 임하고 재효가 동하여 상생하거나
세효에 관효가 임하고 동하여 재효로 화하거나
세효에 재효가 임하고 동하여 관효로 화하거나
관효가 동하여 세효와 생합하거나
일월이 관효에 임하고 세효와 생합하면
모두 정당에 공천금을 납입하고 당선되어 관직에 임명된다.

【예16】辰월 乙未일(辰巳 공망)에 평생명예점을 쳐서 지화명이괘가 뇌화풍
　　　　괘로 변하였다.

```
        父酉 ∥
        兄亥 ∥
  財午 / 官丑 ╫ 世
        兄亥 |
        官丑 ∥
        孫卯 | 應
```

관효丑이 세효에 임하고 재효午를 화출하므로 공천금을 납입하고 당선되어 관직에 임명된다고 알려준다.
과연, 卯년에 점을 쳤는데 巳년에 정당에 공천금을 납입하고 午년에 당선되어 관직에 임명되었다.

【예17】 戌월 壬子일(寅卯 공망)에 평생명예점을 쳐서 택수곤괘가 태위택괘
로 변하였다.

```
    父未 ‖
    兄酉 |
    孫亥 |  應
    官午 ‖
    父辰 |
官巳 / 財寅 ‖ 世
```

재효寅이 세효에 임하고 동하여 관효巳를
화출하므로 공천금을 납입하고 당선될 수 있
으나, 육합괘가 육충괘로 변하여 흉하므로
취임하지 못한다고 알려준다.
과연, 정당에 공천금을 납입하고 당선되었으
나 병으로 인하여 임지에 나아가지 못하였다.

다. 공을 세우고 명성을 이루는 경우

재효와 부효가 모두 무기하고 관효만 홀로 왕성하거나

일월이 관효로서 세효를 생하거나 백호가 세효에 임하고 동하거나

백호가 金관효에 임하고 동하여 세효를 생합하면 모두 혁혁한 공을 세우고
명성을 이룬다.

【예18】 戌월 戊辰일(戌亥 공망)에 평생명예점을 쳐서 산풍고괘를 얻었다.

```
朱 兄寅 |  應
靑 父子 ‖
玄 財戌 ‖
虎 官酉 |  世
蛇 父亥 |
句 財丑 ‖
```

일월이 재효에 임하고 세효酉를 생합하며
백호가 세효와 金관효에 임하였으므로
공을 세우고 명성을 이룬다고 알려준다.
후에 이 사람은 군에서 공을 세우고 장군이
되었다.

라. 고위직에 오르는 경우

태세와 오효는 군주와 같아 동하여 세효를 생합하면 고위직으로 순탄하게 오른다.

단지 태세가 효에 들어가서 발동하여야 하고, 오효가 세효를 생합하여도 역시 발동하여야 하며 세효와 관효도 왕상해야 한다.

【예19】辰월 己巳일에 평생명예점을 쳐서 뇌지예괘가 택지췌괘로 변하였다.

```
       財戌 ∥
  官酉 / 官申 ╫
       孫午 ∣ 應
       兄卯 ∥
       孫巳 ∥
       財未 ∥ 世
```

관효申이 동하여 진신으로 화하고 월건辰의 생을 받고 일진巳에 장생이지만, 단지 세효未를 생합하지 못하므로 판단하기 어렵다.
다른 날 재점하여 판단하리라.

```
       官巳 ∣
  兄申 / 父未 ╫
       兄酉 ∣ 世
  兄酉 / 財卯 ╫
  孫亥 / 官巳 ╫
       父未 ∥ 應
```

辰월 丁未일(寅卯 공망)에 재점하여 화지진괘가 천풍구괘로 변하였다.

내괘가 반음으로 변하고 관효巳가 회두극을 당하므로 지금은 비록 직위를 얻지 못하지만, 일진에 임한 부효未가 申장생으로 화하고 세효酉를 생하므로 장차 공을 세워 고위직으로 승진한다고 알려준다.

과연, 군에 들어가 서쪽에서 공을 세우고 고위직으로 승진하였다.

마. 명예를 얻지 못하는 경우

손효가 세효에 임하고 동하여 관효를 충극하면 명예를 얻기 어렵다.

세효나 관효가 정효인데 공파되면 명성을 이룰 수 없다.

그러나 세효와 관효가 동하면 공파되지 않으므로 이렇게 판단하면 안 된다.

【예20】戌월 丁卯일에 평생명예점을 쳐서 수천수괘를 얻었다.

財子 ‖	
兄戌 ∣	
孫申 ‖ 世	
兄辰 ∣	
官寅 ∣	
財子 ∣ 應	

왕성한 손효申이 세효에 임하고 관효寅을 충극하므로 평생 명예를 묻지 말라고 알려준다.

과연, 평생 명예를 득하지 못하였다.

【예21】巳월 乙卯일(子丑 공망)에 평생명예점을 쳐서 화산려괘를 얻었다.

兄巳 ∣	
孫未 ‖	
財酉 ∣ 應	
財申 ∣ (官亥)	
兄午 ‖	
孫辰 ‖ 世	

비록 육합괘이지만, 손효辰이 세효에 임하고 정효이며 관효亥가 복신이며 월파되므로 평생 명예를 바라지 말라고 알려준다.

과연 평생 명예를 득하지 못하였다.

3. 수명점

가. 세효의 쇠왕

대개 수명점에서는 오직 세효가 근본이 되며

세효가 왕성하면 오래 산다고 판단하고

세효가 쇠약하면 오래 살지 못한다고 판단한다.

충극하는 해를 조심하여야 하고 다시 형상극해가 있으면

동효는 합이나 치를 만나는 해에

정효는 치나 충을 만나는 해를 조심하여야 한다.

세효가 쇠약하고 수귀입묘하거나 귀효에 의하여 극상하거나

세효가 동하여 퇴신으로 화하거나 귀효로 화하거나 회두극으로 화하거나

화절, 화묘, 화파, 화공이면 모두 오래 살기 어렵다.

【예22】 辰년 巳월 己酉일(寅卯공망)에 수명점을 쳐서 산천대축괘과

　　　　지천태괘로 변하였다.

孫酉 / 官寅 ㅓ	귀효寅이 세효에 임하여 좋지 않다.
財子 ‖ 應	세효가 쇠약하고 일진의 극을 받지만
兄戌 ‖	지금은 辰년이므로 무난하다.
兄辰 ┃	다만 세효寅이 수귀입묘하는 未년을
官寅 ┃ 世	조심하라고 알려준다.
財子 ┃	未년 봄에 세효가 수귀입묘되어 죽었다.

【예23】 辰월 乙巳일(寅卯 공망)에 수명점을 쳐서 풍택중부괘를 얻었다.

官卯 |
父巳 |
兄未 ‖ 世
兄丑 ‖
官卯 |
父巳 | 應

세효未가 일월의 생부를 받아 왕성하므로
빈드시 오래 산다고 알려준다.

이 사람이 53세에 점을 치고 이십여 년이 지난 칠순에 만났다.

그는 전에 점을 치고 이십여 년을 살았는데 언제까지 살 수 있느냐고 묻기에 재점하였다.

子년 申월 己卯일(申酉 공망)에 수명점을 쳐서 산택손괘가 지뢰복괘로 변하였다.

孫酉 / 官寅 ⼂ 應
財子 ‖
兄戌 ‖
兄丑 ‖ 世
官寅 / 官卯 ⼂
父巳 |

세효丑이 쇠약하고
귀효卯가 동하여 세효丑을 극하지만
지금은 귀효寅이 동하여 회두극이 되고
귀효卯가 동하여 퇴신으로 화하므로
오히려 장애가 되지 않는다.
그러나 未년에는 세효丑이 년파되고 귀효가
未년에 입묘하므로 수명이 다할 것이다.

과연, 未년 申월에 죽었다.

✎ 귀효가 태왕하면 입묘하는 시기에 응하게 된다.

262 / 증산복역

나. 원신이 동하는 경우

수명점에서는 세효가 근본이며, 원신은 생하여주는 것이므로 왕성한 정효
이어야 좋고 요동하면 좋지 않다.

대개 다른 점에서는 원신이 동하여 생하여 주는 것이 좋지만, 수명점에서는
원신이 동하면 좋지 않은데 이는 원신이 절묘되는 해를 만나거나 충극을 당
하는 해를 만나면 생명을 유지하지 못하므로 죽는 날이 정해지기 때문이다.

【예24】 亥월 丁卯일(戌亥 공망)에 수명점을 쳐서 천풍구괘가 풍천소축괘로
변하였다.

父戌 ㅣ	
兄申 ㅣ	
父未 / 官午 ㅓ 應	
兄酉 ㅣ	
孫亥 ㅣ	
孫子 / 父丑 ㅐ 世	

세효에 丑이 임하고 원신午가 동하여 세효를
생하지만, 후에 子년에 세효丑이 합을 만나
고 원신午를 충거하여 세효를 생하지 못하므
로 더 이상 살기 어렵다고 알려준다.

【예25】 辰월 乙卯일(子丑 공망)에 수명점을 쳐서 풍택중부괘가 화택규괘로
변하였다.

官卯 ㅣ	
兄未 / 父巳 ㅓ	
孫酉 / 兄未 ㅐ 世	
兄丑 ‖	
官卯 ㅣ	
父巳 ㅣ 應	

세효에 未가 임하고 월건의 도움을 받아
왕성하지만, 원신巳가 동하여 생하는 것이
좋지 않다.
후에 戌년에 원신巳가 입묘되어 세효를
생하지 못하므로 더 이상 살지 못하였다.

다. 기신이 동하는 경우

기신이 동하지 않으면 평안하지만

기신이 동하면 세효를 극하므로 수명이 다하며

기신이 합을 만나는 해나 세효가 치를 만나는 해에 응한다.

【예26】 寅월 己酉일(寅卯 공망)에 수명점을 쳐서 산지박괘가 천뢰무망괘로
변하였다.

```
         財寅 |
    兄申 / 孫子 ‖ 世
    官午 / 父戌 ‖
         財卯 ‖
         官巳 ‖ 應
    孫子 / 父未 ‖
```

세효子가 동하여 회두생을 받으나

변효申이 월파되어 좋지 않고

또, 戌未 기신이 동하여 극하는 것이 좋지 않다.

기신戌이 합을 만나는 卯년에 죽었다.

【예27】 酉월 癸亥일(子丑 공망)에 수명점을 쳐서 지천태괘가 지화명이괘로
변하였다.

```
         孫酉 ‖ 應
         財亥 ‖
         兄丑 ‖
         兄辰 | 世
    兄丑 / 官寅 ⼂
         財子 |
```

귀효寅이 동하여 세효辰을 극하므로

세효가 치를 만나는 辰년에 죽었다.

【예28】 子월 乙亥일(申酉 공망)에 평생재복점을 쳐서 수택절괘가 풍택중부
　　　괘로 변하였다.

```
孫卯 / 兄子 ⚋
　　官戌 ｜
　　父申 ⚋ 應
　　官丑 ⚋
　　孫卯 ｜
　　財巳 ｜ 世
```

세효巳가 일월에 충극되고 왕상한 기신子가
동하여 세효를 극하므로 평생재복점을 물었
지만, 수명을 걱정해야 할 것이다.
기신子가 합을 만나는 丑년에 수액을 조심할
것을 알려주고 있다.

丑년에 卯월 辛卯일(午未 공망)에 신수점을 쳐서 태위택괘가 택뢰수괘로 변하
였다.

```
　　　父未 ⚋ 世
　　　兄酉 ｜
　　　孫亥 ｜
　　　父丑 ⚋ 應
財寅 / 財卯 ⚋
　　　官巳 ｜
```

일월이 세효未를 극하고 왕상한 기신卯도
동하여 극하고 있다.
지금은 세효未가 순공에 들어 괜찮지만
금년 未월에 세효가 출공하면 위험하다고
알려주고 있다.
과연 未월에 피서하다 물에 빠져 죽었다.

【예29】 午월 己丑일(午未 공망)에 수명점을 쳐서 천지비괘가 천산둔괘로
　　　 변하였다.

父戌	應
兄申	
官午	
兄申 / 財卯 ∦ 世	
官巳 ‖	
父未 ‖	

재효卯가 세효에 임하고 동하여 회두극이
되었으므로, 이러한 경우에는 간혹 처에게
불상사가 생기는 것으로 응하기도 하므로
수명을 판단하기 어렵다.
재점하여 판단하는 것이 좋겠다.

財子 ‖ 應	
兄戌 |	
孫申 ‖	
官卯 ‖ 世	
父巳 ‖	
財子 / 兄未 ∦	

재점하여 수지비괘가 수뢰둔괘로 변하였다.
세효에 귀효卯가 임하고, 형효未에 수귀입묘
하므로 앞의 괘가 수명점인 것이 확실하다.
세효卯가 치되는 卯년에 응하기도 하고,
충하는 酉년에 응하기도 하며 절되는 申년에
응하기도 하고 묘되는 未년에 응하기도 하므
로 수명이 언제까지 인지는 정하기 어렵다.
다시 재점하여 판단하여야 한다.

財酉 / 父寅 ∦	
官子 ‖	
孫戌 ‖ 世	
兄午 ‖	
孫辰 |	
兄巳 / 父寅 ∦ 應	

다시 재점하여 산수몽괘가 변한 지택림괘를
얻었다.
내외괘에서 기신寅이 동하여,
세효戌을 극하므로 위험에 대비하라.
후에 申년에 강도에게 죽임을 당했다.
처음 괘에서 세효가 申에 의하여 회두극
당하였고 申년은 木이 절되는 해이므로
申년에 응한 것이다.

266 / 증산복역

4. 질병점

가. 질병점에서 용신

본인이 스스로 질병점을 치면 세효가 용신이고
육친의 질병을 대점하는 경우에는 육친효가 용신이다.

질병점에서 귀효는 질병이고 손효는 치료하는 약이 된다.
용신이 귀효로 화하거나 귀효가 용신으로 화하면 위험하고
기신이 용신으로 화하거나 용신이 기신으로 화하면 치료하기 어렵다.

용신이 동하여 화묘이면 묘지에 들어가는 것과 같으므로 최근 병이나
오래된 병이나 모두 위험하다. 용신이 왕상하면 묘고를 충개하는 날에
편안해진다. 용신이 휴수한데 형충극해를 당하면 낫기 어렵다.

용신이 공망에 들면 최근 병에는 낫지만 오래된 병에는 흉하다.
용신이 순공이거나 공망으로 화하는 경우에는 충극이 없으면 충공이나
실공일에 완치되고, 충극을 만나면 비록 병이 중하여도 죽지는 않는다.

오래된 병은 용신이 순공 월파되는 경우에 용신이 왕성하여도 치료하지
못한다. 최근의 병에 용신이 순공인데 삼합이나 육합을 만나면 반드시
병이 오래되어 죽는다.

용신이 형충극해를 받는데 생부가 있으면 이를 절처봉생이라고 하며
위험하여도 구함이 있다. 용신을 극하는 것은 기신인데 기신이 동하여
진신으로 화하면 병세가 깊어지고 퇴신으로 화하면 병세가 점차 호전된다.

나. 용신의 쇠왕

용신이 왕상하면 묘절을 만나거나 화묘 화절되어도 염려하지 않지만
용신이 쇠약하면 염려스럽게 된다.

용신이 왕상하면 극신을 충거하는 날에 낫게 되며
용신이 쇠약하면 극신을 생조하는 날에 위험하다.

용신이 왕상하면 월파되어도 실파일과 월을 벗어나는 시기에 치료가
되지만, 쇠약한데 극을 받으면 위험하다.

용신이 태약하면 몸이 허약한 것과 같아 치료하기 어렵다.
단지 생부와 공합을 얻으면 비록 중병이어도 죽지는 않는다.
용신이 태왕하여도 좋지 않은데 과유불급으로서 지나침은 모자람만
못하기 때문이다.

【예30】巳월 戊午일(子丑 공망)에 팔순이 넘은 노인이 자신의 질병점을 쳐서
　　　　화수미제괘가 화택규괘로 변하였다.

```
兄巳  |  應
孫未  ||
財酉  |
兄午  ||  世
孫辰  |
兄巳 / 父寅  ||
```

세효午가 태왕하지만 노쇠한 노인이 태왕한
괘를 얻었으니 오래 살지 못한다.
세효午가 입묘하는 壬戌일을 넘기기 어렵다
고 알려준다. 과연, 壬戌일 寅시에 죽었다.
壬戌일에 응한 것은 태왕한 火가 입묘하는
날이고 寅시에 응한 것은 부효가 동하여
寅午戌 삼합을 이루었기 때문이다.

다. 육충괘를 만나는 경우

육충괘를 만나면 용신의 쇠왕을 보지 않으며 오래된 병의 경우에는 불치병이고 최근의 병이면 약을 쓰지 않고도 낫는다.

육충괘가 육충괘로 변하는 경우에도 역시 용신을 보지 않고 절괘나 반음괘나 복음괘로 변하면 오랜 된 병이나 최근의 병이나 모두 위험하다.
비괘나 생괘로 변하면 오래된 병에는 위험하지만, 최근의 병에는 약을 쓰지 않아도 낫게 된다.

【예31】寅월 乙酉일(午未공망)에 사위의 오래된 질병점을 쳐서 곤위지괘가 건위천괘를 변하였다.

兄戌 / 孫酉 ∥ 世	사위의 질병점이므로 손효가 용신이다.
孫申 / 財亥 ∥	오래된 병에 육충이 육충으로 변하였으며
父午 / 兄丑 ∥	세효酉가 동하므로 세효와 합하는 辰월에는
兄辰 / 官卯 ∥ 應	위험하다고 알려준다.
官寅 / 父巳 ∥	과연 辰월에 죽었다.
財子 / 兄未 ∥	

【예32】丑월 辛卯일(午未 공망)에 자식의 질병점을 쳐서 뇌천대장괘가 건위천괘로 변하였다.

兄戌 / 兄戌 ∥	자식의 질병점이므로 손효가 용신이다.
孫申 / 孫申 ∥	비록 손효申이 형효戌의 생부를 만났으나
父午 ∣ 世	육충괘가 육충괘로 변하고 복음괘가 되니
兄辰 ∣	좋지 않다. 다시 재점하여 판단하라.
官寅 ∣	
財子 ∣ 應	

孫酉 / 官寅 ⚊ 世
     財子 ⚋
     兄戌 ⚋
     孫申 ⚊ 應
財亥 / 父午 ⚊
     兄辰 ⚋

같은 날 재점하여 간위산괘가 지풍승괘로
변하였다.
귀효寅이 세효에 임하고 손효를 화출하므로
寅일에 위험하다고 알려준다.
이는 앞의 괘에서 손효申이 복음으로 화하였
으므로 寅일에 응한 것이다.
과연 寅일에 죽었다.

【예33】 戌월 庚辰일(申酉공망)에 부친의 최근 병점을 쳐서 이위화괘를 얻었다.

     兄巳 ⚊ 世
     孫未 ⚋
     財酉 ⚊
     官亥 ⚊ 應
     孫丑 ⚋
     父卯 ⚊

육충괘이므로 최근의 병에는 즉시 낫는다.
단지, 언제 나을 것인가를 알려면
재점하여야 한다.

     財未 ⚋
     官酉 ⚊
     父亥 ⚊ 世
孫午 / 官酉 ⚊
     父亥 ⚊
     財丑 ⚋ 應

재점하여 택풍대과괘가 택수곤괘로
변하였다.

부친의 질병점이므로 부효가 용신이다.
귀효酉가 공망에 들었으므로 출공되는
酉일에 부효를 생하면 낫는다고 알려준다.
과연 乙酉일에 나았다.

라. 귀효가 세효에 임한 경우

자신의 질병점에서 귀효가 세효에 임하면 질병이 몸을 점령한 것이므로
치료하기 어렵다.
비록 손효가 동하여 귀효를 극거하면 지금은 낫지만 결국 뿌리를 뽑지
않으면 다시 재발하게 된다.

육친의 질병점에서 세효에 귀효가 임하면 근심이 있으나 손효가 발동하여
귀효를 극거하면 용신이 쇠약하여도 평안하게 된다.
귀효가 동하면 병세가 깊어지며 일진에 장생하거나 동하여 장생으로
화하면 병세는 깊어진다.
부모의 질병점에서는 관효가 원신이고 남편의 질병점에서는 관효가
용신이므로 관효가 동하거나 동하여 장생으로 화하면 즉시 낫지만,
손효는 오히려 기신이 되며 손효가 극거하면 근심 걱정이 더해진다.

질병점에서 용신이 귀효로 화하거나 귀효가 용신으로 화하는 것은 좋지 않
다. 자신의 질병점이나 형제의 질병점에서는 손효가 동하면 귀효를 제복하
므로 병이 즉시 낫지만, 만약 손효가 동하여 극으로 화하면 병이 호전되어
도 후에 다시 재발하는 등 병이 반복되며 반음괘를 얻어도 마찬가지이다.
자식의 질병점에서는 손효가 용신인데 손효가 귀효로 화하거나 귀효가
손효로 화하면 위험하게 된다.

부효가 동하여 귀효로 화하면 가벼운 병이면 즉시 낫지만, 오래된 병이면
귀효가 부효로 화하거나 부효가 귀효로 화하면 모두 위험하다.
용신이 귀효로 화하면 흉한데, 최근의 병에 귀효가 용신으로 변하여도
용신이 순공에 들면 출공하는 날에 즉시 낫는다.
다만, 귀효가 용신으로 화하면 다시 재발하여 위험하게 된다.

【예34】 申月 庚寅일(午未공망)에 자식의 최근 질병점을 쳐서 뇌풍항괘가
뇌수해괘로 변하였다.

```
        財戌 ∥ 應
        官申 ∥
        孫午 │
孫午 / 官酉 ⊀ 世
        父亥 │
        財丑 ∥
```

자식의 질병점이므로 손효가 용신이다.
귀효酉가 세효에 임하고 손효午로 변하여
순공으로 화하므로 최근의 출공일에
쾌유하였다.
다만, 재발하면 위험하므로 대비하라.
출공하는 午일에 완치 되었으나,
午년에 재발하여 사망하였다.

【예35】 申月 壬子일(寅卯 공망)에 자식의 질병점을 쳐서 천산둔괘를 얻었다.

```
        父戌 │
        兄申 │ 應
        官午 │
        兄申 │
        官午 ∥ 世
        父辰 ∥
```

귀효午가 세효에 임하여 걱정은 되지만,
오늘 일진子가 귀효午를 충거하여 근심을
없애주므로 낫는다고 알려준다.
과연, 오늘 자리를 털고 일어났다.

【예36】 丑월 丙戌일(午未 공망)에 자신의 최근 질병점을 쳐서 수지비괘가
택화혁괘로 변하였다.

財子 ‖ 應
兄戌 |
財亥 / 孫申 ⚋
財亥 / 官卯 ⚋ 世
父巳 ‖
官卯 / 兄未 ⚋

세효에 귀효卯가 임하였지만, 손효申이 동하여 신변의 귀를 극거하므로 반드시 낫는다고 알려준다.

단지, 형효未가 동하여 세효가 수귀입묘하고 또한 삼합이 되므로 병이 오래 갈까 두렵다 그러므로 다시 재점하여 판단하라.

같은날 부인이 재점하여 풍택중부괘가 태위택괘로 변하였다.

兄未 / 官卯 ⚊
父巳 |
財亥 / 兄未 ⚋ 世
兄丑 ‖
官卯 |
父巳 | 應

남편의 질병점이므로 관효가 용신이다.

관효卯가 동하여 未공망으로 화하였으니 최근 질병에는 공망으로 화하면 즉시 낫는다고 하지만, 두 괘에서 모두 삼합을 이루었으므로 병이 오래 간다고 알려주고 있다. 과연, 병을 오래 앓다가 다음 해 未월에 사망하였다.

최근에 생긴 병에 공망을 만나거나 공망으로 화하면 즉시 낫지만 만약 삼합이 되면 반드시 병이 오래되어 죽는다.

또한, 未묘가 공망되고 월파되었으나 삼합을 이루므로 낫기 어렵고 내년 未월에 공묘가 전실되면 위험하다고 알려준 것이다.

마. 손효가 세효에 임한 경우

대개 손효는 왕성함을 요하며 동하면 길하게 된다.

자신의 질병점에서 손효가 세효에 임하면 쉽게 낫고, 육친의 질병점에서는 용신의 쇠왕에 불구하고 편안하게 된다.

부모의 질병점에서 부효가 용신인데 손효가 세효에 임하고 동하면 부효의 원신인 관효를 극거하고 남편의 질병점에서 관효가 용신인데 손효가 동하면 관효를 극하므로 자세히 살피며 판단하여야 한다.

【예37】 寅月 乙卯일(子丑 공망)에 처의 질병점을 쳐서 수뢰둔괘가 수택절괘로 변하였다.

兄子 ‖	처의 질병점에는 재효가 용신이다.
官戌 ㅣ 應	비록 재효가 복신이지만 왕성하고 손효寅이
父申 ‖	세효에 임하고 동하여 손효로 화하므로 길하
官辰 ‖ (財午)	다. 태왕한 손효가 입묘하는 未일에 낫는다
孫卯 / 孫寅 ‖ 世	고 알려준다.
兄子 ㅣ	과연 午일에 병마가 물러나고 未일에 완전히
	나았다.

【예38】 午月 甲寅일(子丑 공망)에 동생이 형의 최근의 질병치료점을 쳐서 수뢰둔괘가 풍택중부괘로 변하였다.

孫卯 / 兄子 ‖	형의 질병점이므로 형효가 용신이다.
官戌 ㅣ 應	형효가 공망에 임하므로 최근의 질병에는
父申 ‖	즉시 낫는다.
官辰 ‖	세효에 손효가 임하고 동하여 진신으로
孫卯 / 孫寅 ‖ 世	화하므로 卯일에는 낫는다고 알려준다.
兄子 ㅣ	과연 다음날 병상에서 일어났다.

바. 재점의 묘법

판단하기 어려운 경우에는 마땅히 재점하여 판단한다.

【예39】申월 丙子일(申酉 공망)에 오래된 질병에 약을 쓰면 낫는지 여부점을
  쳐서 지풍승괘가 풍산점괘로 변하였다.

兄卯 / 官酉 ⚋	약을 구하는 점이므로 손효가 용신이다.
孫巳 / 父亥 ⚋	부효亥가 동하여 손효巳를 화출하였지만,
財丑 ‖ 世	변효는 세효丑을 생하지 못하므로 치료할
官酉 ⎯	수 있는 약이 없다고 할 수 있다.
孫午 / 父亥 ⚊	또한 외괘가 반음괘로서 병이 낫지 않고
財丑 ‖ 應	반복되므로 다시 재점하여 판단하리라.

같은 날 아들이 재점하여 풍뢰익괘가 풍산점괘로 변하였다.

兄卯 ⎮ 應	부친점이므로 부효가 용신이다.
孫巳 ⎮	부효子가 왕성하고 동하여 삼합을 이루므로
財未 ‖	지금은 괜찮겠지만, 내괘에서 木괘가 金괘로
官申 / 財辰 ⚋ 世	변하니 흉하다. 감히 판단하기 어려우니
兄寅 ‖	재점하여 판단하리라.
財辰 / 父子 ⚊	

兄戌 ‖	같은 날 딸이 재점하여 뇌천대장괘를 얻었다.
孫申 ‖	첫 번째 점에서 손효巳가 약이 되는데 水왕으
父午 ⎮ 世	로 치료할 약이 없는 것이며 두 번째 점에서 부
兄辰 ⎮	효子가 동하여 水삼합을 이루므로 역시 약을
官寅 ⎮	구할 수 없으며 이 괘에서는 부효午가 쇠약하
財子 ⎮ 應	여 子월에 충을 받으면 위험하다고 알려주고

있다. 과연 子월 동지를 넘기지 못하고 죽었다.

【예40】 申월 癸亥일(子丑공망)에 친구의 질병점을 쳐서 화수미 제괘를 얻었다.

兄巳 ∣ 應
孫未 ∥
財酉 ∣
兄午 ∥ 世
孫辰 ∣
父寅 ∥

친구의 질병점이므로 응효가 용신이다.
응효巳가 월건申과 형이 되고 일진亥와
충이 되어 亥월에 불리하겠으나,
감히 판단하기 어려우므로 다시 재점하라.

兄未 ∥
孫酉 ∣ 世
財亥 ∣
兄辰 ∣
官寅 ∣ 應 (父巳)
財子 ∣

같은 날 아들이 부친의 질병점을
재점하여 택천쾌괘를 얻었다.
부친의 질병점이므로 부효가 용신이다.
비신 寅효가 월파되므로 부효巳를 충거하는
亥월에 위험하다고 알려준다.
과연 亥월에 사망하였다.

앞의 괘에서 용신巳가 일월에 형극이 되었으며 이 괘에서는 용신巳가 복신으로 있으면서 비신의 생을 받지 못하므로 巳부효를 충거하는 亥월에 위험하다고 알려준 것이다.
재점한 것은 앞의 괘의 길흉을 판단하기 위한 것이므로 용신이 복신이어도 흉하다고 판단한 것이다.

사. 치료의 방편

질병점을 치면 먼저 길흉을 판단하여 길한 괘가 나오면 몸을 잘 조리하면 나을 수 있는 병이며, 흉한 괘가 나오면 병원에 가서 치료를 받아야 할 병이다.

1) 귀신에게 제사 지내는 방편

귀효가 질병이라고 하지만, 이를 귀신의 장난으로 여기며 귀신에게 제사를 지내면 치료가 되겠는가, 하는 등의 점을 친다면 신이 응답하여 주지 않을 것이다. 제사를 지낸다고 병이 치료가 되고 그렇지 않으면 병이 심하여 죽는다고 한다면, 정직한 신이 어찌 귀신을 숭배하며 제사를 지내라고 하겠는가.

이러한 것들은 육효점에서 이치에 맞지 않는 것이므로 따르지 말아야 한다. 질병이 발생하면 감기 등 가벼운 병이면 병원 치료를 받지 않아도 완치가 될 수 있지만, 중한 병이면 반드시 병원 치료를 받아야 할 것이다.

2) 응효와 손효는 의사와 약이다.

질병점에서 응효에 손효가 임하면 명의이다.
귀효가 세효에 임하거나 동하는 경우에 손효는 의사가 치료하는 것으로서 귀효를 극제하면 병이 낫는다.

손효가 세효와 응효에 임하거나 동하면 왕성하고 형충극해를 받지 않아야 하며 묘절파공을 만나지 않아야 치료효과가 있다.

응효나 손효가 쇠약하거나 동하여 귀효로 화하거나 절이나 회두극으로 화하면 의사의 치료는 효과 없다.
손효가 동하여 공망으로 화하면 실공하는 날에 치료효과를 본다.

응효가 세효를 극하거나 용신을 극하면 질병을 치료하는 것이며 만약 오래된 병과 몸이 약한 사람에게는 좋지 않으니 이는 질병을 치료할 뿐만 아니라 몸도 역시 상하기 때문이다. 응효에 형효나 귀효가 임하면서 용신을 극하거나 세효를 극하면 오래된 병이나 가까운 병이나 관계없이 해롭게 된다.

부효가 세효에 임하면 치료하여도 효과를 보기 어렵다.
형효가 세효에 임하여도 손효가 동하면 의사의 치료를 받지만,
귀효가 왕성하거나 귀효가 동하면 치료 효과가 없으며
손효가 세효에 임하고 왕성하면 좋은 의사를 만나지만 쇠약하고 충극을 만나면 치료 효과가 없다.

용신이 귀효로 화하거나 귀효가 용신으로 화하거나
기신이 육친으로 화하거나 육친이 기신으로 화하거나
용신이 묘절극으로 화하거나 오래된 병에서 충공을 만나거나
수귀입묘하면 모두 치료하여도 고치기 힘든 병이다.

최근의 병에서 육충괘를 만나지 않아도
용신이 순공에 들거나 용신이 회두생을 받거나
손효가 세효에 임하면 모두 치료받지 않아도 금방 낫는다.

부친의 질병점에서는 부효가 왕성한 것이 좋으나 치료의 방편을 구하는 점이면 손효가 용신이므로 판단하기 어려우며
남편의 질병점에서도 관효가 왕성한 것이 좋으나 역시 손효가 용신이므로 치료의 방편을 구하는 점에서 판단하기 어렵다.
그러므로 부친이나 남편의 질병점에서는 치료의 방편을 구하려면 병자가 직접 점을 쳐야 한다.

【예41】 未月 壬子일(寅卯 공망)에 자신의 최근에 발생한 질병점을 쳐서 수택
절괘가 수지비괘로 변하였다.

```
兄子 ‖
官戌 ┃
父申 ‖ 應
官丑 ‖
財巳 / 孫卯 ⚊
官未 / 財巳 ⚊ 世
```

자신의 질병점이므로 세효가 용신이다.
재효巳가 세효에 임하고, 손효卯가 동하여
세효巳를 생하므로 의사에게 치료받으면
완치된다고 알려준다.
그러나 그의 부친이 자식의 병이 위중하다고
하며 의심하므로 다시 재점하였다.

```
財戌 ‖
財戌 / 官申 ⚊ 應
官申 / 孫午 ⚊
孫午 ‖
財辰 ┃ 世
兄寅 ‖
```

그의 부친이 재점하여 뇌수해괘가 감위수괘
로 변하였다.
자식의 질병점이므로 손효가 용신이다.
이 괘는 육충으로 변하여 최근의 병에는
즉시 낫겠으나, 손효午가 동하여 귀효申으로
화하는 것이 좋지 않다.
재점하여 판단하는 것이 좋겠다.

```
孫酉 ‖ 世
財亥 ‖
兄丑 ‖
官卯 ‖ 應
父巳 ‖
兄未 ‖
```

그의 숙부가 재점하여 곤위지괘를 얻었다.
조카의 질병점이므로 손효가 용신이다.
최근의 병에 또 육충괘가 나왔으니,
즉시 완치 된다고 알려준다.

<table>
<tr><td>父子</td><td>‖</td><td></td></tr>
<tr><td>父亥 / 財戌</td><td>⚊</td><td>世</td></tr>
<tr><td>官申</td><td>‖</td><td></td></tr>
<tr><td>官酉</td><td>⚊</td><td></td></tr>
<tr><td>財丑 / 父亥</td><td>⚊</td><td>應</td></tr>
<tr><td>兄卯 / 財丑</td><td>⚋</td><td></td></tr>
</table>

그럼에도 불구하고 부친의 의심하는 마음이 크므로 의사가 치료할 수 있는지 여부를 의사로 하여금 재점하도록 하여 수풍정괘가 지화명이괘로 변하였다.
의사가 환자를 점친 것이므로 세효가 의사이고 응효가 환자이다.
세효가 동하여 응효를 극하므로 환자의 병을 제거할 수 있다.

단지 응효가 동하여 회두극을 당하고 있으므로 치료방법을 바꾸어 치료하는 것이 좋다고 알려준다. 과연 의사가 치료방법을 바꾸어 완치되었다고 한다.

✎ 의사가 환자를 점치는 경우 세효는 의사이고 응효는 환자다.
세효가 왕상하고 응효를 생하면 환자의 병을 낮게 할 수 있다.
최근에 생긴 질병이면 응효가 왕상하거나 공망으로 화하거나 퇴신으로 화하거나 육충괘가 육충괘로 화하면 치료할 수 있으며
오래된 질병이면 응효가 왕상하거나 손효나 재효가 임하고 동하여 세효를 생하면 질병의 뿌리를 제거하여 치료할 수 있다.

【예42】 丑월 乙未일(辰巳공망)에 자식의 질병치료점을 쳐서 태위택괘를
얻었다.

父未 ‖ 世	자식의 질병치료점이므로 손효가 용신이다.
兄酉 ∣	손효亥가 쇠약하고 일월의 극을 받으며
孫亥 ∣	또한, 육충괘를 만났으므로 좋지 않다.
父丑 ‖ 應	내일 아침에 정성을 다하여 재점하고 판단한
財卯 ∣	다.
官巳 ∣	

兄卯 / 財未 ⚊	다음 날 丑월 丙申일(辰巳 공망)에 재점하여 택
官酉 ∣	풍대과괘가 풍수환괘로 변하였다.
財未 / 父亥 ⚊ 世	귀효酉가 동하여 손효午를 화출하므로
孫午 / 官酉 ⚊	반드시 병원에 가서 치료하여야 한다.
父亥 ∣	손효午가 의사이지만, 자식점에서 용신도
財丑 ‖ 應	손효이므로 다시 재점하여 판단하여야 한다.

孫酉 ‖	다시 재점하여 지택림괘가 지수사괘로 변하
財亥 ‖ 應	였다.
兄丑 ‖	부효巳가 동하여 손효酉를 극하지만,
兄丑 ‖	손효가 왕성하므로 치료받으면 낫는다고
官卯 ∣ 世	알려준다.
官寅 / 父巳 ⚊	치료받는 중에 자식이 전염병에 감염되어
	다시 재점하였다.

<table>
<tr><td>財戌 ‖</td><td></td></tr>
<tr><td>官申 ‖ 應</td><td></td></tr>
<tr><td>孫午 ┃</td><td></td></tr>
<tr><td>孫午 ‖</td><td></td></tr>
<tr><td>財辰 ┃ 世</td><td></td></tr>
<tr><td>孫巳 / 兄寅 ╳</td><td></td></tr>
</table>

丑월 庚子일(辰巳공망)에 자식이 전염병에
감염되었는데 치료할 수 있는지 여부를 재점
하여 뇌수해괘가 뇌택귀매괘로 변하였다.

형효寅이 동하여 손효午를 생하고
손효午가 일진에 의하여 충동되므로
치료받으면 낫는다고 알려준다.
과연, 병원에서 치료받고 나았다.

【예43】 子월 丙寅일(戌亥 공망)에 자신의 질병점을 쳐서 수택절괘가 풍택중
부괘로 변하였다.

<table>
<tr><td>孫卯 / 兄子 ╳</td><td></td></tr>
<tr><td>官戌 ┃</td><td></td></tr>
<tr><td>父申 ‖ 應</td><td></td></tr>
<tr><td>官丑 ‖</td><td></td></tr>
<tr><td>孫卯 ┃</td><td></td></tr>
<tr><td>財巳 ┃ 世</td><td></td></tr>
</table>

자신의 질병점이므로 세효가 용신이다.
형효子가 동하여 세효巳를 극하고
월건子도 극하므로 좋지 않다.
그러나 일진이 세효를 생하므로 치료하면
낫는다고 알려준다.
과연, 寅일에 치료하고 나았다.

【예44】 子월 丙寅일(戌亥 공망)에 전염병에 걸린 자신의 질병점을 쳐서 수택
절괘가 풍택중부괘로 변하였다.

<table>
<tr><td>孫卯 / 兄子 ╳</td><td></td></tr>
<tr><td>官戌 ┃</td><td></td></tr>
<tr><td>父申 ‖ 應</td><td></td></tr>
<tr><td>官丑 ‖</td><td></td></tr>
<tr><td>孫卯 ┃</td><td></td></tr>
<tr><td>財巳 ┃ 世</td><td></td></tr>
</table>

형효子가 동하여 세효巳를 극하지만,
일진寅이 세효巳를 생하므로 치료하면
회복된다고 알려준다.
亥일에 병세가 위급하였으나 남방으로
피병하고 좋은 의사를 만나 寅일에
치료 받고 완치 되었다.

5. 추길피흉점

가. 추길피흉이란

추길피흉趨吉避凶이란 길한 것을 따라가고 흉한 것을 피하는 것을 말한다.

✒ 야학노인曰

성인이 역을 만들 때 원래 추길피흉을 하기 위하여 만들었다.

길한 것을 따라갈 수 없고 흉한 것은 피할 수 없다면 점이 필요없을 것이다.

만약 물에 빠져 죽는다는 점괘를 얻었다면 바다나 하천 근처에도 가지 않아야 하며 형을 받아 죽는다는 점괘를 얻었다면 법을 위반하지 않아야 흉을 피하고 길을 따를 수 있다.

【예45】卯월 壬寅일(辰巳공망)에 강 건너 사람에게 가면 빌려준 돈을 받을 수 있는가. 여부점을 쳐서 풍뢰익괘가 풍택중부괘로 변하였다.

兄卯 ㅣ 應	
孫巳 ㅣ	
財未 ‖	
財辰 ‖ 世	
兄卯 / 兄寅 ⚊	
父子 ㅣ	

출행점이므로 세효가 용신이다.

오늘 일진寅이 동하여 진신으로 화하고 세효辰을 극하므로 위험하다.

세효辰이 공망에 임하였으므로 출공하는 辰시에 해로움을 당한다.

그러므로 辰시가 지나서 출발하라.

이 사람은 과연 辰시가 지나 출발하였으나 다시 돌아와서 큰절을 하며 생명을 살려준 은혜에 감사하다고 하였다.

오늘 아침에 배 4척이 강가운데에서 돌연 폭풍에 휘말려 침몰하여 모두 죽었다고 하며 만약 辰시 이전에 갔냐면 자신도 강속에 빠져 죽었을 것이라고 하였다.

나. 귀효가 세효를 극하여 흉한 경우

재앙을 방지하는 점에서 세효를 극하는 것은 모두 흉하며
귀효가 세효를 극하면 더욱 흉하다.

1) 오행의 귀효

火귀효가 세효를 극하면 화재에 대비하고 폐병을 유발하며
木귀효가 세효를 극하면 나무를 조심하고 비위가 허약하며
水귀효가 세효를 극하면 물을 조심하고 심장병을 유발하며
土귀효가 세효를 극하면 담장을 조심하고 신장병을 유발하며
金귀효가 세효를 극하면 칼에 다칠 수 있으며 간병을 유발한다.

2) 육수의 귀효

귀효가 백호와 현무이면 포악한 도적이나 군인이며
귀효가 등사나 주작이면 관재구설과 화재를 조심하여야 하고
귀효가 구진이면 논밭이나 감옥과 관계가 있다.

구진이 독발하면 장과 허리가 상하며
등사는 심장이 놀라고 청룡은 주색으로 인한 질병이고
구진은 종기병이고 주작은 정신병이며
백호는 반드시 피를 흘리게 되며 현무는 분노를 일으킨다.

청룡은 비록 길신이지만 귀효가 청룡에 임하고, 세효를 극하면 역시, 흉한 상이 되며 혹 술로 인하여 죽거나 기쁜 일 중에 재난이 일어나기도 한다.

청룡, 현무가 水귀효이면 강이나 호수, 저수지 등을 멀리 하는 것이 좋으며 등사, 주작이 木귀효이면 관의 형벌을 받거나 목매어 죽고 火에 임하면 반드시 화재를 조심하여야 한다.

3) 팔괘의 상

건괘는 절이나 사당이고 금속의 재난에 속하며

감괘와 태괘는 물의 재난에 속하고

이괘와 진괘는 불의 재난과 선박과 차량에 의한 재난에 속하고

손괘는 부녀의 간사함으로 인한 재난에 속하고

곤괘와 간괘는 야산과 숲에 의한 재난이나 노부인과 요사스런 아이에 의한 재난에 속한다.

【예46】 丑월 戊子일(午未 공망)에 꿈에 피가 나서 씻었다고 하며 길흉점을 쳐서 풍뢰익괘가 풍택중부괘로 변하였다.

朱	兄卯	應
龍	孫巳	
玄	財未	
虎	財辰	世
蛇 兄卯 /	兄寅	
句	父子	

등사와 기신寅이 동하여 진신으로 화하여 세효인 재효辰을 극하므로 돈도 잃고 몸도 상할 것이다.

세효와 동효가 모두 내괘이므로 밖으로 나가면 피할 수 있다.

단지, 외괘가 손궁이므로 여자를 탐하면 안 된다고 알려주었으나, 寅월 亥일에 첩의 집에서 도적에게 몸도 상하고 돈도 빼앗겼다.

【예47】未월 癸亥일(子丑 공망)에 어떠한 형벌이 정해지겠는가.
점을 쳐서 풍택중부괘가 지택림괘로 변하였다.

虎	孫酉 / 官卯	ㅓ
蛇	財亥 / 父巳	ㅓ
句	兄未 ‖ 世	
朱	兄丑 ‖	
龍	官卯 ∣	
玄	父巳 ∣ 應	

귀효卯가 백호에 임하고 동하였으나
회두극되며 외괘가 반음이므로 비록 사형이
구형되었으나 항고하면 감형된다고 알려준다.
후에 항고하여 감형되었다.

【예48】午월 丁亥일(午未 공망)에 꿈에 전 남편을 따라갔다고 하며 길흉점을
쳐서 수화기제괘가 지택림괘로 변하였다.

	兄子 ‖ 應	
兄亥 / 官戌	ㅓ	
	父申 ‖	
官丑 / 兄亥	ㅓ 世	
孫卯 / 官丑	ㅓ	
	孫卯 ∣	

세효亥가 비록 일진에 임하여도 동하여 귀효
로 변하고, 귀효가 동하여 극하므로 겨울에
위험하다고 알려준다.
과연, 戌월에 앓더니 丑월에 사망하였다.

다. 손효가 도와 길한 경우

손효는 복을 가져다 주는 복신福神이므로 일체의 우려와 의심과 놀라고
재앙을 대비할 경우에 모두 손효가 세효이거나, 손효가 왕성하고 동하면
뜻밖의 재난이 닥쳐도 무난하다.

손효가 월파되어도 그 달을 벗어나면 근심이 없게 되며
손효가 순공되어도 출공하면 근심이 없게 된다.
단지 월파 된 월이나 순공에 있을 때는 근심이 있게 된다.

【예49】戌월 戊申일(寅卯 공망)에 꿈에서 모친이 부르기에 따라갔다고 하며
　　　　길흉점을 쳐서 풍산점괘를 얻었다.

官卯	｜	應
父巳	｜	
兄未	‖	
孫申	｜	世
父午	‖	
兄辰	‖	

손효申이 세효에 임하고,
일월의 생부를 받으므로 흉한 일은 없을 것
이라고 알려준다.
과연 아무 일도 없었다.

【예50】卯월 己未일(子丑 공망)에 배를 타고 가다가 태풍을 만나 길흉점을
　　　　쳐서 천택리괘를 얻었다.

兄戌	｜	
孫申	｜	世
父午	｜	
兄丑	‖	
官卯	｜	應
父巳	｜	

비록 귀효卯가 왕성하여 근심이 되지만
손효申이 세효에 임하고, 일진未의 생을
받으므로 근심이 해소된다고 알려준다.
과연 목적지에 무사히 닿았다.

【예51】 巳월 庚辰일(申酉공망)에 우환을 방비하는 점을 쳐서 택천쾌를 얻었다.

兄未 ‖
孫酉 ｜ 世
財亥 ｜
兄辰 ｜
官寅 ｜ 應
財子 ｜

세효에 손효酉가 임하고 순공되므로
일을 맺지 못하여 근심하는 상이다.
酉일에 출공하면, 근심이 해소된다고
알려주고 있다.

財戌 ｜
官申 ｜
孫午 ｜ 世
財辰 ‖
兄寅 ‖
父子 ｜ 應

乙酉일(午未 공망)이 되어도 일을 맺지 못하여
근심이 해소되지 않으므로
다시 재점하여 천뢰무망쾌를 얻었다.
세효에 손효午가 임하고, 역시 순공에 들고
있으니 일을 맺지 못하고 있는 것이다.
그러나 육충쾌이므로 반드시 일이 해결되어
근심이 해소된다고 알려준다.

兄子 ‖
官戌 ｜
父申 ‖ 應
官丑 ‖
孫卯 ｜
孫寅 / 財巳 ⚊ 世

다시 재점하여 수택절쾌가 변한 감위수쾌를
얻었다.
세효巳가 월건에 임하고 동하여 손효寅의 회
두생을 받고 손효寅으로 인하여 육충쾌로 변
하므로 寅일에는 일이 해결된다고 알려준다.
과연, 寅일에 일을 맺고 마음이 편해졌다.

288 / 증산복역

【예52】申월 戊申일(甲乙공망)에 사기를 당하였다고 하며 길흉점을 쳐서 화산 려괘를 얻었다.

兄巳 |
孫未 ‖
財酉 | 應
財申 |
兄午 ‖
孫辰 ‖ 世

응효에 재효酉가 임하고 왕성한데 세효辰은
휴수무기하므로 사기를 당하였지만,
손효가 세효에 있으니 잘 해결될 것이다.
단지 응효가 재효로서 왕성하므로 손재는
불가피하다고 알려주고 있다.
과연, 해결되었으나 손재를 보았다.

라. 피흉의 대책

1) 기신이 내외괘에 있는 경우
기신이 내괘에서 동하여 세효를 극하면 밖으로 피하여야 좋다.
세효와 기신이 모두 내괘에 있으면 집에 있어서는 안 된다.
기신이 외괘에서 동하여 세효를 극하면 집에 있어야 피한다.
세효와 기신이 모두 외괘에 있으면 밖으로 나가서는 안 된다.

【예53】 寅월 丁未일(寅卯 공망)에 신수점을 쳐서 화뢰서합괘가 화택규괘로
변하였다.

```
孫巳 |
財未 ‖ 世
官酉 |
財辰 ‖
兄卯 / 兄寅 ⚋ 應
父子 |
```

기신寅이 월건에 임하고 동하여 진신으로
화하고 세효未를 극하고 있다.
다만 寅월에는 木이 왕성한 시기이므로
극해하지는 않지만 未申월에는 쇠절하는
시기이므로 재액을 조심하여야 한다.
기신이 내괘에 있고 세효를 극하므로 밖으로
피하는 것이 좋고, 未申월에는 木이 쇠약하므
로 동쪽으로 피할 것을 당부하였다.

과연 申월에 흉한 꿈을 꾸고는 동쪽으로 피하였는데 집에 있던 식구들은
지진으로 인하여 다쳤으며 이 사람만 무사하였다고 한다.

【예54】 未월 丙子일(申酉 공망)에 직원이 변심하여 해롭게 하는가.
여부점을 쳐서 뇌수해괘가 진위뢰괘로 변하였다.

```
        財戌 ‖
        官申 ‖ 應
        孫午 |
        孫午 ‖
兄寅 / 財辰 ⚊ 世
父子 / 兄寅 ⚊
```

기신寅이 동하여 세효辰을 극하고 _
세효辰이 동하여 기신寅에게 회두극을
당하므로 반드시 해로움을 당한다고
알려주고 있다.
未월은 木의 묘이고 申월은 木의 절이 되어
기신이 힘을 쓰지 못하므로 未월과 申월 두
달 동안 밖으로 나가있으면 화를 면한다.

과연, 말한대로 두 달 동안 밖에서 살았는데 직원 두 명이 변심하여 주인을
해치고 도망가려고 하였으나 밖으로 피신하였으므로 다행히 화를 면하였다.

2) 피신하는 방향

세효를 생하는 방향이나 손효의 방향으로 피하면 길하다.
손효가 동하면 세효이거나 세효를 극하나 생하나 모두 길하다.

【예55】 巳월 丙戌일에 어느 방향으로 가야 안전할 수 있는가.
여부점을 쳐서 건위천괘가 화천대유괘로 변하였다.

```
        父戌 | 世
父未 / 兄申 ⚊
        官午 |
        父辰 | 應
        財寅 |
        孫子 |
```

형효가 동하여 회두생되므로 돈을 잃어버릴
것이 분명하다.
형효申을 극하고 세효戌을 생하는 午방향이
왕상하므로 남쪽으로 가는 것이 좋다.
과연, 남쪽으로 가는 도중 돈을 잃어버렸으
나 다행히 안전하게 도착하였다.

3부
가족점

1. 부모점

• 부모점은 조부모와 부모를 모두 포함하며 부효가 용신이다.

부효가 왕상하면 오래도록 수명을 누릴 수 있다.
부효가 휴수하여도 형충극을 받지 않으면 만년에 병은 많아도
오래 살 수 있고 쇠약하고 형충극을 받으면 오래 살기 어렵다.

【예1】 丑월 庚子일(辰巳 공망)에 부친의 수명점을 쳐서 천풍구괘를 얻었다.

父戌 丨	
兄申 丨	
官午 丨 應	
兄酉 丨	
孫亥 丨	
父丑 ‖ 世	

부친점이므로 부효가 용신이다.
부효丑이 세효와 월건丑에 임하여 왕성하고
또, 일진子와 합이 되어 뿌리가 깊고 무성하
므로 오래 산다고 알려준다.

兄戌 ‖	
孫申 ‖	
兄丑 / 父午 ⚊ 世	
兄辰 丨	
官寅 丨	
兄丑 / 財子 ⚊ 應	

같은 날 모친의 수명점을 쳐서 뇌천대장괘가
지풍승괘로 변하였다.
모친점이므로 부효가 용신이다.
세효에 부효午가 임하고, 휴수되어 일파되었
으며 재효子가 동하여 丑을 화출하여 합을
탐하느라 부효午를 극하지 못하지만 丙子년
에 태세의 충에 대비하여야 할 것이다.

30년 후에 부친은 여전히 건강하게 생존하였지만, 모친은 丙子년에 사망하
였다.

【예2】 卯월 庚寅일(午未 공망)에 모친의 수명점을 쳐서 수산건괘가 지산겸괘
　　　로 변하였다.

```
孫子 ‖
孫亥 / 父戌 ⟋
　　　兄申 ‖ 世
　　　兄申 ┃
　　　官午 ‖
　　　父辰 ‖ 應
```

모친점이므로 부효가 용신이다.
부효戌이 휴수하고 일월이 함께 극하므로
戌년 辰월에 위험하다고 알려준다.
과연 戌년 辰월에 사망하였다.
부효가 동효이므로 치년인 戌년에 응하고
충하는 辰월에 응하였기 때문이다.

【예3】 酉월 庚申일(子丑 공망)에 조모의 수명점을 쳐서 산수몽괘가 풍수환괘
　　　로 변하였다.

```
父寅 ┃
兄巳 / 官子 ⟋
　　　孫戌 ‖ 世
　　　兄午 ‖
　　　孫辰 ┃
　　　父寅 ‖ 應
```

부효寅이 일월의 충극과 절을 만났지만
지금은 오효의 子원신이 독발하여 생하고
있으므로 괜찮다.
다만 子원신을 충거하는 午년에는 부효를
생하지 못하므로 위험하다고 알려준다.
과연 午년에 사망하였다.

【예4】 巳월 乙酉일(午未 공망)에 부친의 수명점을 쳐서 손위풍괘가
　　　천풍구괘로 변하였다.

```
兄卯 ┃ 世
孫巳 ┃
孫午 / 財未 ⟋
　　　官酉 ┃ 應
　　　父亥 ┃
　　　財丑 ‖
```

부효亥가 월파되고 기신未가 동하여
부효亥를 극상하는 것이 좋지 않다.
지금은 기신未가 동하여 변효와 午未합으로
탐합망극하므로 괜찮지만 子월에는 합이
깨지므로 위험하다고 알려준다.
과연 子월에 사망하였다.

【예5】 卯월 丙寅일(戌亥공망)에 조모의 수명점을 쳐서 풍택중부괘를 얻었다.

```
官卯 |
父巳 |
兄未 ‖ 世
兄丑 ‖
官卯 |
父巳 | 應
```

부효巳가 일월의 생을 받으므로
장수한다고 알려준다.

```
父戌 ‖ 應
兄申 ‖
官午 |
父丑 ‖ 世
財寅 / 財卯 ⁄
官巳 |
```

다음 해에 조모가 기침을 하며 위급하다는
연락을 받았는데 괜찮은지 여부점을 쳐서
丑월 庚子일(辰巳 공망)에 뇌택귀매괘가
진위뢰괘로 변하였다.
부효丑이 세효와 월건에 임하고 비록
재효卯가 동하여도 퇴신으로 화하므로
부효를 극하지 못하며 오히려 재효卯는 원신

巳午를 생하므로 괜찮다고 알려준다.

과연, 목에 가래가 끓고 있으나 탕재를 마시게 하자 갑자기 한열이 반복되
더니 살아났으며 이후 30년을 더 살았다.

2. 형제점

• 형제점에는 형효가 용신이다.

형효가 왕상하고 일월에 임하거나 일월동효의 생부를 받거나 동하여 길하
게 화하면 형제가 많아도 화목하다.
형효가 휴수되면 형제가 불화하고 비록 있어도 없는 것과 같아 형제의 도움
을 받기 어려우며, 형제의 수명을 묻는다면 오래 살지 못한다고 판단한다.
만약, 쇠약한데 파되고 공되거나 일월동효의 형극을 받거나 동하여 흉으로
화하면 여러 점에서 모두 불길하다.

【예6】申월 丙辰일(子丑 공망)에 형제에게 도움을 받을 수 있는지.
　　　　여부점을 쳐서 화천대유괘가 건위천괘로 변하였다.

官巳 ｜ 應
兄申 / 父未 ⚋
兄酉 ｜
父辰 ｜ 世
財寅 ｜
孫子 ｜

형효酉가 왕상하고
부효未가 동하여 생하며
또한 형효申을 화출하고 있다.
형제가 비록 많아도 申년생에게만 도움을
받는다고 알려준다.

신의 뜻은 동하여 화하는데 있으므로 동하여 변출한 효가 월건에 임하니
다른 형제보다 뛰어나기 때문이다.
과연, 申년생의 형제가 제일 뛰어나 과거에 급제하였으며 도움을 받았다고
한다.

【예7】 卯월 戊辰일(戌亥 공망)에 형제가 동업을 하는 화목하겠는가.
　여부점을 쳐서 진위뢰괘가 태위택괘로 변하였다.

財戌 ‖ 世
官酉 / 官申 ⚯
孫午 丨
財辰 ‖ 應
兄卯 / 兄寅 ⚯
父子 丨

진목괘가 태금괘로 괘변하여 회두극되므로 좋지 않다.
또한 외괘에 있는 귀효申이 동하여 내괘에 있는 형효寅을 극하므로 예측하지 못한 화를 당한다고 알려준다.
과연, 甲申년에 형제가 피해를 보고 파산하였다. 이는 申년에 木이 절되어 응하였기 때문이다.

【예8】 未월 辛酉일(子丑 공망)에 형제의 도움을 받을 수 있는지.
　여부점을 쳐서 수화기제괘가 택화혁괘로 변하였다.

兄子 ‖ 應
官戌 丨
兄亥 / 父申 ⚯
兄亥 丨 世
官丑 ‖
孫卯 丨

형효子가 순공에 들었으므로 도움받기 어렵다고 알려준다.
단지, 형효亥는 세효에 임하고 부효申이 동하여 생하므로 도움을 받겠으나
부효申이 亥형효를 화출하므로 아직 태어나지 않은 배다른 동생이라고 알려준다.
과연 동생이 하나 있지만, 정신병을 앓고 있어 도움이 안 되고 아직 태어나지 않은 배다른 동생이 있다고 하였다.
후에 배다른 동생이 태어나고 부친 사망 후에 도움을 받았다.

3. 부부점

• 남편이 부인점을 치는 경우에는 재효가 용신이며
  부인이 남편점을 치는 경우에는 관효가 용신이다.

가. 혼인점

결혼 전에는 아직 미혼이며 부부로 맺어지지 않았으므로 세효와 응효로
판단하지만 재효와 관효를 중시한다.

재관효가 왕성하면 응효가 공파되어도 길한 것으로 판단하지만
응효가 왕성하여도 재관효가 공파되면 흉한 것으로 판단한다.

응효와 재관효가 모두 왕성하면 길한 것이 더욱 길하고
응효와 재관효가 모두 공파되면 흉한 것이 더욱 흉하다.

세효와 응효가 모두 공망에 들면 실제로 이루어지기 어려우며
반음괘로 변하면 혼인 승낙이 이루어져도 번복하게 된다.

그러나 공망에 든다고 하여도 왕성하고 재효와 관효가 상생하면
우선은 혼인 승락이 어려워도 결국 혼인이 이루어진다.

관효와 재효가 상생 상합하는 것이 중요하며
재효와 관효가 묘절공파되거나 동하여 극으로 화하거나 귀효로 화하면
요절하고 빈한한 상이 된다.

남성이 혼인점을 자점하면 재효가 세효를 생합하는 것이 길하며
여성이 혼인점을 자점하면 관효가 세효를 생합하는 것이 길하다.

육충괘를 만나는 것을 가장 꺼리는데
만약, 재효와 관효가 모두 왕성하지 않으면 혼인을 하지 못하고
육충괘가 육충괘로 변하면 혼인하여도 결국 헤어지게 된다.

남자가 점을 치는 경우에는 형효가 세효에 임하여도 재효가 세효를 합하면
반드시 혼인이 이루어지고 부부가 화합하며
재효를 화출하여도 역시 혼인이 이루어지고 부부가 화합한다.
여자가 점을 치는 경우에는 손효가 세효에 임하여도 관효가 세효를 합하면
반드시 혼인이 이루어지고 부부가 화합하며
관효를 화출하여도 역시 혼인이 이루어지고 부부가 화합한다.

【예9】 子년 未월 己未일(子丑 공망)에 남성이 혼인점을 쳐서 지화명이괘가
　　　뇌화풍괘로 변하였다.

父酉 ‖	관효丑이 세효에 임하고 월파되었지만,
兄亥 ‖	다행히 동하여 재효午로 화하여 회두생하였
財午 / 官丑 ╫ 世	으니 길하다.
兄亥 ∣	세효丑이 실파되는 내년 丑년에는 좋은
官丑 ‖	배필을 만난다고 알려준다.
孫卯 ∣ 應	과연 다음 해 丑년 巳월에 혼인하였다.

【예10】 子월 癸酉일(戌亥 공망)에 남성이 혼인승낙을 받을 수 있는지.
　　　여부점을 쳐서 뇌풍항괘가 수풍정괘로 변하였다.

孫巳 / 財戌 ╫ 應	관효酉가 세효와 일진에 임하여 왕성하며
官申 ‖	재효戌이 동하고 세효酉를 생하며
孫午 ∣	공망에 들었으므로 출공하는 戌일에
官酉 ∣ 世	혼인승낙을 받는다고 알려준다.
父亥 ∣	과연, 다음 날 戌일 巳시에
財丑 ‖	혼인승낙을 받았다.

【예11】 寅월 丙午일(寅卯 공망)에 신부집에서 신랑점을 쳐서 지택림괘가
수화기제괘로 변하였다.

```
孫酉 ||
兄戌 / 財亥 ╳ 應
       兄丑 ||
財亥 / 兄丑 ╳
兄丑 / 官卯 ╱ 世
       父巳 |
```

재효亥가 동하여 회두극이 되며
형효丑이 동하여 재효亥를 극하므로
재효亥가 관효卯를 생하지 못한다.
재효亥가 월파되는 巳월에 신부에게
변고가 생겨 혼인을 하지 못하였다.

【예12】 巳월 戊子일(午未 공망)에 남성이 혼인승락을 받을 수 있는지.
점을 쳐서 뇌풍항괘가 화지진괘로 변하였다.

```
孫巳 / 財戌 ╳ 應
       官申 ||
       孫午 |
兄卯 / 官酉 ╱ 世
孫巳 / 父亥 ╱
       財丑 ||
```

내괘가 반음괘로 화하여 혼인승락을 번복하
며 후회하겠으나, 재효戌이 동하여 관효酉를
생하므로 酉월에 혼인승락을 받는다고 알려
준다.
과연, 번복하다가 酉월에 변효卯를 충거하니
혼인승락을 받았다.

【예13】 巳월 丁卯일(戌亥 공망)에 남성이 혼인할 수 있는지.
여부점을 쳐서 지천태괘를 얻었다.

```
孫酉 || 應
財亥 ||
兄丑 ||
兄辰 | 世
官寅 |
財子 |
```

재효亥가 월파되고 순공되었으며
재효子는 세효辰의 극을 받으므로 혼인하기
어렵다고 알려준다.
그러나 본인의 요구에 의하여 재점하여 판단
하기로 하였다.

孫酉 ‖ 世	재점하여 곤위지괘를 얻었다.
財亥 ‖	세효가 휴수되고 일파되었으며
兄丑 ‖	재효亥가 월파되고 괘도 육충괘이므로 크게
官卯 ‖ 應	흉한 징조이므로 앞의 점괘가 틀리지 않았다
父巳 ‖	고 알려주고 있다.
兄未 ‖	과연, 혼인하지 못하였다.

나. 부부화합점

육합괘를 만나면 부부점에서 가장 길하다.

재효와 관효가 왕성하면 길하게 되며 남자는 재효가 파묘되는 것을 꺼리고
여자는 관효가 극절되는 것을 꺼린다.

육충괘가 육합괘로 변하면 더욱 길하게 되는데
구혼자는 지금은 혼인승락을 받지 못하여도 결국 받게 되며
부부가 불화한 경우에도 결국 화해하고 부부관계가 좋아진다.
육충괘를 만나는 것을 가장 꺼리는데 사별이나 이혼을 하며
육충괘가 육충괘로 변하면 혼인하여도 결국 헤어지게 된다.

남편이 점을 치는 경우에는 형효가 세효에 임하여도 재효가 세효를 합하거
나 재효가 중첩되어도 부부가 화합하며
재효가 왕성하고 세효와 생합하면 현모양처를 얻음이 많지만,
재효가 동하여 재효를 화출하거나 재효가 동하여 세효를 극하면 부부가
불화하게 된다.
재효가 왕성하거나 일월동효의 생부를 받거나 동하여 길로 화하거나
또 세효와 서로 생합하는 경우에 화목하고 백년해로 한다.

재효가 동하여 귀효로 화하거나 회두극으로 화하거나 퇴신으로 화하거나 절묘파공으로 화하면 흉하다.

형효가 세효이거나 형효가 동하여 재효를 극상하거나 형효가 재효로 화하면 부인이 오래 살지 못한다.

재효가 왕성하고 형효가 쇠약하면 마침내 화목하지 못하고

재효를 극하거나 재효가 퇴신으로 화하면 반드시 이혼하게 된다.

형효가 세효이고 재효가 왕하면 처를 극할 수 없으므로 금슬이 좋으나 서로 원수처럼 대한다.

형효가 세효이고 재효가 퇴신으로 화하면 역시 마찬가지로서 화목하지만 이혼을 하게 된다.

재효와 세효가 생합하면 부부화합으로 판단할 뿐만 아니라 간혹 처가의 재력을 얻고 처의 내조로 반드시 집안을 잘 다스리는 것으로 응하기도 한다.

부인이 점을 치는 경우에는 남편이 점을 치는 경우와 마찬가지이며 단지 재효 대신에 관효를 대입하고 형효 대신에 손효를 대입하여 판단한다.

【예14】 酉월 辛巳일(申酉 공망)에 남편이 부부화합점을 쳐서 지천태괘를 얻었다.

孫酉 ‖ 應	형효辰이 세효에 임하였지만
財亥 ‖	손효酉가 월건에 임하고 재효亥를 생하므로
兄丑 ‖	형효가 재효를 극하기 어렵다.
兄辰 │ 世	그러나 일진巳가 재효亥를 충동하고 있어
官寅 │	마음이 이미 떠나갔으므로 생이별의 상이다.
財子 │	후에 결국 이혼하였다.

【예15】 巳月 己亥일(辰巳 공망)에 부인이 부부화합점을 쳐서 수천수괘가
　　　 택풍대과괘로 변하였다.

財子 ‖		
兄戌 ｜		
財亥 / 孫申 ‖ 世		
兄辰 ｜		
官寅 ｜		
兄丑 / 財子 ⱶ 應		

남편점이므로 관효가 용신이다.
손효申이 세효에 임하고 동하여 관효寅를
충하므로 부부가 불화하고 있다.
재효子가 응효에 임하고 동하여 관효寅을
생하므로 남편에게 다른 여자가 있다.
내년 寅월에 세효申을 충거하므로
이혼한다고 알려준다.

과연 다음해 寅월에 이혼하였다.

【예16】 戌월 庚申일(子丑 공망)에 남편의 불륜으로 인한 이혼여부점을 쳐서
　　　 택수곤괘가 태위택괘로 변하였다.

父未 ‖		
兄酉 ｜		
孫亥 ｜ 應		
官午 ‖		
父辰 ｜		
官巳 / 財寅 ‖ 世		

육합괘가 육충괘로 변하여 좋지 않다.
재효寅이 세효에 임하므로 인연이지만,
일진申이 재효寅를 충파하고
세효寅이 변효와 일진과 함께 삼형을
이루므로 이혼소송으로 극심한 고통을
받고 이혼한다고 알려준다.
과연, 이혼소송으로 고통을 겪으며 이혼하였다.

다. 잉태출산점

손효가 왕성하거나 쇠약하여도 동하여 길로 화하면 모두 자식이 있으며
손효가 진신으로 화하고 회두생으로 화하면 자식이 많다.

손효가 공파묘절되거나 동하여 귀효로 화하거나 귀효가 손효로 화하거나
부효가 손효로 화하거나 손효가 부효로 화하거나 부효가 동하여 손효를
극충하면 모두 자식을 잉태하지 못한다.

두 개의 손효가 동하고 왕성하면 쌍둥이를 잉태한다.

손효가 동하여 손효로 화하거나 손효가 많이 동하거나 손효가 왕성한데
다른 효에서 동하여 손효를 화출하면 모두 쌍둥이다.

아들 딸을 구별하는 것은 양효와 음효로 본다.

양효가 동하면 음효로 변하므로 딸이고
음효가 동하면 양효로 변하므로 아들이다.

동하는 효가 많으면 다른 날 재점하여 판단하는 것이 좋다.

산기가 있으면 멀고 가까운 것이 있는데,
멀면 월에 응하고 가까우면 일에 응하여 출산한다.

손효가 동하면 합일이나 치일에 응하여 출산하고
손효가 정효이면 치일이거나 충일에 응하여 출산한다.

손효가 공망되면 충공일이나 실공일에 응하여 출산하고
손효가 파되면 실파일이나 합일에 응하여 출산한다.

손효가 절에 임하면 왕성한 일을 기다려 출산하고
손효가 장생을 만나면 태양胎養일에 응하여 출산하며
손효가 복장되면 출현일에 응하여 출산한다.

육충괘는 손효가 왕성하면 마침내 기쁘지만,
육합괘를 만나도 재효가 공망되고 손효가 파되면 근심이 된다.

산모의 안위를 묻는 점에서는 본인이나 다른 사람이 점을 쳐도 모두
재효가 용신이 된다.
귀효가 동하여서는 안 되지만 형효가 동하여 재효를 극할 경우에는 귀효가
동하여 형효를 제복하는 것이 좋다.
재효가 귀효로 변하거나 귀효가 재효로 변하거나 형효가 재효로 변하거나
재효가 형효로 변하거나 재효가 월파되거나 쇠약한데 묘절되거나 일월의
충극을 당하면 모두 산모에게 흉하다.

【예17】 辰월 戊辰일(戌亥 공망)에 잉태를 하였는데 남녀를 구분하는 점을 쳐서
　　　　뇌산소과괘가 뇌지예괘로 변하였다.

父戌 ‖
兄申 ‖
官午 ｜ 世
財卯 / 兄申 ⚊
官午 ‖
父辰 ‖ 應

양효가 동하여 음효를 변출하였으므로 반드
시 여아를 낳을 것이라고 알려준다.
형효申이 동하여 재효卯를 변출하여 극할 수
없으므로 壬申일에 여아를 생산하고 산모와
태아가 모두 안전하였다.

【예18】 子월 乙亥일(申酉 공망)에 남편이 산모의 안위점을 쳐서 뇌화풍괘가
뇌산소과괘로 변하였다.

官戌 ‖
父申 ‖ 世
財午 ∣
兄亥 ∣
官丑 ‖ 應
官辰 / 孫卯 ㇏

재효午가 월파되고 일진亥의 극을 받으므로
산모의 목숨을 보존하기 어렵다.
손효卯가 비록 일월의 생을 받고 동하지만,
귀효辰으로 변하므로 산모와 태아가 모두
위험하다고 알려준다.

【예19】 申월 丁丑월(申酉 공망)에 혼인하여 자식을 낳을 수 있는지.
여부점을 쳐서 택화혁괘가 택천쾌괘로 변하였다.

官未 ‖
父酉 ∣
兄亥 ∣ 世
兄亥 ∣
孫寅 / 官丑 ㇏
孫卯 ∣ 應

손효卯가 월건申에 절극되었으며
귀효丑이 동하여 손효寅으로 변하고
월파되므로 자식이 없는 명이다.
음덕을 쌓는 수밖에 없다고 알려준다.
과연 가난한 사람들을 구제하고 베푼 결과
두 자녀를 낳았다.

【예20】辰월 戊子일(午未 공망)에 출산예정일이 임박한 산모가 출산시기점
　　　을 쳐서 간위산괘가 산지박괘로 변하였다.

| 官寅 ┃ 世 |
| 財子 ‖ |
| 兄戌 ‖ |
| 官卯 / 孫申 ╱ 應 |
| 父午 ‖ |
| 兄辰 ‖ |

일진子가 부효午를 충동하여
손효申을 극하므로 오늘 출산하기 어렵다.
손효申이 동하여 세효에 임한 귀효寅을 극거
하므로 내일 申시에 순산한다고 알려준다.
과연, 다음날 申시에 남아를 순산하였다.

✎ 출산예정일이 임박한 경우에는 태아의 성별을 구분하기 어렵다.

위의 예에서 양효가 동하여 음효로 화하였으므로 여아라고 판단한다면
이는 잘못된 판단을 내리게 될 것이다.
지금은 산모가 자신의 안위가 걱정되어 점을 친 것이므로 신은 순산한다는
것만 알려줄 뿐이기 때문이다.
만약에 남아인가 여아인가를 알고 싶다면 한가한 시기에 다시 점을 쳐서
판단하여야 할 것이다.

라. 재혼하는 경우

부인점에서 괘중에 재효가 많이 나타나면 본처와 후처로 구분하는데 마땅히 응효에 임한 재효를 본처로 삼는다.

만약 응효에 임한 재효가 일월동효의 충극을 당하고 동하여 흉으로 화하면 본처가 상한다.

응효가 아닌 다른 효에 재효가 있으면서 왕성하거나 동하여 길로 화하거나 다른 효가 재효를 화출하였는데 왕성하고 세효와 생합하면 재혼한 처와 백년해로한다. 응효에 재효가 없으면 정괘의 재효가 본처이고 변괘의 재효가 재혼한 처가 된다.

재효가 세효를 극하는데 세효가 쇠약하고 공파되거나 묘절하거나 동하여 흉으로 화하거나 수귀입묘하면 남편이 죽는다.

왕상한 재효가 세효를 극하는데 세효가 득지하면 비록 헤어지지 않아도 반드시 질투가 심한 사나운 처를 만나게 된다.

남편점에서는 재효대신에 관효를 대입하여 판단한다.

【예21】 巳월 丁未일(寅卯 공망)에 부부해로점을 쳐서 천뢰무망괘가 풍지관괘로 변하였다.

財戌 ┃	세효가 재효未를 변출하여 세효午와 생합하므로 재효未가 본처이다.
官申 ┃	
財未 / 孫午 ㅗ 世	재효未가 일건未에 임하고, 월건巳의 생부를 얻으므로 백년해로 할 뿐만 아니라 현명한 처라고 알려준다.
財辰 ┃┃	
兄寅 ┃┃	만약, 세효와 응효로만 판단하면 서로 상충하므로 오래 살지 못한다고 잘못 판단할 것이다.
財未 / 父子 ㅗ 應	

4. 자식점

• 자식점에서는 손효가 용신이다.

가, 자식점의 길흉

손효가 왕성하면 자식이 현명하다.

손효가 쇠약하면 자식이 어리석다.

손효가 쇠약한데 충극을 당하거나 묘절공파되거나

부효가 손효로 화하거나 손효가 부효로 화하거나

귀효가 손효로 화하거나 손효가 귀효로 화하거나

부효가 세효이면 모두 자식이 있어도 없는 것과 같다.

손효가 공망을 만나면 손효가 충공되고 실공되는 해에 자식을 얻을 수

있다.

【예22】寅월 癸亥일(子丑 공망)에 자식이 많을 것인가.

　　　　여부점을 쳐서 곤위지괘가 간위산괘로 변하였다.

官寅 / 孫酉 ⚋ 世
財亥 ⚋
兄丑 ⚋
孫申 / 官卯 ⚋ 應
父巳 ⚋
兄未 ⚋

손효酉가 동하여 귀효寅으로 화하고

귀효卯가 동하여 손효申으로 화하므로

자식이 있어도 없는 상이라고 알려준다.

과연, 50세가 넘어 자식이 10명이 넘게 있었

지만, 모두 사망하고, 임종시에 조카를 후사

로 세우고 죽음을 맞이하였다.

【예23】 申월 辛卯일(午未 공망)에 집을 나간 자식이 돌아올 것인가.
여부점을 쳐서 지뢰복괘를 얻었다.

孫酉 ‖
財亥 ‖
兄丑 ‖ 應
兄辰 ‖
官寅 ‖
財子 ｜ 世

손효酉가 왕성하고, 일진卯가 충동하여 손효酉가 세효子를 생하므로 손효酉와 상합하는 甲辰년에 자식이 돌아온다고 알려준다.
과연, 다음 해 酉월에 자식이 돌아왔다.

【예24】 巳월 己酉일(寅卯 공망)에 자식을 잃었는데 앞으로 자식을 또 낳을 수 있는가. 여부점을 쳐서 산화비괘가 천뢰무망괘로 변하였다.

官寅 ｜
孫申 / 財子 ⚊
父午 / 兄戌 ⚊ 應
兄辰 / 財亥 ⚊
兄丑 ‖
官卯 ｜ 世

재효亥는 월파되고 동하여 회두극되고 재효子는 동하여 손효申를 화출하므로 재혼하여 자식을 낳게 된다고 알려준다.

과연, 巳년에 본처가 죽고 그 겨울에 재혼하여 申년에 자식을 얻었으나 산고로 병을 얻었다.

이는 형효戌이 동하여 재효子를 극하므로 병을 얻은 것이다.
그러나 재효子가 화출한 손효申이 장생이며 일진酉의 생을 받으므로 죽지는 않는다고 판단한다.

나. 손효가 손효로 화하는 경우

손효가 손효로 화하는 경우로는 두 가지가 있다.

젊어서 자식이 없는 경우에는 자식이 많은 것으로 응한다.

현재 자식이 있는 경우에는 자식과 손자가 많은 것으로 응한다.

노년에 자식이 없는 경우에는 양자를 들이는데

외괘에서 화출하면 성이 다른 자식을 양자로 삼고

내괘에서 화출하면 조카를 양자로 삼는다.

【예25】子월 戊戌일에 자식이 있으나 또 낳을 수 있는지.
　　　　여부점을 쳐서 수뢰둔괘가 수택절괘로 변하였다.

兄子 ‖	
官戌 丨 應	
父申 ‖	
官辰 ‖	
孫卯 / 孫寅 ╫ 世	
兄子 丨	

손효寅이 손효卯를 화출하였으며
월건子의 생을 받으므로 자식과 손자가 많을
상이다.
후에 과연 자식을 4명이나 더 낳았다.

【예26】巳월 丁酉일(辰巳 공망)에 노년이 되어도 자식이 없는데 장차 자식이
　　　　있겠는가. 점을 쳐서 화수미제괘가 수택절괘로 변하였다.

官子 / 兄巳 ╫ 應	
孫戌 / 孫未 ╫	
財申 / 財酉 ╫	
兄午 ‖ 世	
孫辰 丨	
兄巳 / 父寅 ╫	

손효辰이 공망되고, 부효寅의 극을 당하였으
니 자식이 없다.
다행히 손효未가 동하여 손효戌을 화출하였
으므로 성이 다른 자식을 데려와 양자로
삼는다고 알려준다.

【예27】 亥일 庚子일(辰巳 공망)에 육십세가 넘어도 자식이 없는데 자식을 얻을 수 있는가 점을 쳐서 수뢰둔괘가 수택절괘로 변하였다.

兄子 ‖	세효가 손효寅에 임하고, 동하여 손효卯를 화
官戌 丨 應	출하였으므로 조카를 양자를 들인다고 알려
父申 ‖	준다.
官辰 ‖	과연, 조카를 후사로 삼았다.
孫卯 / 孫寅 ⚊ 世	
兄子 丨	

다. 자식의 양육

손효가 왕상하면 모두 자식이 무난하게 성장할 것이다.

만약 손효가 쇠약하고 공파되고 동하여 흉으로 화하면 자식은 바람 앞의 등불처럼 위태할 것이다. 손효가 귀효로 변한 경우에는 살기 어렵다.

【예28】 亥월 丙辰일(子丑 공망)에 자식이 제대로 성장하겠는가.
점을 쳐서 천풍구괘가 변한 화산려괘를 얻었다.

父戌 丨	손효亥가 월건에 임하였으나, 동하여 귀효로
父未 / 兄申 ⚊	화하므로 오래 살지 못한다고 알려준다.
官午 丨 應	과연 다음 해 午월에 죽었다.
兄酉 丨	
官午 / 孫亥 ⚊	
父丑 ‖ 世	

라. 대점하는 경우

자식점을 보는 경우에도 다른 점과 마찬가지로 세효를 먼저 보아야 한다.
비록 가족점을 친다고 하여도 종종 자신에게 응하는 경우가 있기 때문이다.

세효가 귀효로 화하거나 회두극이 되거나 쇠약하고 공파묘절로 화하거나 수
귀입묘하고 일월이 함께 극하면 먼저 자신의 흉함을 근심하여야 할 것이다.

자식점을 쳤는데도 부모형제와 배우자에게 응하는 경우도 있다.
이것을 일러 이것을 점쳤는데 저것에 응한다고 하는 것이다.

✒ 이아평曰

대개 배우는 사람들은 정묘함을 얻어야 할 것이니 근본은 전수해 준
것에 의지하는 것이 바른 것이나
묻는 사람에게 추길피흉할 수 있는 것은 전적으로 점괘를 판단하는
사람의 지식과 이론이 얼마나 자세한가에 달렸다.
증산복역의 신명점은 비교적 다른 점서에 비하여 더욱 미묘하고 오
묘함을 더해 반복해서 통하게 하고 투철하게 하였으니 진실로 점복
서중의 보배로운 비책이라고 할 것이다.

3부 가족점

4부
직장점

1. 학업점

가. 학업점

학업점은 상급학교에 진학하기 위한 학업과
국가고시에 대비한 학업과 기업에 취업하기 위한 학업에 관한 점을 치는
경우 등이 있다.

학업점에서 용신은 부효이며 기신은 재효이다.
세효와 부효 모두 왕성하거나 동하여 길로 변하거나
세효에 부효가 임하고 일월동효가 세효와 생합하면 학업으로
소정의 목적을 달성할 수 있다.

재효가 동하여 부효를 극하면 공부를 중도에서 그만 두며
손효가 동하면 늙어서도 학업으로 목적을 달성하기 어렵다.
세효가 쇠약하고 공파묘절되면 모든 일을 이루기 어렵다.
만약, 세효가 쇠약하고 수귀입묘하거니 일월동효의 충극을 받거나 동하여
귀효로 화하거나 절극으로 화하면 학업을 이루지 못한다.

세효에 관효가 임하고 부효가 동하여 상생하거나
일월이 부효에 임하여 세효를 생하거나 관효가 왕성하고 부효가 세효에 임
하고 동하여 길로 화하면 모두 학업으로 성공할 수 있다.
세효가 공파되고 동하여 흉으로 화하거나 손효와 재효가 세효에 임하고
부효와 관효가 공파되면 다른 분야의 공부를 하는 것이 좋으므로 재점하여
판단하는 것이 좋다.

세효에 부효나 관효가 임하고 왕성하거나 일월동효가 생부하거나 동하여 길로 화하면 반드시 학업이 일취월장할 것이다.

부효가 쇠약한데 장생으로 화하거나 제왕으로 화하거나 일월로 화하거나 진신으로 화하면 모두 뒤에 분발한다.
부효가 왕상한데 공파묘절로 화하거나 퇴신으로 화하면 모두 뒤에 흐지부지해진다.

부효가 부효로 화하면 학문에 뛰어나고
부효가 재효로 화하면 병이 많게 되며
부효가 관효로 화하면 귀한 사람과 사귀고
부효가 형효로 화하면 탐재하기를 좋아한다.

세효와 부효가 일월과 더불어 삼합이 되면 반드시 공부를 계속하여 성취할 수 있으며, 육충을 얻거나 세효가 부효를 극하고 부효가 세효를 극하면 일년동안의 학업에 대한 결과를 얻기 어렵다.

술업을 하는 사람은 재효가 세효에 임하거나 관효가 세효에 임하고 모두 득지한 것이 좋으며 형효가 세효에 임하고 동하면 단지 호구지책만 있을 뿐이다.
단지, 활인업에 종사하는 사람들은 손효가 세효에 임하고 동하여야 길한데 이는 귀신을 다스려 사람을 구할 수 있기 때문이다.

【예1】 酉월 丙子일(申酉 공망)에 지금 공부하고 있는 학문을 익혀 취업에 성
공할 수 있는가 여부점을 쳐서 풍뢰익괘가 풍지관괘로 변하였다.

兄卯 l 應
孫巳 l
財未 ‖
財辰 ‖ 世
兄寅 ‖
財未 / 父子 ⼃

부효子가 동하여 재효未로 화하여
회두극을 당하고 있으므로 좋지 않다.
다른 분야의 공부를 하는 것이 좋다고
알려준다. 어떠한 공부를 하는 것이
좋은지는 재점하여 판단하라.

孫戌 l 應
財申 l
兄午 l
官亥 l 世
孫丑 ‖
父卯 l

재점하여 법을 공부하는 것이 좋은가 하는
점을 쳐서 천화동인괘를 얻었다.
관효亥가 세효에 임하므로 취업에는 길하지
만, 부효卯가 월파되므로 다른 공부를 하는
것이 좋다고 알려준다.

財巳 / 官戌 ⼍
父申 ‖ 世
財午 l
兄亥 l
官丑 ‖ 應
孫卯 l

재점하여 경영학을 공부하는 것이 좋은가?
점을 쳐서 뇌화풍괘가 이위화괘로 변하였다.
부효申이 세효에 임하여 왕성하고 관효戌이
동하여 세효를 생하므로 子년에 취업할 수
있다고 알려준다.
과연, 壬子년 취업시험에 합격하였다. 이는
일진子가 재효午를 충동하여 부효申을 극하
므로 子년에 재효午를 제거하여 응한 것이다.

나. 스승점

스승점에서는 세효와 응효를 위주로 하지만
부효를 용신으로 하여 반드시 함께 판단하여야 한다.
스승점에서는 학교 또는 학원이나 과외선생도 포함한다.

자식을 위한 스승을 모시는 경우에는
부효가 왕성하고 손효와 상합하면 명실상부한 스승이며
부효가 동하여 손효를 극하면 스승의 가르침이 무익하고
손효가 동하여 극으로 화하거나 귀효로 화하면 스승을 바꾸는 것이 좋다.

부효가 왕성하고 동하여 길로 화하고 세효와 생합하면 스승의 실력이 있다.
부효가 쇠약하고 공파묘절되고 동하여 흉으로 화하면 스승에게 제대로 가
르침을 받지 못하고 스승의 자질이 없다.
부효가 삼묘에 들거나 절이 되면 스승이 안이하고 나태하며 가르침을 게을
리 한다.
재효가 세효에 임하고 부효를 극하면 스승이 엄하지 않거나 스승을 업신여
긴다.
세효와 부효가 일월과 더불어 삼합을 이루거나 부효가 왕성한데
세효와 합하면 실력있는 스승의 가르침을 받지만
육충이 되거나 세효가 부효를 극하거나 부효가 세효를 극하면
피차 보람있는 성과를 거두기 어렵다.

귀효가 동하여 부효로 화하거나 세효를 충극하면 스승과 다툼이 있게 되며
비록 일월동효가 귀효를 제복하여도 귀효가 생왕하는 시기에는 반드시
재난을 만나게 된다.

2. 시험점

> ✒ **야학노인曰**
>
> 세효와 부효가 모두 왕성하고 생부함이 있으며 형극이 없으면 상위
> 권에 해당하지만, 육충괘가 육충괘로 변하고 육효가 난동하면 부효와
> 세효가 왕상하여도 중간성적을 받으며, 부효가 쇠약한데 극으로 변하
> 고 세효가 쇠약한데 극을 받고 흉으로 변하면 열등성적을 받는다.

【예2】申월 乙巳일(寅卯 공망)에 시험성적을 잘 받을 수 있는가.
　　여부점을 쳐서 택풍대과괘가 화풍정괘로 변하였다.

孫巳 / 財未 ⚋	부효亥가 세효에 임하고 왕성하고
財未 / 官酉 ⚊	일진巳가 충동하고 있다.
父亥 ⚊ 世	재효未가 동하여 관효酉를 생하고
官酉 ⚊	관효酉가 동하여 세효亥를 생하여
父亥 ⚊	접속상생이 되므로 우등성적을 받는다고
財丑 ⚋ 應	알려준다. 과연 우등하였다.

【예3】午월 乙卯일(子丑 공망)에 시험성적이 잘 나오겠는가.
　　점을 쳐서 지천태괘를 얻었다.

孫酉 ⚋ 應	육합괘로서 길하지만, 세효辰이 휴수한데 일
財亥 ⚋	진卯의 극을 받으므로 부효가 복신으로 왕상
兄丑 ⚋	하여도 나쁜 성적을 받고 벌을 받는다고 알
兄辰 ⚊ 世	려준다.
官寅 ⚊ (父巳)	과연, 시험을 잘못 치루고 꾸지람을 들었다.
財子 ⚊	

322 / 증산복역

가. 진학과 취업시험점

1) 진학과 취업시험점에서 용신
상급학교로 진학하거나 직장에 취업하는 시험점은 부효와 관효가 용신이
며 손효와 재효는 기신이 된다.

관효가 세효에 임하고 일월동효의 생합을 받으며 부효가 유기하면 합격하
고, 부효가 세효에 임하고 일월동효의 생합을 받으며 관효가 유기하면 합격
한다. 손효가 동하여 관효를 극하고 재효가 동하여 부효를 극하면 합격하기
어렵고 손효와 재효가 세효에 임하여도 합격하기 어렵다.
세효가 공파묘절되거나 일월동효의 충극을 당하고 동하여 흉으로 화하면
뜻을 이루기 어렵다. 부효가 왕성한데 쇠약하고 공파묘절로 화하고 회두극
을 당하면 시험공부하다가 포기하고, 세효와 부효가 동하여 충을 만나는데
일월동효와 상합하면 충중봉합沖中逢合이 되어 포기하지 않는다.

재효와 부효가 같이 동하고 형효가 동하면 재효를 극하기 때문에 좋으며
부효와 관효가 모두 동한 경우에 형효가 세효인 것을 좋아하는데 이는
부효가 동하여 세효를 생하기 때문이다.

형효가 세효에 임하고 부효와 관효가 모두 왕상하거나 관효가 동하여 부효
를 생하거나 부효가 동하여 세효를 생하면 합격한다.
재효가 세효에 임하여 동하거나 부효가 쇠약하고 공파되고 재효가 동하여
부효로 화하거나 부효가 동하여 재효로 화하면 합격하기 어렵다.
관효와 손효가 함께 동하면 관효가 왕성하거나 생부를 만나고 손효가 쇠약
하고 극을 받는데 다시 부효가 동하는 것은 좋지만 형효가 동하면 손효를
생하므로 좋지 않다.

관효가 태세에 임하고 동하여 세효와 생합하면 각종 시험에 합격할 수 있다.
관효와 부효가 비록 왕성하여도 세효가 쇠약하고 공파묘절되고 동하여 흉으로 화하거나 일월이 세효를 충극하면 이미 자신을 잃은 것이니 각종 시험에 합격하기 어렵다.

부효가 왕상하여도 관효가 공파묘절에 임하고 동하여 흉으로 화하거나
극으로 변하면 비록 실력이 있어도 합격하기 어려우며
관효가 왕성하고 세효를 생하여도 부효가 왕상하지 않으면 비록 실력이
없어도 뜻을 이룰 수 있다.

관효와 부효가 모두 왕성하고 세효가 왕성하지 않은데 일월의 생부를 얻고
또한 응효가 동하여 세효와 생합하면 추천을 받아 합격할 수 있다.
단지 응효와 동효가 비록 세효와 생합하여도 응효와 동효가 일월의 충극을
받으면 추천받아도 합격하기 어렵다.

【예4】辰월 丁巳일(子丑 공망)에 진학시험에 합격할 수 있겠는가.
　　　　하는 점을 쳐서 택화혁괘가 수화기제괘로 변하였다.

| 官未 ‖ |
| 父酉 ｜ |
| 父申 / 兄亥 ㄨ 世 |
| 兄亥 ｜ |
| 官丑 ‖ |
| 孫卯 ｜ 應 |

관효가 비록 동하지 않았지만 왕성하고
세효亥가 월건에 극되고 일파 되었지만,
다행히 동하여 부효申으로 화하여 회두생하
므로 합격한다고 알려준다.
과연, 합격하였다.

2) 삼합을 이루는 경우

관효와 부효와 세효가 부국이나 관국으로 삼합을 이루고 일월의 충극을 만나지 않으면 합격하고, 형국을 이루고 일월의 생부를 만나면서 관효도 왕성하면 역시 뜻을 이루지만 손국을 이루면 길하지 못하고 재국을 이루면 역시 좋지는 않아도 길한 경우도 있다.

【예5】 卯월 甲申일(午未 공망)에 취업시험점을 쳐서 간위산괘가 풍뢰익괘로
　　　변하였다.

官寅	∣	世
父巳 / 財子	⚊	
兄戌	⚋	
父辰 / 孫申	⚊	應
父午	⚋	
財子 / 兄辰	⚊	

관효寅가 세효에 임하고 왕성한데
일진申이 충동하고 일진이 申子辰 재국을
이루며 세효寅을 생하므로 합격한다고
알려준다.
과연, 합격하였다.

3) 육충괘나 육합괘를 만나는 경우

육충괘를 만나면 시험에 불리하며 육합괘를 얻으면 합격한다고 하지만, 육충괘를 얻어도 관효 부효 세효가 모두 왕성하면 반드시 합격한다고 판단하며, 만약 왕성하지 않으면 반드시 재점하여 판단하여야 하는데 재점하여 길을 얻으면 길하다고 판단하고 흉을 얻으면 흉하다고 판단한다.

또한 육합괘를 얻어도 관효 부효 세효가 유기하여야 하며 하나라도 무너지면 생부를 만나도 불리하다.

【예6】 午월 丙辰일(子丑 공망)에 취업시험점을 쳐서 태위택괘를 얻었다.

父未 ‖ 世	육충괘이므로 불리하지만, 세효에 부효未가
兄酉 ┃	임하고 일월의 생조를 받아 왕성하므로 감히
孫亥 ┃	결단하기 어렵다.
父丑 ‖ 應	그러므로 재점하여 판단하는 것이 좋겠다.
財卯 ┃	
官巳 ┃	

孫酉 ‖	재점하여 지택림괘가 지수사괘로 변하였다.
財亥 ‖ 應	부효巳가 왕성하고 동하여 관효로 화하여
兄丑 ‖	회두생을 받으므로 합격한다고 알려준다.
兄丑 ‖	과연, 합격하였다.
官卯 ┃ 世	
官寅 / 父巳 ㄨ	

4) 진신이나 퇴신으로 화하는 경우

부효가 쇠약한데 동하여 왕성으로 화하거나, 부효가 진신으로 화하면 학문이 날로 발전하여 합격하고, 퇴신으로 화하면 날로 쇠퇴하므로 합격하기 어렵다. 세효와 부효와 관효가 모두 왕성한데 하나라도 진신으로 화하면 합격하지만 퇴신으로 화하면 합격하기 어렵다.

더구나 세효가 동하여 퇴신으로 화하면 시험에 대한 자신감이 없어 시험을 제대로 치를 수 없다.

【예7】 亥월 丙戌일(午未 공망)에 진학시험에 합격할 수 있겠는가.

점을 쳐서 뇌화풍괘가 택화혁괘로 변하였다.

官戌 ‖	
父酉 / 父申 ‖ 世	부효申이 세효에 임하고 진신으로 화하므로
財午		학문이 날로 발전하는 상이다.
兄亥		더구나 일진이 임한 관효戌의 생을 받으므로
官丑 ‖ 應	합격한다고 알려준다.
孫卯		과연, 합격하였다.

5) 세효가 관효로 화하는 경우

세효가 왕상하고 동하여 관효로 변하여 회두생을 받으면 귀효로 화하였다
고 하지 않고 관효로 화하였다고 본다.

부효가 왕성하고 세효가 관효를 화출하여 회두극을 받지 않으면 합격한다.

세효가 쇠약하고 극을 받는데 동하여 귀효를 화출하면 합격하기 어렵고
더구나 귀효로 화하여 회두극을 하면 신상에 해로움을 당할 수 있다.

【예8】 卯월 乙未일(辰巳 공망)에 진학시험점을 쳐서 풍지관괘가 천택리괘로
변하였다.

財卯		부효와 관효가 모두 왕성하며
官巳		세효와 응효에 부효未가 임하고,
官午 / 父未 ‖ 世	관효를 화출하여 회두생을 받으므로
財卯 ‖	수석으로 합격한다고 알려준다.
財卯 / 官巳 ‖	과연, 수석으로 합격하였다.
官巳 / 父未 ‖ 應	

【예9】卯월 戊辰일(戊亥공망)에 취업시험점을 쳐서 이위화괘가 수화기제괘
　　　로 변하였다.

官子 / 兄巳 ⚊ 世	손효未가 동하여 관효亥를 극하고
孫戌 / 孫未 ⚋	세효巳가 동하여 귀효를 화출하여,
財申 / 財酉 ⚊	회두극을 받으므로 시험에 불합격한다고
官亥 ⚊ 應	알려준다.
孫丑 ⚋	과연, 시험에 불합격하고 홧병을 얻었다.
父卯 ⚊	

【예10】卯월 甲申일(午未공망)에 취업시험에 합격할 수 있겠는가.
　　　　점을 쳐서 수택절괘가 수산건괘로 변하였다.

兄子 ⚋	부효申이 일진에 임하고
官戌 ⚊	관효丑이 동하여 부효로 화하였으며,
父申 ⚋ 應	세효에 재효가 임하고 관효를 화출하므로
父申 / 官丑 ⚋	관효가 왕성해지는 내년에는 합격한다고
財午 / 孫卯 ⚊	알려준다.
官辰 / 財巳 ⚊ 世	과연, 甲辰년에 응시하여 합격하였다.

6) 일월이 돕는 경우

세효와 관효와 부효 중 하나가 동효에 의하여 극을 받거나 회두극으로
화하는데 일월이 극신을 극제하면 뜻을 이룰 수 있으며
세효가 왕성하고 관효와 부효 중에 하나가 복장되면 일월이 비신을 충극하
여 복신을 나오게 하여도 역시 합격할 수 있다.

【예11】 卯월 壬子일(寅卯공망)에 진학시험에 합격할 수 있겠는가.
　　　　점을 쳐서 풍천소축괘를 얻었다.

兄卯 l	부효子가 세효에 임하고, 일진이 임하므로 반드시 합격할 것이다. 비록 관성酉가 복신으로서 월파되었지만 비신辰이 생합하므로 辰월에 합격한다고 알려준다. 과연, 辰월에 합격하였다.
孫巳 l	
財未 ‖ 應	
財辰 l (官酉)	
兄寅 l	
父子 l 世	

【예12】 酉월 丁巳일(子丑공망)에 취업시험점을 쳐서 뇌산소과괘가 지천태괘
　　　　로 변하였다.

父戌 ‖	세효에 관효午가 임하고, 동하여 부효丑이 공망으로 화하였지만, 일진巳가 관효와 부효를 도우므로 실공하는 丑년에 합격한다고 알려준다. 과연, 합격하였다.
兄申 ‖	
父丑 / 官午 ⺊ 世	
兄申 l	
財寅 / 官午 ⺊	
孫子 / 父辰 ⺊ 應	

3. 선거당선점

가. 공천을 받는 경우

세효와 재효가 왕상하여도 관효가 월파나 순공되거나 일월의 충극을 받고 동하여 흉으로 변하면 관효가 썩은 나무와 같으므로 비록 재효가 왕성하여도 부유할 뿐이지 관록을 먹지는 못한다.

재효와 관효가 모두 왕성한데 세효가 무너지면 설사 공천을 받아도 편안하지 않으며 관효와 세효가 모두 왕성하여도 재효가 무너지면 돈만 낭비하게 된다.

형효가 세효에 임하고 동하면 파재의 상이므로 돈만 낭비하게 된다.
만약 관효가 동하면 형효를 극하므로 공천을 받을 수 있다.
관효가 동하지 않고 형효가 세효에 임하거나 형효가 동하거나 재효가 세효에 임하고 형효로 화하면 하나도 이루지 못하며 설사 이룬다고 하여도 반드시 다른 변고로 인하여 공천받기 어렵다.

【예13】 丑월 乙卯일에 공천금을 납입하고 공천을 받을 수 있는지.
　　　　여부점을 쳐서 뇌지예괘가 천지비괘로 변하였다.

財戌 / 財戌 ⚊⚊	재효戌이 동하여 관효申을 생하고 있어 세효에 임한 재효未가 월파되어도 공천을 받을 수 있으나, 당선되기는 어렵겠다고 알려준다. 과연, 공천을 받았으나 당선되지 못하였다.
官申 / 官申 ⚊⚊	
孫午 ⚊ 應	
兄卯 ⚊⚊	
孫巳 ⚊⚊	
財未 ⚊⚊ 世	

【예14】 戌월 癸丑일에 공천금을 납입하고 공천을 받을 수있는지.
　　　　여부점을 쳐서 택수곤괘가 태위택괘로 변하였다.

父未 ‖	
兄酉 ∣	
孫亥 ∣ 應	
官午 ‖	
父辰 ∣	
官巳 / 財寅 ⚊ 世	

재효寅이 세효에 임하고 동하여
관효를 화출하므로 공천을 받겠지만,
세효가 귀효로 화하므로 신상에 문제가
생긴다고 알려준다.
과연, 寅월에 병을 얻어 무산되었다.

【예15】 申월 甲辰일(寅卯 공망)에 귀인을 만나 공천을 받을 수 있는지.
　　　　여부점을 쳐서 화뢰서합괘를 얻었다.

孫巳 ∣	
財未 ‖ 世	
官酉 ∣	
財辰 ‖	
兄寅 ‖ 應	
父子 ∣	

세효에 재효가 임하고, 응효에 형효가
임하므로 뜻대로 이루기 어렵다.
과연, 귀인을 만났으나 돈만 낭비하고
결국 공천을 받지 못하였다.

【예16】 申월 乙亥일에 보궐직에 공천을 받아 당선되겠는가.
　　　　여부점을 쳐서 수풍정괘가 수택절괘로 변하였다.

父子 ‖	
財戌 ∣ 世	
官申 ‖	
財丑 / 官酉 ⚊	
父亥 ∣ 應	
孫巳 / 財丑 ⚊	

재효와 관효가 동하여 상생하므로
공천을 받을 수 있으나, 巳酉丑관국이
세효를 생하지 못하고 응효를 생하므로
상대방이 당선된다고 알려준다.
과연, 다른 사람이 당선되었다.

나. 선거에 당선되는 경우

관효가 세효에 임하고 왕성하거나 세효와 생합하거나 세효가 동하여
관효로 화하고 회두생하면 반드시 선거에 당선된다.
재효가 동하여 관효를 생하면 공천을 받아 선거에 출마할 수 있고 관효가
일월에 임하면 반드시 당선된다.

손효가 세효에 임하고 동하면 당선은 어렵고 관효가 공파묘절되고 동하여
흉으로 화하면 역시 당선이 어렵다.
세효가 극을 받고 공파묘절되거나 동하여 흉으로 화하거나
손효가 세효에 임하거나 손효가 동하면 취임이 어렵게 되고, 부효가 세효에
임하거나 세효를 생하면 모두 길하지만 쇠약하고 공파되면 모두 흉하다.

세효와 관효가 왕상하지 않고 충을 얻거나 관효가 일월의 충극을 당하거나
육충괘가 육충괘로 변하거나 관효의 원신인 재효가 정효로서 쇠약하고
부효가 난동하면 역시 당선되기 어렵다.

세효와 관효가 삼합으로 관국이나 재국을 이루어 세효를 생하거나 관효가
세효에 임하거나 일월동효와 상합하거나 육합괘를 얻거나 동하여 육합으
로 변하면 공천을 받아 당선될 수 있다.

세효가 동하여 길로 화하거나 관효가 동하여 진신으로 화하거나 세효와
생합하면 당선될 수 있으나 세효가 월파를 만나면 관효가 세효에 임하여도
당선되기 어려우며 오히려 신상의 재난을 걱정하여야 할 것이다.
손효가 세효에 임하고 공망이 되어도 역시 당선되기 어렵다.
단지 출공되지 않고 순 중에 있는 시기에는 관효를 극하지 못하므로 당선
될 수 있다.

【예17】 申월 戊寅일(申酉 공망)에 3일 후에 선출되겠는가.

여부점을 쳐서 택천쾌괘를 얻었다.

兄未 ‖	
孫酉 ∣ 世	
財亥 ∣	
兄辰 ∣	
官寅 ∣ 應	
財子 ∣	

손효酉가 세효에 임하고 공망에 들었으나 3일 후는 아직 순공에 들어있어 선출될 것이다.

그러나 출공하는 시기에는 신상의 변을 당한다고 알려준다.

선출은 되었지만 酉일에 변을 당하였다.

【예18】 寅월 庚辰일(申酉 공망)에 2일 후 선출되겠는가.

여부점을 쳐서 수천수괘를 얻었다.

財子 ‖	
兄戌 ∣	
孫申 ‖ 世	
兄辰 ∣	
官寅 ∣	
財子 ∣ 應	

손효가 세효에 임하였으나 순공에 들었으므로 순공을 벗어나기 전에 선출이 되겠지만, 세효가 월파를 당하여 신상에, 위험이 있으리라.

과연, 2달도 못되어 병을 얻어 사망했다.

【예19】 辰월 丁丑일(申酉 공망)에 5일 후에 선출될 수 있는가. 여부점을 쳐서 풍산점괘가 풍지관괘로 변하였다.

官卯 ∣ 應	
父巳 ∣	
兄未 ‖	
官卯 / 孫申 ⺊ 世	
父午 ‖	
兄辰 ‖	

손효가 세효에 임하고 동하여 관효로 변하였으므로 5일 후는 손효가 출공하기 전이므로 반드시 선출된다고 알려준다.

그러나 손효가 귀효로 화하므로 아들과 함께 변을 당하였다.

4. 직위점

관효가 왕성하면 고위직을 보직받지만
관효가 월파되고 형충되면 평생 하위직에 불과하고,
손효가 세효이면 희망을 버려야 한다.
관효가 동하여 세효를 생하면 소원을 이룰 수 있다,

【예20】辰월 戊申일(寅卯 공망)에 부친이 직위에 보직되겠는가.
　　　여부점을 쳐서 풍지관괘가 풍수환괘로 변하였다.

財卯 ㅣ	
官巳 ㅣ	부효未가 세효에 임하고
父未 ‖ 世	관효巳가 동하여 세효를 생하므로
財卯 ‖	巳월에 직위에 보직된다고 알려준다.
父辰 / 官巳 ⚎	과연, 巳월에 보직되었다.
父未 ‖ 應	

【예21】卯월 壬辰일(午未 공망)에 부친이 언제 보직되는가.
　　　점을 쳐서 풍수환괘가 택천쾌괘로 변하였다.

孫未 / 父卯 ⚎	부효寅이 동하여 관효를 화출하므로
兄巳 ㅣ 世	寅년에 보직되겠으나
官亥 / 孫未 ⚎	부효卯가 동하여 화묘 화공이 되므로
孫辰 / 兄午 ⚎	未가 출공하는 未년에 퇴직한다고 알려준다.
孫辰 ㅣ 應	과연, 寅년에 보직되었다가
官子 / 父寅 ⚎	未년에 퇴직하였다.

5. 승진점

승진점에서는 관효와 부효를 함께 보아야 한다.
왕성한 부효를 관효가 생하면 직위가 올라간다.
세효가 왕성하면 승진하지만 쇠약하면 승진하지 못한다.

재효가 세효이거나 동하여 세효를 생하면 년봉이 올라간다.
관효나 형효가 세효를 극하면 가벼우면 년봉이 깎이고 중하면 징계를 받아
감봉되며 삼합으로 형효국을 이루면 면직된다.

세효가 왕성하면 결국 승진하지만 세효가 쇠약하면 불길하다.
귀효가 도와 세효를 상하여도 원신이 동하여 세효를 생하면 승진하고 만약
세효가 휴수하면 화가 미친다.

✎ 야학노인曰

관효가 세효에 임하거나 관효가 동하여 세효와 생합하거나 관국이
세효를 생하면 승진할 수 있으며 세효가 공파되고 관효가 공파되거나
손효가 세효에 임하거나 손효가 동하거나 관효가 응효에 임하고 관국
을 이루어 응효를 생하면 승진하기 어렵다.

【예22】 巳월 乙卯일(子丑 공망)에 승진점을 쳐서 뇌산소과괘를 얻었다.

```
父戌 ‖
兄申 ‖
官午 ㅣ 世
兄申 ㅣ
官午 ‖
父辰 ‖ 應
```

관효와 부효가 왕상하고, 관효가 세효에
임하므로 승진한다고 알려준다.
과연, 후일 승진하였다.

【예23】 寅월 乙未일(辰巳 공망)에 승진점을 쳐서 수지비괘가 풍지관괘로
변하였다.

```
官卯 / 財子 ⚊ 應
兄戌 ㅣ
孫申 ‖
官卯 ‖ 世
父巳 ‖
兄未 ‖
```

세효에 관효卯가 임하고
재효子가 동하여 생하므로 비록 일진未에
일묘된다고 하여도, 세효가 원신의 생을
받으므로 겨울에 승진한다고 알려준다.
과연 亥월에 승진하였다.

【예24】 戌월 辛酉일(子丑 공망)에 승진점을 쳐서 수산건괘과 수천수괘로
변하였다.

```
孫子 ‖
父戌 ㅣ
兄申 ‖ 世
兄申 ㅣ
財寅 / 官午 ⚊
孫子 / 父辰 ⚊ 應
```

관효午가 동하여 부효辰을 생하므로
탐생망극으로 세효申을 극하지 못한다.
부효辰이 동하여 화공되므로,
출공하는 子월에 승진한다고 알려준다.
과연 子월에 승진하였다.

【예25】 未月 己巳일(戌亥공망)에 서울로 영전하겠는가.

　　　점을 쳐서 뇌택귀매괘가 뇌수해괘로 변하였다.

父戌 ‖ 應	
兄申 ‖	
官午 ∣	
父丑 ‖ 世	
財卯 ∣	
財寅 / 官巳 ⼂	

관효가 巳이며 초효에 있으므로

서울 남쪽으로 영전한다고 알려준다.

과연, 서울 남쪽으로 발령이 났다.

✎ 야학노인曰

괘가 길하여도 세효가 무너지면 흉하고 괘가 흉하여도 세효가 왕성
하면 길하다. 또한 영전하는 방향은 머무는 곳에서 관효가 寅卯이면
동쪽으로 응하고 관효가 申酉이면 서쪽으로 응하며 관효가 巳午이면
남쪽으로 응하고 관효가 亥子이면 북쪽으로 응하고 관효가 辰戌丑未
이면 중앙부서로 응한다.

단지, 방향을 묻는 것은 영전하는 곳을 지정하여 묻는 것만 못하다.

【예26】 丑월 癸亥일에 어느 방향으로 영전하겠는가. 점을 쳐서 산풍고괘
를 얻었다.

兄寅 ｜ 應
父子 ‖
財戌 ‖
官酉 ｜ 世
父亥 ｜
財丑 ‖

세효가 관효酉이므로 서쪽으로 영전한다고
알려준다.

財戌 ‖ 世
官申 ‖
孫午 ｜
財辰 ‖ 應
兄寅 ‖
父子 ｜

寅월 甲戌일(申酉 공망)에 영전할 시기가 되어
다시 재점하여 진위뢰괘를 얻었다.
관효가 申이므로 서쪽이 틀림없다.
단지, 세효가 상효에 있으므로 외지로
발령 난다고 알려준다.
과연 서쪽 외지로 영전하였다.

6. 징계점

왕성한 세효가 관효를 생합하거나 왕성한 관효가 세효에 임하면 징계를 면할 수 있지만, 손효가 세효에 임하고 동하거나 세효가 동하여 손효를 화출하거나 관효가 공파되고 동하여 회두극이 되면 직위에서 해임된다.

형효가 세효에 임하고 동하거나 재효가 파되고 동하여 흉으로 화하는데 만약 관효가 왕성하면 감봉에 그칠 뿐이지만 관효가 무너지면 재물과 직위를 모두 잃게 된다.

기신이 동하고 세효가 공망에 들면 출공하는 시기에 해로움을 당한다. 그러나 세효가 공망에 들고 원신이 동하여 상생하면 비록 기신이 동하여도 장애가 없으며 세효가 출공하는 시기에 기신이 원신을 오히려 생하여 세효를 생하게 하므로 해로움이 없다.

관효가 세효에 임하거나 관효가 세효 아래에서 복신으로 왕성하다면 비록 징계를 받아도 직위는 보존된다.
세효가 왕성하고 극상을 당하지 않고 관효가 공파되거나 형충극해를 받으면 직위는 잃어도 몸은 다치지 않는다.

【예27】 午월 丙辰일(子丑 공망)에 직위를 보존할 수 있는지.

여부점을 쳐서 뇌천대장괘가 택천쾌괘로 변하였다.

兄戌 ‖		
孫酉 / 孫申 ⚊		
父午 ⎮ 世		
兄辰 ⎮		
官寅 ⎮		
財子 ⎮ 應		

손효申이 동하여 진신으로 화하여 관효寅을 극하므로 申酉월에 직위가 위태하다고 알려준다.

과연, 酉월에 징계를 받고 면직되었다.

【예28】 未월 戊申일(寅卯 공망)에 징계를 면할 수 있는지.

여부점을 쳐서 뇌화풍괘가 화산려괘로 변하였다.

財巳 / 官戌 ⚊		
父申 ‖ 世		
財午 ⎮		
兄亥 ⎮		
官丑 ‖ 應		
官辰 / 孫卯 ⚊		

세효申이 일월의 생부를 받고
관효戌이 동하여 상생하고,
손효卯는 세효申에 절되어 무력하므로
징계받아도 직위는 유지된다고 알려준다.
과연, 그동안 세운 공으로 인하여 가벼운
징계를 받고 직위는 유지하였다.

【예29】寅월 丁巳일(子丑 공망)에 업무감찰이 염려되어 점을 쳐서 화산려괘가 지화명이괘로 변하였다.

財酉 / 兄巳	ㄨ	
孫未	‖	
財酉	ㄨ	應
財申	ㅣ	
兄午	‖	
父卯 / 孫辰	ㄨ	世

손효辰이 세효에 임하고 동하여 회두극으로 화하고 있으며, 관효는 나타나지 않으므로 업무감찰 결과 직위에서 해임된다고 알려준다. 과연, 업무감찰 결과 직위에서 해임되었다.

【예30】丑월 戊辰일(戌亥 공망)에 중상모략에 대비하는 점을 쳐서 수풍정괘가 풍택중부괘로 변하였다.

兄卯 / 父子	ㄨ	
財戌	ㅣ	世
官申	‖	
財丑 / 官酉	ㄨ	
父亥	ㅣ	應
孫巳 / 財丑	ㄨ	

세효戌을 일진辰이 충동하므로 공망이 되지 않으며 또한 세효를 극하는 기신이 없으므로 중상모략은 없겠으나
내괘에서 관국을 이루며 응효를 생하므로 다른 사람이 부임하고 이임한다고 알려준다. 과연, 다른 곳으로 이임하였다.

7. 출행점

• 출행出行이란 업무로 인한 출장이나 사람을 만나러 가는 여행 등을 모두 포함한다.

가. 자신의 출행점

세효는 출행하는 사람이고 응효는 목적이다.

세효가 왕성하고 유기하면 길하고 동하여 길로 화하거나 손효로 화하면 더욱 길하다. 만약, 쇠약하고 공파되고 동하여 흉으로 화하면 가지 않는 것이 좋다.

세효가 정효이면 일진이 충동하여야 출발할 수 있으며
세효가 왕상한 정효이면 충을 만나는 날에 출발한다.
세효가 동하여 화합化合하거나 일월동효와 합하면 반드시 사고로 인하여 지체되어 출발하지 못한다.

응효는 목적이므로 공파묘절되거나 동하여 귀효나 절로 화하거나 회두극이 되면 간다고 하여도 이익이 없다.
세효가 응효를 극하면 모든 일이 원활하게 처리되며
응효가 세효를 형충극하면 공사를 막론하고 모두 불리하다.

육충괘가 육충괘로 변하거나 세효가 쇠약한데 극을 당하면 갈 수 없게 되어 시작은 있어도 마침이 없게 된다.
간효는 동행인이며 동하여 세효를 극하면 반드시 해로움을 당하고 형효에 임하고 동하면 재물을 없애고 세효와 생합하면 길하다. 만약 간효가 모두 공망에 들면 중도에 장애가 없으므로 혼자 가는 것이 좋다.

출행점에서 손효가 동하거나 손효가 세효에 임하거나 세효가 손효로
화하면 출행의 여정에 근심과 재앙이 소멸된다.
손효가 세효를 극하여도 역시 길하다.

부효가 세효에 임하고 동하거나 부효가 동하여 세효에게 극을 당하면 여행
짐으로 인하여 부담을 받으며 날씨로 인하여 근심이 생긴다. 세효가 왕성
하면 무방하나 쇠약하고 흉으로 화하면 좋지 않다.
재효가 세효에 임하고 형효가 충극하면 주색으로 낭비하게 되며 간사한
사기꾼에게 속임수를 당하는 관재의 화를 입는다.

복음괘이면서 세효가 동하면 충개하는 일월에 출발한다.
반음괘이면 중도에 돌아오며 세효가 충극을 당하면 크게 흉하다.
육충괘이면서 세효가 정효이고 공망에 들면 출발할 수 없으며
수귀입묘하고 세효가 쇠약하면 돌아오지 못한다.
육합괘가 육충괘로 변하거나 절극으로 변하면 크게 흉하고
육합괘가 육합괘로 변하면 길하다.

여행 중에 편안함을 묻는다면 손효가 세효에 임하거나 손효가 세효를 극하
거나 생하거나 합하면 걱정이 없고 귀효가 세효에 임하면 근심이 생긴다.
귀효가 세효를 충극하면 관재를 당한다.
날씨를 묻는다면 날씨점을 별도로 쳐서 판단하여야 한다.
세효가 동하면 일진과 합일이나 치일에 도착하며
손효가 세효에 임하거나 손효가 다른 효에서 동하면 치일에 도착하고
세효가 퇴로 화하고 반음괘이면 중도에서 돌아온다.

동행하여 함께 여행하는 경우에는 응효가 중요하다.

응효가 세효를 상하면 동행인으로부터 해로움을 당하고 공파묘절되면
나를 배신하고 생합부조하면 친구처럼 의지할 수 있다.

삼합국을 이루면 같이 가는 길이 모두 뜻대로 이루어지며
육충괘를 만나면 중간에서 마음이 떠나가고
형효와 귀효가 동하면 숙소에서 해를 당하며,
손효가 동하면 여행 중에 편안하게 된다.

나. 다른 사람의 출행점

가족은 해당 육친을 용신으로 삼고
가족이 아닐 경우에는 응효를 용신으로 삼는다.

1) 출행인의 돌아오는 시기

출행한 시기가 최근이면 일日에 응하여 돌아오고
출행한 시기가 오래 되었으면 월月에 응하여 돌아온다.
출행한 시기가 오래 되었어도 당장 돌아온다면 일日로 판단한다.

세효가 용신을 극하면 돌아올 뜻이 없는 것이며
용신이 세효를 극하면 돌아올 날만 기다리고 있는 것이다.
용신이 묘절공파되면 돌아온다는 소식이 없으며 동하면 빨리 돌아오고
복장되면 출현하는 날에 돌아온다.

용신이 동하면 합을 만나는 날에 돌아오고 동하여 퇴신으로 화하면
돌아오지 않고 진신으로 화하면 반드시 돌아온다.

용신이 동하여 합을 만나면 일이 있어 지체되는 것이고 동하여 귀효로
화하면 외지에서 재난을 당한 것이며 동하여 극으로 화하면 좋지 않다.

용신이 삼합국을 이루면 충개하는 시기에 돌아오고
육충괘를 만나면 정처없이 다니며 돌아오지 못하고,
용신이 정효이면 충동하는 시기에 돌아오고
용신이 입묘되면 개묘하는 시기에 돌아온다.

세효가 공망되면 바로 돌아오며
용신이 정효로서 쇠약하고 공파되면 돌아올 생각이 없는 것이며
용신이 동효로서 왕성하고 공망되면 실공이나 충공하는 시기에 돌아온다.
괘가 극절로 변하거나 반음으로 변하거나 용신이 충극을 당하면 모두 돌아
올 뜻이 없는 것이다.

✒ 야학노인曰

용신이 묘절공파극상되면 병이 있는 것이며, 외지에서 평안한가
여부를 묻는다면 병의 유무를 보아야 하며 돌아올 시기를 묻는다면
괘상을 보고 판단하여야 한다.

【예31】亥월 甲子일(戌亥 공망)에 남편이 언제 돌아오겠는가.
하는 점을 쳐서 뇌천대장괘가 택풍대과괘로 변하였다.

兄戌 ∥	
孫酉 / 孫申 ∦	
父午 ∣ 世	
兄辰 ∣	
官寅 ∣	
兄丑 / 財子 ∦ 應	

남편점이므로 관효가 용신이다.
관효寅이 일월의 생을 받아 왕성하고
손효申이 동하여 진신으로 화하여
관효寅을 극충하므로
손효申과 합을 이루는 巳일에는 반드시 돌아
온다고 알려준다.
만약에 돌아올 시기를 묻지 않고 평안한가를
묻는다면, 관효寅이 손효申의 극충을 받으므로 용신이 병든 것이므로 불리하다고 판단하여야 할 것이다.

【예32】酉월 戊申일(寅卯 공망)에 모친이 밖에서 언제 돌아오시겠는가.
점을 쳐서 화산려괘가 간위산괘로 변하였다.

兄巳 ∣	
孫未 ∥	
孫戌 / 財酉 ∦ 應	
財申 ∣ (官亥)	
兄午 ∥	
孫辰 ∥ 世 (父卯)	

모친점이므로 부효가 용신이다.
부효卯가 복장되고 일월의 극을 받고 있으며,
육합괘가 육충괘로 변하였으므로 오지 못한
다고 알려준다.
과연, 돌아오지 않았다.

【예33】亥월 甲子일(戌亥 공망)에 직원이 언제 돌아오겠는가.

점을 쳐서 택화혁괘가 택천쾌괘로 변하였다.

官未 ‖	
父酉 ∣	
兄亥 ∣ 世	
兄亥 ∣ (財午)	
孫寅 / 官丑 ‖	
孫卯 ∣ 應	

직원점이므로 재효가 용신이다.

재효午가 복장되고 일월의 극을 받으나,

세효亥가 공망이므로 충공하는 巳일에는

돌아온다고 알려준다.

과연, 巳일에 도착하였다.

【예34】未월 戊戌일(辰巳 공망)에 백부가 언제 오겠는가.

점을 쳐서 수뢰둔괘가 택뢰수괘로 변하였다.

兄子 ‖	
官戌 ∣ 應	
兄亥 / 父申 ‖	
官辰 ‖ (財午)	
孫寅 ‖ 世	
兄子 ∣	

백부점이므로 부효가 용신이다.

부효申이 동하여 세효寅을 극하니 속히

돌아오겠으며

부효申이 동하여 형효亥를 화출하므로

亥월에 도착한다고 알려준다.

과연, 亥월에 도착하였다.

【예35】丑월 庚午일(戌亥 공망)에 멀리 나간 부친이 언제 돌아올 것인가.

점을 쳐서 천택리괘를 얻었다.

兄戌 ∣	
孫申 ∣ 世 (財子)	
父午 ∣	
兄丑 ‖	
官卯 ∣ 應	
父巳 ∣	

부친점이므로 부효午가 용신이다.

부효午가 세효申을 극하므로

오늘 반드시 돌아온다고 알려준다.

과연, 午일 申시에 도착하였다.

【예36】 寅월 癸亥일(子丑 공망)에 주인이 언제 돌아오겠는가.

점을 쳐서 산천대축괘가 풍천소축괘로 변하였다.

官寅 丨	주인점이므로 부효가 용신이다.
父巳 / 財子 ⚋ 應	용신이 나타나시 않았지만,
兄戌 ⚋	재효子가 동하여 부효巳를 화출하고
兄辰 丨	동효가 회두극을 받지 않으므로
官寅 丨 世	巳일에는 반드시 돌아온다고 알려준다.
財子 丨	과연, 巳일에 도착하였다.

【예37】 辰년 未월 丁丑일에 부친이 언제 오겠는가.

점을 쳐서 화천대유괘가 수풍정괘로 변하였다.

孫子 / 官巳 丨 應	부친점이므로 부효가 용신이다.
父戌 / 父未 ⚋	손효子가 부효를 화출하고 子丑합이 되었고
兄申 / 兄酉 丨	부효未가 동하여 진신으로 화하였다.
父辰 丨 世	부효未를 합하고 손효子를 충개하는
財寅 丨	午년에는 돌아온다고 알려준다.
父丑 / 孫子 丨	과연 午년 戌월에 도착하였다.

【예38】 亥월 甲子일(戌亥 공망)에 남편이 다른 곳으로 갔는지.

여부점을 쳐서 뇌천대장괘가 택풍대과괘로 변하였다.

兄戌 ⚋	남편점을 쳤으므로 관효가 용신이다.
孫酉 / 孫申 ⚋	손효申이 동하여 관효寅을 극하므로 다른 곳
父午 丨 世	으로 가지 않았으며 손효申과 합하는
兄辰 丨	巳일에 돌아온다고 알려준다.
官寅 丨	과연, 巳일에 돌아왔다.
兄丑 / 財子 丨 應	

【예39】 辰일 丙申일(辰巳 공망)에 직원이 문서를 가지고 오겠는가.

점을 쳐서 풍산점괘가 산지박괘로 변하였다.

官卯 丨 應	문서점이므로 부효가 용신이다.
財子 / 父巳 〻	부효巳가 회두극되어 문서를 얻지 못하며
兄未 ‖	손효申이 세효에 임하고 귀효卯로 화하니 근
官卯 / 孫申 〻 世	심이 되지만 오늘 酉시에 귀효를 충개하여
父午 ‖	근심이 해소되므로 돌아온다고 알려준다.
兄辰 ‖	과연, 酉시에 빈손으로 돌아왔다.

【예40】 酉월 癸酉일(戌亥 공망)에 형제가 언제 돌아오겠는가.

점을 쳐서 지수사괘가 지택림괘로 변하였다.

父酉 ‖ 應	형제점이므로 형효가 용신이다.
兄亥 ‖	형효亥가 왕성하고 공망에 들고
官丑 ‖	손효寅이 동하므로 출공하고 손효와
財午 ‖ 世	합이되는 亥일에 돌아온다고 알려준다.
官辰 丨	과연, 亥일에 도착하였다.
財巳 / 孫寅 〻	

2) 출행인의 평안을 묻는 경우

출행인의 평안함을 묻는다면 용신이 묘절공파되어 상하는 것이 있는지 없는지를 살펴보아야 하며, 언제 돌아올 것인가를 묻는다면 괘상을 보고 판단하여야 한다.

날씨로 인하여 배나 비행기를 타는 것이 근심된다면 날씨점으로 판단한다.

【예41】戌월 丙戌일(午未공망)에 배를 탔는데 날씨로 인하여 불안한데 평안하게 여행하겠는가. 여부를 묻는 점을 쳐서 산풍고가 손위풍괘로 변하였다.

兄寅 丨 應	
孫巳 / 父子 ∦	
財戌 ∥	
官酉 丨 世	
父亥 丨	
財丑 ∥	

세효에 귀효酉가 임하고, 부효子가 동하므로 子일에는 비바람이 불며 불안하고 근심스럽겠으나, 부효子가 동하여 손효巳를 화출하므로 巳일에는 날씨가 맑아지며 근심이 해소된다고 알려주고 있다.

巳일에 날씨가 맑아 평안하게 여행하였다.

【예42】辰월 甲戌일에 돛단배를 타도 괜찮은가.
　　　여부점을 쳐서 지풍승괘가 뇌풍항괘로 변하였다.

官酉 ∥	
父亥 ∥	
孫午 / 財丑 ∦ 世	
官酉 丨	
父亥 丨	
財丑 ∥ 應	

재효丑이 세효에 임하고 동하여 손효午를 화출하므로 순풍이 불겠으나, 손효午가 일묘되므로 午시에 순풍이 멈춘다고 알려준다.

과연, 오전에 바람이 불다가 午시에 바람이 멈추었다.

【예43】 酉월 戊申일(寅卯 공망)에 모친이 밖에서 평안한지.

여부를 묻는 점을 쳐서 화산려괘가 간위산괘로 변하였다.

```
        兄巳 |
        孫未 ‖           모친점이므로 부효가 용신이다.
孫戌 / 財酉 ⚊ 應       부효卯가 복신이며 일월동효의 충극을 받으
        財申 |  (官亥)    므로 평안하지 못하다고 알려준다.
        兄午 ‖
        孫辰 ‖ 世(父卯)
```

【예44】 亥월 甲子일(戌亥 공망)에 직원이 밖에서 평안한지.

여부를 묻는 점을 쳐서 택화혁괘가 택천쾌괘로 변하였다.

```
        官未 ‖
        父酉 |           직원점이므로 재효가 용신이다.
        兄亥 | 世         재효午가 복신이며 일월의 극을 당하므로
        兄亥 |  (財午)     평안하지 못하다고 알려준다.
孫寅 / 官丑 ⚊
        孫卯 | 應
```

【예45】 亥월 甲子일(戌亥 공망)에 남편이 밖에서 평안한지.

여부를 묻는 점을 쳐서 뇌천대장괘가 택풍대과괘로 변하였다.

```
        兄戌 ‖
孫酉 / 孫申 ⚊           남편점은 관효가 용신이다.
        父午 | 世         손효申이 동하여 관효寅을 극충하므로
        兄辰 |           평안하지 못하다고 알려준다.
        官寅 |
兄丑 / 財子 ⚊ 應
```

【예46】 寅월 庚寅일(午未 공망)에 주인이 지방으로 갔는데 평안한지.
여부점을 쳐서 풍지관괘를 얻었다.

財卯 ｜	주인점은 부효가 용신이다.
官巳 ｜	세효에 임한 부효未가 봄에 진공을 만났으니
父未 ‖ 世	좋지 않은 징조이다.
財卯 ‖	감히 판단하기 어려우니
官巳 ‖	재점하여 판단하리라.
父未 ‖ 應	

같은 날 형제가 재점하여 풍택중부괘가 지택림괘로 변하였다.

孫酉 / 官卯 ⺅	형제점이므로 형효가 용신이다.
財亥 / 父巳 ⺅	형효未가 역시 진공을 만나 흉한 징조이다.
兄未 ‖ 世	다시 재점하여 판단하리라.
兄丑 ‖	
官卯 ｜	
父巳 ｜ 應	

다음 날 辛卯일(午未 공망)에 다른 직원이 재점하여 감위수괘가 택수곤괘로 변하였다.

兄子 ‖ 世	주인점이므로 부효가 용신이다.
官戌 ｜	부효申이 동하여 세효子를 생하므로
兄亥 / 父申 ⺙	부효申과 합이 되는 巳월에는 돌아온다고
財午 ‖ 應	알려준다. 앞의 두 괘에서 용신이 진공에 들
官辰 ｜	어 지금은 괜찮아도 출공하는 未년에는 위험
孫寅 ‖	하다는 것을 신이 먼 일을 알려주고 있다.
	과연, 未년에 사망하였다.

4부 직장점

5부
사업점

1. 창업점

가. 창업점

사업을 하고자 창업점이나 사업자금을 구하는 점이나 투자하는 점은 모두 재효가 용신이고 손효는 원신으로서 복신福神이다.

재효와 손효가 모두 왕성하고 길로 화하고 세효와 생합하면 모든 일이 뜻대로 되지만 공파묘절되거나 형충극해를 만나거나 동하여 흉으로 화하거나 일월이 충극하면 일이 뜻대로 되지 않으므로 요행을 바라지 마라.

부효와 형효는 기신으로서 함께 동하면 손효와 재효를 극상하므로 반드시 만사가 가로막히고 재물이 소모되지만 만약 손효와 형효가 함께 동하면 반가운데 이는 형효가 동하여 손효를 생하기 때문이다.

재효 형효 손효가 모두 동하면 더욱 반가운데 형효가 동하여 손효를 생하고 손효가 동하여 재효를 생하므로 이익이 매우 두터우며 오래도록 이익을 얻을 수 있다.

형효와 재효와 관귀효가 함께 동하면 관귀효가 형효를 극제하므로 역시 득재할 수 있다. 그러나 형효가 정효이면 재효를 극상하지 않는데 관귀효가 동하면 오히려 재효의 기운을 설기하며 구설수가 따른다.

✒ 야학노인曰

삼합으로 재국이나 손국을 이루어 세효를 생하면 길하지만 부국을 이루면 노력하여도 고생만 하고 형국을 이루면 파재하며 귀국을 이루면 관재구설수가 있고 세효를 극하면 더욱 흉하다.

나. 사업자금을 구하는 점

재효와 손효가 괘에 나타나지 않거나 나타나고 휴수공파묘절되거나
극을 받아 형충으로 무너지면 사업을 해서는 안 된다.
만약 일월이 재효이거나 복신이어도 왕성하므로 구할 수 있다

재효가 일월에 임하고 동효와 변효에 재효가 세 개 이상 나타나면
태과하다고 하는데 재효가 입묘되는 시기를 기다려야 득재할 수 있다.

🖋 야학노인曰

형효가 세효에 임하여도 세효가 월파 순공 화묘되거나 일월이 재효가
되면서 형효가 임한 세효를 충극하거나 형효가 임한 세효가 동하여
재효를 변출하면 모두 득재한다.

【예1】 巳월 丁巳일(子丑 공망)에 사업자금을 구할 수 있는가.
여부점을 쳐서 수화기제괘가 풍수환괘로 변하였다.

孫卯 / 兄子 ‖ 應	
官戌 ㅣ	
父申 ‖	
財午 / 兄亥 ⼁ 世	
官辰 / 官丑 ⼁	
孫寅 / 孫卯 ⼁	

사업자금 구하는 점은 재효가 용신이다.
세효가 동하여 재효午를 화출하고
형효亥가 임하지만, 월파되었고 응효에
형효子를 충공하는 午일에는 자금을 구한
다고 알려준다.
과연, 다음 날 午일에 자금을 구하였다.

이 괘에서는 지금 당장 필요한 자금을 구하는 점이라면 구할 수 있지만
오래도록 구하는 자금이라면 구할 수 없다.
지금 당장은 손효가 동하여 관귀효를 제거하지만 손효가 퇴신으로
화하므로 오래도록 관귀효를 극상하지 못하기 때문이다.

【예2】 酉월 戊午일(子丑 공망)에 사업자금을 구하는 점을 쳐서 택화혁괘를
얻었다.

官未 ‖	
父酉 ㅣ	
兄亥 ㅣ 世	
兄亥 ㅣ	
官丑 ‖	
孫卯 ㅣ 應	

사업자금 구하는 점은 재효가 용신이다.
용신인 재효가 나타나지 않았고,
부효酉는 월건에 임하여 왕성한데
세효에 임한 형효亥를 생조하므로
자금을 구하기 어렵다고 알려준다.
과연, 사업자금을 구하지 못하였다.

【예3】 未월 丁卯일(戌亥 공망)에 사업자금을 구할 수 있는가.
점을 쳐서 화지진괘를 얻었다.

官巳 ㅣ
父未 ‖
兄酉 ㅣ 世
財卯 ‖
官巳 ‖
父未 ‖ 應

사업자금 구하는 점에 재효가 용신이다.
세효에 형효酉가 임하지만, 월건에 임한
응효未가 세효를 생하고 재효卯가 일진에
임하여 세효를 충동하므로 합이 되는
辰일에는 구한다고 알려준다.
과연, 다음 날 辰일에 구하였다.

【예4】 巳월 戊午일(子丑 공망)에 어느 날 사업자금을 구할 수 있는가.
하는 점을 쳐서 이위화괘가 뇌화풍괘로 변하였다.

孫戌 / 兄巳 ㅣ 世
孫未 ‖
財酉 ㅣ
官亥 ㅣ 應
孫丑 ‖
父卯 ㅣ

사업자금 구하는 점에 재효가 용신이다.
세효에 형효巳가 임하고 왕성하지만,
형효巳가 동하여 화묘되므로 재효酉를
극하지 못한다.
재효酉를 충동하는 卯일에는 자금을 구한
다고 알려준다. 과연, 구하였다.

다. 관청의 인허가를 받는 점

관효가 세효에 임하고 재효가 동하여 상생하거나 재효가 세효에 임하고 관효에 결함이 없으며 일월의 생부를 받으면 관청으로부터 인허가를 받을 수 있다. 대개 관청의 도움을 받는 점에서는 세효와 관효가 생합하여야 유리하다.

육합괘를 만나도 용신이 왕상하거나 세효와 재효와 관효가 상합하여야 길하다. 육충괘를 만나도 용신이 극상하고 무너져야 비로소 흉하다.
반음을 얻고 세효가 동하여 퇴신으로 화하면 일이 지체되고 억지로 행하여도 결국 빈손으로 돌아오게 된다.

재효가 세효에 임하고 관효가 응효에 임하면 뜻대로 되지 않음이 없으나 세효가 공파묘절되거나 동하여 흉으로 변하면 모두 흉하며 응효가 세효를 극하거나 형효가 세효를 극하면 흉함이 가벼우나 귀효가 세효에 임하거나 세효가 귀효로 화하면 흉함이 적지 않다.

세효와 응효가 서로 충극하고 복신으로서 공망에 들면 관청의 인허가를 받기 어려우며, 관효가 세효를 극하고 세효가 귀효로 화하거나 회두극이 되면 흉하므로 조심하여야 한다. 재효와 관효가 세효에 임하거나 세효를 생하면 길하게 된다. 세효가 동하여 공파로 화하면 공파가 실하는 시기에 응한다.

【예5】 申월 丁卯일(戌亥 공망)에 관청의 인허가를 받을 수 있는가 여부점을 쳐서 천화동인괘를 얻었다.

孫戌 ┃ 應	관효亥가 월건申의 생을 받고, 세효에 임하여 공망에 들었으므로 출공하는 亥일에 인허가를 받는다고 알려준다. 과연, 亥일에 관청의 인허가를 받았다.
財申 ┃	
兄午 ┃	
官亥 ┃ 世	
孫丑 ┃┃	
父卯 ┃	

라. 창업길흉점

반음괘를 얻으면 창업하여도 폐업하고 다시 창업하며 오래된 영업점인 경우에는 다른 자리로 옮겨서 재창업을 하게 된다.

육합괘를 얻거나 육충괘가 육합괘로 변하거나 세효와 재효와 손효가 삼합을 이루면 폐업하여도 다시 창업하여 영업이 번성하지만 육합괘가 육충괘로 변하면 현재 영업이 번성하여도 결국 폐업하게 된다.

합자를 하여 창업을 하는 경우에는, 세효와 응효에 형효가 임하면 불길하며 형효가 동하여도 역시 불길한데 만약 세효가 형효에 임하고 일월이 재효로서 세효를 충극하면 오히려 길하게 된다.
내외괘에 재효가 없고 복신으로 있으며 또한 공망에 들면 결국 본전을 손해 본다.

2. 영업점

가. 세효와 응효의 관계
창업을 하여 영업을 하는 점을 치는 경우에는 세효와 응효의 관계를
살핀다.

세효는 자신이고 응효는 고객이며 또는 동업자가 된다.
세효와 응효가 서로 생합하면 피차 한마음이 되고
응효가 세효를 생하면 상대가 나를 이롭게 하는 것이며
세효가 응효를 생하면 내가 상대를 이롭게 하는 것이다.

세효와 응효가 서로 극충하면 두 사람의 마음이 변하고
응효가 세효를 극하면 내가 상대에게 속임을 당하고,
세효가 응효를 극하면 상대가 나의 수단에 넘어가는 것이다.

응효에 현무 형효가 임하면 사기꾼이며
응효에 관귀효가 임하여 세효를 극하면 관재구설을 당하며,
세효에 재효가 임하고 응효에 형효가 임하면 상대로부터 손해를 보며
응효에 손효가 임하면 상대방의 힘을 얻는다.
세효와 응효가 공망이고 합하면 피차 속이는 마음이 있다.

응효가 세효를 생합하면 고객이 생하므로 계약이 성사되고,
응효와 세효가 서로 충극하면 단골이어도 원수로 변한다.

나. 귀효가 동하는 경우

귀효가 동하면 시비를 초래하며 귀효가 동하여 세효를 극하면 재난이 끊임없이 이어진다. 그러나 귀효와 형효가 함께 동하면 시비를 초래한 다고 말해서는 안된다.

대개 귀효가 동하면 형효를 극제하므로 재효를 겁탈하지 못한다.
형효는 귀효가 제복할 수 있으나 세효가 수귀입묘하거나
세효가 동하여 흉으로 변하면 흉하다.

대개 영업점에서 재효가 동하는 것이 좋으나 만약 귀효가 동하면
재효가 귀효를 도와 세효를 극상하므로 흉하다.
재효는 자본이므로 쇠묘공파하거나 동하여 흉으로 화하거나 일월이
형충극해하거나 세효와 재효가 공망에 드는 것은 흉하다.

【예6】 酉월 丙午일(寅卯 공망)에 영업으로 돈을 벌 수 있겠는가.
　　　　여부점을 쳐서 지수사괘가 감위수괘로 변하였다

```
        父酉 ‖ 應
  官戌 / 兄亥 ⚏
        官丑 ‖
        財午 ‖ 世
        官辰 ∣
        孫寅 ‖
```

재효午가 세효에 임하고,
형효亥가 동하여 귀효로 화하여 회두극을
받아 세효午를 극하지 못하므로 반드시
돈을 벌 수 있으리라.
과연, 돈을 벌었으나 형효가 귀효로
변하므로 戌월에 동생이 급사하였다.

다. 반음괘를 얻는 경우

반음괘를 얻으면 영업을 하고 싶어도 하지 못하게 되거나 창업을 하였다가 폐업을 하고 다시 창업하는 등 반복하게 된다.

만약 창업한지 오래되었다면 점포를 다시 옮기기도 한다.

라. 육합괘나 육충괘를 얻는 경우

육합괘를 만나거나 육충괘가 육합괘로 변하거나 세효와 재효와 손효가 삼합을 이루면 폐업하여도 다시 창업하여 발전하고,

육합괘가 육충괘로 변하면 지금은 영업이 잘 되어도 결국 영업이 잘 안된다.

3. 투자점

관효와 응효가 왕성하고 세효를 생합하면 투자하여도 좋지만,
만약 정효이면서 쇠약하고 공파되면 사기를 당하기 쉽다.
응효가 세효를 극하면 거래가 명확하지 못하고 형효가 재효를 극하면
투자금을 회수하지 못한다.

손효와 재효가 왕성하면 투자이익이 풍부하지만 형효가 동하면 투자이익을 보기 어렵다. 주작이 형효와 귀효에 임하면서 동하여 세효를 극하면 관재구설이 있으며 현무가 형효와 귀효에 임하면서 세효를 극하면 반드시 투자금을 잃어버린다.

형효가 태과하면 형효가 입묘하는 날이나 형효를 극상하는 날에 파재하게 된다. 재효가 귀효로 변하거나 형효로 화하는 것은 주로 파재하며 다시 세효가 극상을 받으면 재물로 인하여 화를 초래한다. 형효가 동하여도 귀효로 변하고 회두극을 당하면 세효를 극상하지 못하므로 길하다.

【예7】 巳월 丙辰일(子丑 공망)에 사업에 투자하여도 되는지.
여부점을 쳐서 화수미제괘가 뇌택귀매괘로 변하였다.

孫戌 / 兄巳 ㅓ 應	세효午와 응효巳가 형효이고 태과한데
孫未 ‖	지금은 월건巳에 임하므로 괜찮아도
財酉 │	戌월에 태과한 형효가 입묘하면 손실을
兄午 ‖ 世	본다고 알려준다.
孫辰 │	과연, 戌월에 투자 손실을 보았다.
兄巳 / 父寅 ㅓ	

【예8】 巳월 戊申일(寅卯 공망)에 주식투자점을 쳐서 풍산점괘가 손위풍괘로 변하였다.

官卯 丨 應
父巳 丨
兄未 ‖
　　孫申 丨 世
財亥 / 父午 ⚊
兄辰 ‖

손효申이 세효와 일진에 임하고
부효午가 동하여 회두극되지만,
재효亥가 월파되는 것이 좋지 않다.
손효申을 극하는 巳시와 午시에는
손해본다고 알려준다.
과연 辰시에는 이익을 보았으나 午시에
돈을 많이 잃었다.

✎ 투자점에서 주의할 점

투기로 횡재하려는 생각으로 점을 친다면 이는 신에 대한 의와 예를
저버리는 것이다.

가령 복권에 당첨되겠는가 또는 주식투자에서 급등하는 주식을 가르쳐
달라고 신에게 묻는다면 신은 난감해 할 것이다.

역이란 상심한 일이 있을 때 신에게 고하면 신이 길흉을 알려줄 것이지
만, 의도 아니고 예도 아니며 불효 불충한 생각으로 횡재하려고만 한다
면 하늘의 뜻을 거스르는 것이므로 어찌 알려줄 것인가.

복희 성인이 역을 만들면서 사람들에게 패역한 이치와 의를 옳지않는
일에 쓰라고 역을 가르치지 않았다.

그러므로 그러한 일을 점친다면 결코 명쾌한 해답을 구할 수 없으리라.

4. 매매점

영업을 하는 것은 상품을 구매하고 판매하는 행위이다.
그러므로 사업점에서 상품의 매매는 매우 중요하다.

가. 상품을 매매하는 시기
상품을 사고 파는 것은 상반된 것으로서 재효가 왕성하면 판매하여도
되지만 재효가 쇠약하면 구매하는 것이 좋다.
가령 가을에 점을 쳐서 재효가 申酉나 亥子이면 왕성하므로 판매하는
것이 좋고 재효가 寅卯나 巳午이면 구매하는 것이 좋다.

재효가 태왕하면 입묘되는 월에 이익을 얻고 휴수하면 생왕한 월에
판매하여야 하며 입묘하면 충개하는 시기를 기다려야 한다.
절을 만나면 생왕을 만나야 하고 월파되면 전실하는 시기를 기다리고
극을 받으면 극신을 충거하는 시기를 기다리고, 복장되면 출현되는
시기를 기다리고 순공에 들면 충공이나 실공하는 월을 기다려야 하고
재효가 합주되면 충개하는 시기를 기다려야 제값을 받을 수 있다.

【예9】 子월 己丑일(午未 공망)에 가격이 오르는 시기가 언제인가.
　　　점을 쳐서 뇌택귀매괘가 태위택괘로 변하였다.

父戌 ‖ 應	재효卯가 월건의 생부를 받지만,
兄酉 / 兄申 ‖	형효申이 동하여 재효卯를 극제하므로
官午 ∣	지금은 가격을 제대로 받지 못한다.
父丑 ‖ 世	寅월에 극신인 형효申을 충거하면 가격이
財卯 ∣	오른다고 알려준다.
官巳 ∣	과연, 寅월에 가격이 뛰었다.

【예10】 巳월 戊申일(寅卯 공망)에 상품을 구매하여도 이익이 있겠는가.
여부점을 쳐서 지뢰복괘가 산뢰이괘로 변하였다.

官寅 / 孫酉 ⚋
財亥 ⚋
兄丑 ⚋ 應
兄辰 ⚋
官寅 ⚋
財子 ⚊ 世

손효와 재효가 巳월에 모두 휴수되었지만 재효子가 세효에 임하고 손효酉가 동하여 세효를 생하고 일진申이 생하므로, 지금 구매하여 재효가 생왕한 가을과 겨울에 팔면 반드시 이익을 본다고 알려준다. 과연, 4배의 이익을 얻었다.

【예11】 卯월 乙未일(辰巳 공망)에 매매점을 쳐서 풍화가인괘가 풍천소축괘로 변하였다.

兄卯 ⚊
孫巳 ⚊ 應
財未 ⚋
父亥 ⚊
兄寅 / 財丑 ⚋ 世
兄卯 ⚊

재효丑이 세효에 임하였으나, 쇠약하고 일파되며 동하여 회두극되므로 세효와 재효가 극상되었다. 未월에 무근한 세효가 월파되면, 파재할 뿐만 아니라 신상의 화를 조심하라고 알려준다. 과연, 未월에 화재로 인하여 파재하고 자신은 화상을 입었다.

재효가 쇠약한데 일월의 생부가 있어 유근하면 장차 판매할 수 있으며 만약 무근하면 종내 판매할 수 없다.

【예9】에서는 재효卯가 월건子의 생을 받아 유근하므로 寅월에 극신인 형효申을 충거하여 득재한 것이며

【예11】에서는 재효丑이 쇠약하고 일파되었으며 생부하는 것이 없어 무근하므로 세효와 재효가 모두 극상을 당하여 구할 수 없으므로 월파되는 未월에 파재한 것이다.

나. 상품의 가격

재효가 진신으로 화하면 좋은 가격으로 판매할 수 있으며

재효가 퇴신으로 화하면 가격이 점차 하락하므로 빨리 판매하는 것이 유리하게 된다.

성수기와 비수기가 있는데 가령 여름에는 삼베가 성수기이고 겨울에는 면이 성수기이며 목재나 비단은 성수기나 비수기가 없다.

재효가 합을 만나면 동하여 합을 만나는 날에 응하며, 재효가 쇠약하고 정효이어도 일월의 생합이 있으면 제 값을 받을 수 있다.

정효가 재효로서 왕상하거나 공망이면 일진이 충동하면 가격이 오르고 휴수한데 일진이 충동하면 일파가 되므로 가격을 제대로 받지 못한다.

【예12】 寅월 己酉일(寅卯 공망)에 언제 판매하여야 제 값을 받을 수 있는지 점을 쳐서 산화비괘를 얻었다.

官寅 |
財子 ‖
兄戌 ‖ 應
財亥 |
兄丑 ‖
官卯 | 世

육합괘를 만나고 재효亥가 일진酉의 생을 받고 월건寅과 합을 하므로 지금 판매하면 제 값을 받을 수 있다.

단지 세효卯를 일진酉가 충동하므로 다른 곳으로 옮겨서 팔라고 알려준다.

과연, 다른 곳으로 옮겨 팔았더니 제 값을 받고 모두 판매하였다.

【예13】 寅월 己亥일(辰巳 공망)에 구매점을 쳐서 산뢰이괘를 얻었다.

兄寅 |
父子 ‖
財戌 ‖ 世
財辰 ‖
兄寅 ‖
父子 | 應

재효가 쇠약한데 재효를 생부하는 원신도 없으므로 장차 값어치가 없어지니 구매하여서는 안 된다고 알려준다.

후에 듣지 않고 구매하여 4년간 보관하였으나 반은 썩어 버리고 큰 손해를 보았다.

다. 상품의 매매 장소

재효와 세효가 내괘에 있으면

재효가 왕성하고 세효와 생합하거나 동하여 진신으로 화하거나,

재효가 세효에 임하면 외지에서 판매하는 것이 좋다.

그러나 재효가 세효와 생합하지 않거나 세효가 동하여 흉으로 화하면

외지로 나가도 때를 만나지 못한다.

세효와 재효가 왕성하여도 동하여 퇴신으로 화하면 가까운 곳에서

판매하는 것이 좋다.

재효와 응효가 외괘에 있으면 재효와 세효는 내괘에 있는 것이 좋으며

응효가 동하여 세효와 생합하여야 유리하다. 만약 응효가 세효와 생합

하지 않으면 응효가 왕성하여도 소용이 없다.

육충괘를 얻어도 재효가 왕성하면 재점하여 판단하지만,

재효가 쇠약하면 재점할 필요가 없이 그 자리에서 판매한다.

육합괘를 얻으면 재효가 세효에 임하고 동하면 다른 곳으로 옮겨서

판매하여야 하지만 재효가 쇠약하고 정효이면 그 자리에서 판매하여야

한다.

상품을 어느 장소에서 매매할 것인가 하는 점을 친다면 반드시 그 방향

을 지칭하고 점을 쳐야 하며, 어떤 상품을 살 것인가를 점친다면 반드시

어떤 물건을 살 것인가를 생각하고 점을 쳐야 비로소 효과를 본다.

【예14】 午月 戊子일(午未 공망)에 북쪽 지방에서 콩을 구매하면 이익이 나겠는가. 하는 점을 쳐서 지택림괘를 얻었다.

孫酉 ‖
財亥 ‖ 應
兄丑 ‖
兄丑 ‖
官卯 ｜ 世
父巳 ｜

새효亥가 외괘에서 휴수하므로 북쪽 지방의 콩을 싼 값에 구매할 수 있으며 일진子가 세효卯를 생하므로 이익을 크게 얻을 수 있다고 알려준다.

단지 월건이 간효인 형효丑을 생하고 일진子와 합이 되므로 비용이 많이 들어가겠다.

과연, 중간상인이 속임수를 써서 비용이 많이 들어갔으나 다행히 콩값이 크게 올라 큰 이익을 보았다.

【예15】 未月 戊申일(寅卯 공망)에 동쪽에 있는 친척을 방문하고 돌아오는 길에 무슨 상품을 사와야 이익이 나겠는가. 점을 쳐서 화산려괘를 얻었다.

兄巳 ｜
孫未 ‖
財酉 ｜ 應
財申 ｜
兄午 ‖
孫辰 ‖ 世

육합괘를 만나므로 출행길은 순조롭겠으나, 무슨 상품을 사와야 하는 것을 알기는 어렵다.

단지, 돌아오는 시기가 겨울이면 여름에 필요한 상품을 사면 이익이 크게 날 것이다.

과연, 부채와 우산을 사서 여름에 팔고 큰 이익을 남겼다.

라. 가축매매점

가축매매점은 손효가 용신이며 겸하여 재효를 살핀다.

【예16】 丑월 丁卯일(戌亥 공망)에 말을 구입하여 팔려고 하는 점을 쳐서
화풍정괘가 화천대유괘로 변하였다.

兄巳 ┃	
孫未 ┃┃ 應	
財酉 ┃	
財酉 ┃	
官亥 ┃ 世	
官子 / 孫丑 ┃┃	

내괘에서 손효丑이 월건에 임하고 동하였
으나 귀효로 변한 것이 좋지 않으며
외괘에서도 손효未가 월파되므로 좋지
않다.
다행히 간효인 재효酉가 일진卯에 의하여
충동되어 세효亥를 생하므로 비록 큰 손해
는 없다고 알려준다.

과연 70여필의 말이 도중에 많이 죽어 겨우 28필만 남았으나 다행히
큰 손해를 보지 않고 팔았다.

5. 채권채무점

형효가 세효와 응효에 임하면 빌려준 돈을 돌려받지 못하지만,
형효가 쇠약하고 공파묘되고 동하여 재효를 화출하면 받을 수 있다.
응효에 귀효가 임하고 세효를 극하면 상대가 약속을 저버리고
응효에 재효가 임하고 세효를 생하면 약속을 성실하게 지킨다.

계모임에는 재효가 왕성한 것이 좋으며 세효와 응효가 서로 상생하는
것이 좋다.
그러나 육충괘를 만나면 재효가 비록 왕성하여도 오래 가지 못하며
육충괘가 육합괘로 변하면 유지할 수 있으나 육합괘가 육충괘로 변하면
용두사미가 되므로 빨리 그만 두는 것이 좋다.

계모임을 언제 하는 것이 좋은가.
재효가 공파되면 전실되는 시기에 하는 것이 좋고 재효가 복장되면 출
현하는 시기에 하는 것이 좋으며 재효가 태왕하면 입묘되는 시기에 하
는 것이 좋고 재효가 쇠절하면 생왕한 시기에 하는 것이 좋고 재효가 회
두극되거나 쇠약한데 정효이거나 파공을 만나거나 육충괘를 만나면 그
모임은 반드시 흩어지게 된다.

【예17】 未월 丁卯일(戌亥 공망)에 대출점을 쳐서 태위택괘가 진위뢰괘로
변하였다.

```
      父未 ∥ 世
  兄申 / 兄酉 ✕
      孫亥 |
      父丑 ∥ 應
  財寅 / 財卯 ✕
      官巳 |
```

재효卯가 동하여 비록 퇴신으로 화하였지
만 일진卯가 임하여 왕상하고,
형효酉도 동하여 퇴신으로 화하고 일파되
어 형효가 재효를 극하지 못한다.
형효酉를 합하는 辰일에 대출을 받을 수
있다고 알려준다.
과연, 辰일에 대출을 받았다.

【예18】 酉월 丁卯일(戌亥 공망)에 사업자금을 빌릴 수 있는가.
여부점을 쳐서 화지진괘를 얻었다.

```
      官巳 |
      父未 ∥
      兄酉 | 世
      財卯 ∥
      官巳 ∥
      父未 ∥ 應
```

재효卯와 세효酉가 일월에 임하여 왕성하
고, 응효未가 세효酉를 생하고 있으며
비록 형효酉가 세효에 임하였지만 일진이
충동하므로 세효가 합을 만나는 辰일에는
반드시 빌릴 수 있다고 알려준다.
과연, 다음 날 辰일에 사업자금을 빌렸다.

【예19】巳월 丁巳일(子丑 공망)에 판매대금이 언제 들어오는가.
　　　　점을 쳐서 수화기제괘가 풍수환괘로 변하였다.

孫卯 / 兄子 ╫ 應
　　　 官戌 ┃
　　　 父申 ╫
財午 / 兄亥 ╳ 世
官辰 / 官丑 ╫
孫寅 / 孫卯 ╱

세효亥가 동하여 재효午를 화출하고
재효午를 일월이 생부하고 있으며,
응효子가 공망에 들었으므로 충공하는
내일 午시에 반드시 들어온다고 알려준다.
과연, 다음 날 판매대금이 들어왔다.

【예20】巳월 戊寅일(申酉 공망)에 언제 판매대금이 들어오는가.
　　　　점을 쳐서 이위화괘가 뇌화풍괘로 변하였다.

孫戌 / 兄巳 ╱ 世
　　　 孫未 ╫
　　　 財酉 ┃
　　　 官亥 ┃ 應
　　　 孫丑 ╫
　　　 父卯 ┃

재효酉가 공망에 들었으며
형효巳가 세효에 임하여 묘로 화하므로
재효酉를 극하지 못한다.
卯일에 재효를 충공하므로 판매대금이
들어온다고 알려준다.
과연, 다음날 卯일에 대금이 들어왔다.

5부 사업점

6부
소송점

소송에는 민사소송과 형사소송 그리고 행정소송이 있다.
일반적으로 형사소송과 행정소송을 관재소송이라고 한다.

민사소송은 개인간의 분쟁을 해결하는 소송이고, 형사소송은 형법상 범죄를 저지른 자에게 국가가 수사를 하고, 유무죄를 판결하고 유죄이면 형벌을 부과하는 소송이며 행정소송은 국가를 상대로 제기하는 소송이다.

소송점에서는 세효와 응효의 관계를 살핀다.
형사소송점에서는 세효가 본인이고 응효가 검찰이다.
행정소송점에서는 세효가 본인이고 응효가 관청이다.
민사소송점에서는 세효가 본인이고 응효가 상대방이다.

세효와 붙은 간효는 나의 증인이며
응효와 붙은 간효는 상대의 증인이다.
간효가 세효를 충극하면 나에게 불리하며
간효가 응효를 충극하면 상대에게 불리하다.

세효가 동하여 응효를 극하면 내가 송사를 일으키고
응효가 동하여 세효를 극하면 상대가 송사를 일으킨다.
일월동효가 세효를 극하면 내가 소송에서 지며
일월동효가 응효를 극하면 상대가 소송에서 진다.

육충괘는 소송에 대한 중재가 이루어지며 소송을 취하하거나
기각되며 원만하게 마무리할 수 있다.
육합괘는 소송을 마무리하지 못하고 질질 끌면서 오래 진행된다.
그러나 반드시 용신의 쇠왕으로 판별하여야 한다.

1. 형사소송점

세효가 피고이며 응효는 검찰로서 원고가 된다.
세효가 퇴신으로 화하거나 세효가 공파되거나 육충으로 변하거나 세효가
형충을 받거나 수귀입묘하면 형벌을 받고 감옥에 가며,
재효와 손효가 동하여 부효와 관귀효를 극파하면 무죄를 선고받는다.

관귀효는 판결을 내리는 법원이며 손효는 변호사이다.
관귀효가 세효에 임하거나 관귀효가 동하여 세효를 극파하면 형벌이
무거우며, 관귀효가 공파되고 손효가 세효에 임하거나 동하면 가벼운
형벌을 받는다.
관귀효가 동하여 응효를 극파하면 검찰이 패소하고 무죄를 선고받는다.

관귀효와 부효가 함께 동하면 법원의 판결이 정당하며,
관귀효와 부효가 세효를 극하면 억울한 판결을 받는다.
형효가 동하거나 재효가 동하면 벌금형을 받는다.

【예1】 丑월 壬子일(寅卯 공망)에 형사소송점을 쳐서 천산둔괘를 얻었다.

父戌 丨	
兄申 丨 應	
官午 丨	
兄申 丨	
官午 ‖ 世	
父辰 ‖	

형사소송점에서는 세효가 본인이다.
세효에 귀효午가 임하고
손효가 보이지 않는다.
세효가 丑월에 쇠약하고,
일진子가 세효午를 충파하므로 반드시
子일인 오늘 형벌을 받는다고 알려준다.

【예2】 未월 戊辰일(戌亥 공망)에 중죄가 구형되었으나 무죄여부점을 쳐서
　　　　산풍고괘가 산택손괘로 변하였다.

兄寅 ｜ 應	
父子 ‖	
財戌 ‖	
財丑 / 官酉 ⚊ 世	
父亥 ｜	
孫巳 / 財丑 ⚊	

형사소송점이므로 세효가 본인이다.
세효에 귀효酉가 임하고, 丑동묘와 丑화묘에
수귀입묘 하지만, 일월이 세효酉를 생하고
丑묘는 월파되므로 무죄를 받을 수 있다고
알려준다.
과연, 酉년 辰월에 사면되었다.

2. 민사소송점

세효가 왕상하여 응효를 극하는 것이 좋으며 동하여 길로 화하면 소송에서
반드시 이기게 된다.
세효가 공파하거나 동하여 퇴신으로 화하면 내가 불리하고
응효가 동하거나 왕하거나 진신으로 화하면 상대방이 유리하다.

3. 행정소송점

행정소송은 행정법규의 정당한 적용과 개인의 권리구제를 목적으로 하는
주관적 소송을 의미하며, 객관적 소송은 국가나 행정기관의 위법행위나 행
정기관 상호간의 권한쟁의에 대하여 법률에 특별한 규정이 있는 경우에만
제기할 수 있다.

부효는 공소장이며 부효가 세효에 임하거나 세효를 합하거나
세오와 일월동효가 생합이 되면 유용하게 된다.
형효가 세효에 임하고 일월이 생하며 세효와 부효가 동하여 길로 화하거나
세효가 부효로 화하여 회두생하면 공소가 인정된다.
재효가 세효에 임하거나 재효가 발동하면 공소가 기각되며
부효가 세효에 임하고 재효와 관효가 함께 동하면 재효가 동하여 관효를
생하고 관효가 동하여 세효를 생하므로 기쁜 일이 있다.
귀효가 세효를 극하면 흉한데 다시 재효가 동하여 귀효를 도우면 그 화를
면하지 못한다.
세효가 귀효로 화하고 회두극으로 화하거나 수귀입묘하거나 반음괘를 얻거
나 절괘로 변하거나 세효가 충극을 당하면 공소를 취하하는 것이 이롭다.
세효가 공파에 임하고 절에 임하거나 절로 화하거나 삼묘에 들면 공소를
인정을 받지 못한다. 세효가 동하여 흉으로 화하거나 세오나 일월동효가
세효를 충극하면 오히려 어려움을 당하게 된다.
오효가 세효를 생하면 길하며 오효가 극을 받거나 공파쇠절하면 세효를
생하지 못한다.

【예3】巳년 巳월 丁卯일(戌亥 공망)에 행정기관을 상대로 행정소송점을 쳐서
　　　 화산려괘를 얻었다.

兄巳 ｜
孫未 ‖
財酉 ｜ 應
財申 ｜
兄午 ‖
孫辰 ‖ 世

비록 육합괘가 나왔지만,
응효酉가 쇠약하고 일파 되었으며
세효辰은 년월의 생을 받아 왕상하며,
세효에 손효가 임하였고, 손효가 극파되지
않으므로 무난하게 처리된다고 알려준다.

7부
풍수점

1. 가택점

가. 가택점에서는 부효가 용신이다.

부효가 왕성하고 세효에 임하거나 세효를 생합하거나
세효가 동하여 부효로 화하고 상생하거나,
일월이 부효로서 세효를 생합하면 모두 발복의 징조이다.

재효가 동하여 부효를 극하면 별도로 다른 곳에 집을 구하는 것이 좋다.
세효가 동하여 퇴신으로 화하면 간신히 집을 구하여도 마침내 후회하게 된다.
세효가 동하여 진신으로 화하면 집을 구하고 난 후에 오래도록 흥성하며
부귀가 따른다.
부효가 동하여 퇴신으로 화하면 집을 구한 후에 집안이 점차 기울며 만약
진신으로 화하면 증축한다.

세효가 수귀입묘하거나 재효가 귀효를 도와 세효를 극하거나 세효가 동하여
흉으로 화하거나 일월동효가 세효를 극하면 모두 좋지 않다. 부효가 동하여
세효를 극하거나 세효에 부효가 임하고 공파묘절되어도 역시 좋지 않다.

세효와 부효가 왕성하고 육합괘를 얻으면 반드시 이루고
오래도록 누릴 수 있지만 육충괘를 얻으면 오래 가지 못할 징조이다.
반음괘를 얻고 세효가 충극을 당하면 크게 흉한 상이다.

✎ 야학노인曰

대개 집을 사거나 개조하거나 세를 들어갈 때에는 세효와 부효가
왕성하고 충극을 범하지 않으면 좋으며 집안이 번성하게 된다.

【예1】 申월 辛卯일(午未 공망)에 집을 사려는데 길흉이 어떤가

　　　여부점을 쳐서 택화혁괘가 택천쾌괘로 변하였다.

```
      官未 ‖
      父酉 |
      兄亥 | 世
      兄亥 |
  孫寅 / 官丑 ⫲
      孫卯 | 應
```

가택점이므로 부효가 용신이다.

월건申이 세효亥를 생하고

일진卯가 부효酉를 충동하여 세효를

생하므로 집을 사도 좋다고 알려준다.

단지, 귀효가 동하여 손효를 화출하므로

자식에 대한 위험을 알려주고 있으니 조심하

라고 하였더니 집 구입을 포기하였다.

자식은 酉월에 전염병으로 죽었으며 결국 亥월에 집을 매입했다.

✎ 이와 같이 새 집을 구하려는 점을 치는 경우에

가족에 대한 길흉을 점치지 않아도, 신이 가족에 대한 길흉을 미리 알려주
는 경우도 있다.

나. 집을 짓거나 매매하거나 임대하는 경우

세효와 부효가 왕성하고 충극을 당하지 않으면 집을 짓거나 매매하거나
임대하거나 모두 당연히 영화롭게 번창한다.

내괘는 현재 사는 집이고 외괘는 새 집이다.

내괘가 외괘를 극하면 새 집이 흉하며

내괘가 외괘를 생하면 새 집이 길하다.

집을 짓는 공사를 하는 경우에는 육충을 꺼리고, 관효가 동하여 세효를
극하는 것이 가장 흉하며 수귀입묘하면 재난이 많이 발생한다.
부효가 왕성하고 세효가 동하거나 세효와 부효가 모두 발동하여
길로 화하면 안전하게 집을 짓고 만사가 형통하다.

다. 집을 수리하는 경우

세효가 손효에 임하는 것이 가장 좋으며 관귀효가 왕성하면 화근이 된다.
세효가 왕성하고 생을 만나 길로 화하는 것이 좋고
세효가 쇠약한데 극을 받으면 공사를 중지한다.

손효의 방향에서 공사를 시작하는 것이 좋고
관귀효의 위치에서는 공사를 하면 안 된다.
가령 손효가 水에 속하면 북방에서 공사를 하고
관귀효가 火에 속하면 남방에서 공사를 하면 안 된다.
관귀효가 辰戌丑未에 있으면 이 방향에서 땅을 파서는 안 된다.

라. 입주점

입주하는 집에 대한 가족 개개인의 길흉을 묻는다면
한 가족이 모두 길한 경사가 있어야 좋지만,
가령, 가족이 많은데 가족 개개인이 모두 길하고자 하면 백년이 되어도
입주하지 못한다.

그러므로 입주할 때 가족 개개인마다 점을 쳐서 길흉을 물어야 할 것이다.
만약 흉한 결과가 나오는 가족이 있다면 그 사람만 별도로 택일하여 입주
하면 될 것이다.

입주하는 날짜를 택일하는 점은 먼저 부모가 입주해도 좋은지
여부를 점치고 다시 재점하여 형제 처자가 좋은지 점을 친다.

가령 木이 부효에 임하고 재효가 동하여 부효를 상하면 부모의 입주일자는
모름지기 金효를 극제하는 날을 택하고 金효를 극제하는 방향에 침상을 두
는 것이 안전하다.

집안에 세를 주거나 다른 사람과 동거하는 경우에는 세효가 자신이고
응효가 동거하는 사람이 된다.
세효와 응효가 생합하거나 일월동효가 세효와 응효를 생합하면 피차 서로
좋으며 응효가 세효를 극하면 자신이 동거인에게 속거나 해를 당하고
세효가 응효를 극하면 동거인이 두려워하며 해를 당하게 된다.

【예2】 子월 丁酉일(辰巳 공망)에 부모의 입주 택일점을 쳐서 택지췌괘를
　　　얻었다.

父未 ‖	부모점이므로 부효가 용신이다.
兄酉 ∣ 應	일진酉가 재효卯를 충동하여 부효未를 극하
孫亥 ∣	지만, 卯는 申에 절되고 부효未가 申에 장생
財卯 ‖	이므로 부모는 申시에 입주하고, 부모의 침
官巳 ‖ 世	상은 申의 방향인 서남방에 배치하는 것이
父未 ‖	길하다고 알려준다.
	과연, 부모가 이사한 후에 평안하였다.

【예3】卯월 丁卯일(戌亥 공망)에 자녀의 입주택일점을 쳐서 택화혁괘가 뇌화
　　　풍괘로 변하였다.

```
        官未 ‖          자녀점이므로 손효가 용신이다.
   父申 / 父酉 ⼂        손효卯가 일월에 임하여 왕성하고
        兄亥 ｜ 世       부효酉가 동하여 퇴신으로 화하므로
        兄亥 ｜         손효를 극하지 못한다.
        官丑 ‖          손효를 생하는 亥子일에 입주하는 것이 좋다
        孫卯 ｜ 應       고 알려준다.
                        자녀의 침대는 부효를 극하는 남방에 두면
```
장차 반드시 귀하게 된다고 하였더니 과연, 卯년에 등과하였다.

마. 가택의 길흉점

대개 집에서 요사스런 기운으로 인한 길흉점을 치는 경우에는 손효가 세효
에 임하거나 손효가 동하면 요사스런 기운이 없어지며 설사 요사스런 기운
이 나타난다고 하여도 편안해 질 것이다.

✑ 야학노인曰
점을 쳐서 불리한 곳이 있는 곳을 알았다면 즉시 수리보수하는 것이
좋고 재점하여 수리보수 한 후에 효험이 있는지 여부를 점치는 경우
에는 해당 사안에 대한 점을 쳐서 판단하여야 한다.

【예4】 酉월 戊寅일(申酉 공망)에 승진을 하지 못하는 것은 정원 우물 때문인가, 점을 쳐서 지수사괘가 지택림괘로 변하였다.

父酉 ‖ 應
兄亥 ‖
官丑 ‖
財午 ‖ 世
官辰 ┃
財巳 / 孫寅 ╫

손효가 발동하였으니 우물 때문이 아니라고 알려준다.

대문의 방향이 의심된다고 하며 재점하였다.

孫戌 ┃ 應
財申 ┃
兄午 ┃
官亥 ┃ 世
孫丑 ‖
父卯 ┃

재점하여 천화동인괘를 얻었다.

귀효亥가 세효에 임하였으므로 속히 대문을 고치는 것이 좋다고 알려준다.

財寅 / 父戌 ╫
兄申 ‖
官午 ┃ 世
兄申 ┃
官午 ‖
父辰 ‖ 應

대문을 고친 후 승진하겠는가.

여부점을 쳐서 뇌산소과괘가 화산려괘로 변하였다.

승진점이므로 관효가 용신이다.

관효午가 세효에 임하고 일진寅이 생하며 외괘는 삼합으로 火관국을 이루므로 巳년과 午년에 연달아 승진한다고 알려준다.

과연, 巳년에 두 번 승진하고 午년에도 승진하였다.

【예5】 巳월 己丑일(午未 공망)에 고시에 불합격 원인이 집 뒤에있는 선조의 묘가 집을 친 것인지 여부점을 쳐서 화천대유괘가 건위천괘로 변하였다.

官巳 | 應
兄申 / 父未 ‖
兄酉 |
父辰 | 世
財寅 |
孫子 |

세효는 집이고 응효는 묘이다.
세효와 응효가 상생하므로 묘로 인한것이 아니다.
단지, 간효未가 동하여 세효를 형하기 때문이라고 알려준다.

과연 묘가 보이는 담장 뒤에 있는 수백 년이 된 나무의 요사스런 기운이 집을 치기 때문이므로 추길피흉의 방편으로 마루에 입이 큰 짐승 머리를 놔두면 길하게 된다.

같은 날 방편을 행하고 효험이 있어 시험에 합격할 수 있는지. 여부점을 쳐서 뇌택귀매괘가 뇌지예괘로 변하였다.

父戌 ‖ 應
兄申 ‖
官午 |
父丑 ‖ 世
官巳 / 財卯 ⟋
父未 / 官巳 ⟋

부효丑이 세효에 임하고 왕성하며 재효卯가 동하여 관효巳를 생하고, 관효巳가 동하여 세효를 생하므로 길한 징조라고 알려주었다.
과연, 고시에 합격하였다.

【예6】 亥월 戊午일(子丑 공망)에 처가 최근에 질병에 걸렸다며 가택길흉점을
　　　 쳐서 수지비괘가 수산건괘로 변하였다.

財子 ‖ 應
兄戌 ∣
孫申 ‖
孫申 / 官卯 ⫲ 世
父巳 ‖
兄未 ‖

처점이므로 재효가 용신이다.
재효子가 공망이므로, 최근의 병은 출공일에
즉시 완치될 것이다.

단지, 귀효卯가 세효에 임하고 동하므로 대문에 문제가 있으니 귀효卯를
회두극하는 庚申일에 대문을 고치면 낫는다고 알려준다.
과연, 대문을 고치고 처가 甲子일에 완전히 나았다.

2. 음택점

가. 묘지 혈자리점

세효가 묘지 혈자리이므로

세효가 왕성하면 길지로서 망자의 혼이 편안하다.

제사를 지내는 후손이 마땅히 세효이거나

다른 효에 있어도 왕성하여야 메뚜기떼처럼 번성한다.

육합괘이거나 세효와 손효가 육합이면 길한 혈자리로서 대대로 번성한다.

만약 육충괘이거나 육충괘가 육충괘로 변하거나 세효와 응효가 서로 충산되면 반드시 기가 없는 혈자리이다.

육충이 육합으로 변하면 길지를 찾으며 혈자리를 구하지 못하여도 후에 구할 수 있으며, 지운이 쇠락하여도 다시 돌아오게 된다.

육합이 육충으로 변하면 혈자리를 구하여도 다시 잃으며, 지운이 장차 쇠락하므로 쓰지 않는 것이 좋다.

세효가 비록 왕성하여도 파묘절로 화하거나 회두극으로 화하면

좋은 혈자리를 얻어도 후에 결점이 있으며 만약 길일을 얻지 않으면

장례 후에 사람이 상하고 길이 흉으로 변하는 상이다.

세효가 쇠약한데 동하여 왕성하게 화하거나 합으로 화하거나 진신으로 화하면 먼저 좋지 않아도 후에 반가운 징조이며, 지금 형세를 살펴 비록 좋지 않아도 장차 지운이 번성하여 부귀를 이루는 혈자리가 된다.

세효가 왕성하고 생합으로 화하면 용이 수원지에서 편안하고 맥이 길게 흐른다. 손효가 왕성하고 생합으로 화하면 자손이 현명하고 귀하게 된다.

세효가 퇴신으로 화하면 결국 이장하여야 할 것이며 손효가 퇴신으로 화하면 대대로 쇠퇴한다.
부효가 동하면 좋지 않으며 부효가 동하여 부효로 화하면 더욱 흉하고, 손효가 동하여 손효로 화하고 상극을 만나지 않으면 대대로 자손을 잇게 되며 결코 대가 끊어지지는 않는다.

반음괘를 얻고 충개되는 년월에 반드시 이장을 하며
반음괘를 얻고 충년 충월을 만나면 무덤이 반드시 변한다.

【예7】 寅월 戊午일(子丑 공망)에 묘지 혈자리점을 쳐서 산뢰이괘가 천뢰무망괘로 변하였다.

朱		兄寅	ㅣ	
龍	官申 /	父子	∦	
玄	孫午 /	財戌	∦	世
虎		財辰	‖	
蛇		兄寅	‖	
句		父子	ㅣ	應

혈자리에는 세효가 용신이다.
비록 세효戌이 쇠약하여도, 손효午를 화출하여 회두생하고, 일월과 세효와 손효가 삼합을 이루므로 망자는 편안하고 자손이 번창한다고 알려준다.
단지, 子효가 동하여 장생으로 화하고 청룡이 물에서 놀지만, 월건에 휴수되고 일진에 의하여 충산되므로 봄 여름에는 물이 있어도 가을과 겨울에 물이 마르게 될 것이다.
그러나 세효가 손효를 화출하고 일월과 삼합을 이루므로 해로움은 없으리라.
후에 辰년에 장례를 지내고 酉년과 子년에 자손이 등과하였다.

【예8】 卯월 壬寅일(辰巳 공망)에 묘지를 구할 수 있는지 여부점을 쳐서 택화혁괘가 수화기제괘로 변하였다.

官未 ‖	세효亥가 쇠약하여도 동하여 부효 장생으로 화하여 회두생을 받으므로 길지이다.
父酉 ∣	부효가 申酉에 있으니 서남쪽에 땅이 있다고 알려준다.
父申 / 兄亥 ⟋ 世	세효가 비록 쇠약하지만 회두생을 받으니 흉중에 길함이 있는 것이다.
兄亥 ∣	
官丑 ‖	
孫卯 ∣ 應	과연, 申월에 서남쪽에서 땅을 구하고 卯년

에 안장하니 자손이 대발하였다.

【예9】 卯월 戊子일(午未 공망)에 묘지 혈자리점을 쳐서 손위풍괘가 지풍승괘로 변하였다.

官酉 / 兄卯 ⟋ 世	세효가 혈자리인데 세효卯가 월건에 임하고 일진子가 생하므로 길지이다.
父亥 / 孫巳 ⟋	단지 외괘가 반음이므로 좋지 않으며,
財未 ‖	세효卯가 동하여 회두극이 되고
官酉 ∣ 應	손효亥가 동하여 회두극이 되므로 묘지로
父亥 ∣	쓰면 흉하다고 알려준다.
財丑 ‖	그러나 지관이 좋은 땅이라고 하는 말을

듣고 장례를 치르더니 4년 이내에 2남1녀가 연달아 죽고 자신은 반신불수가 되어 어리석은 사람이 자신을 원망하지도 못하고 오히려 조부를 원망하더니 세효를 충하는 酉년에 죽었다.

나. 묘지의 형세

세효가 당령하고 또한 일건에 장생 제왕이면 내룡이 원대하다.
만약 응효가 세효를 충극하면 반드시 안산이 높이 솟아있거나
장례시 향산이 잘못 된 것이며, 만약 응효가 극을 받으면 방향을 고치면
무방하다.

세효와 응효사이의 간효가 명당이 되는데, 왕상하면 명당이 넓고 크며 휴
수하면 명당이 아래로 함몰되어 있는 것이다.
세효와 가장 가까이 있는 효가 안산인데 세효를 극하면 안 된다.
청룡은 좌측 산이 되고 백호는 우측 산이 되며, 두 산이 모두 왕성하면
둥글게 품은 지세이지만, 모두 쇠약하면 둥글게 품지 못한다.
대개 청룡이 왕성하고 생부하는 것이 좋은데 풍채가 당당하며
백호는 쇠약하고 극을 받는 것이 좋은데 맹수가 매복한 것이며
주작이 형극충산을 만나고 파묘절공을 만나면 앞산이 잡란하며
현무가 형충극을 만나면 뒤의 맥이 공허하다.
만약, 세효와 응효가 청룡 백호 손효를 얻어 삼합을 이루면
백호가 웅크리고 청룡이 휘감는 큰 지세이다.

상효가 공파를 만나면 물의 입구가 견고하지 못하고 절을 만나면 물이 마
른다.
물이 통하는 길을 살피려면 모름지기 水효를 살피고 휴수되거나 극을 받으
면 물이 넘쳐 역류하고 길게 흐르지 않으며, 생을 만나거나 생으로 화하면
수원에서 먼 곳에서 길게 흐르며 다시 청룡을 만나면 수원이 길게 흐른다.
등사는 도로를 살피는데 만약 충을 만나면 작은 도로가 반드시 많고 왕상
하면 국도가 있다. 구진은 밭둑이 되며 왕상하면 있고, 쇠파하면 없다.

【예10】申월 戊子일(午未 공망)에 묘지형세점을 쳐서 산지박괘를 얻었다.

```
朱 財寅 |
龍 孫子 ‖ 世
玄 父戌 ‖
虎 財卯 ‖
蛇 官巳 ‖ 應
句 父未 ‖
```

세효子가 왕성하고 청룡이 물에서 노닐므로
근처에 큰 강이 있을 것이며 응효巳는 향산
으로서 세효의 극을 받으므로 높지 않고
부효戌은 안산으로서 세효를 극하여 약간
높으므로 묘를 쓰면 금년 겨울에 발복한다.
과연, 酉월에 장례지내고 亥월에 차남이
승진하였다.

【예11】丑월 庚申일(子丑 공망)에 묘지형세점을 쳐서 택산함괘를 얻었다.

```
蛇 父未 ‖ 應
句 兄酉 |
朱 孫亥 |
龍 兄申 | 世
玄 官午 ‖
虎 父辰 ‖
```

청룡이 세효에 임하고 일진申이 세효에 임하
여 내룡이 좌측에서부터 이르고 왕성하다.
좌우 모두 극상이 없고 청룡과 백호가 둘러
싸고 응효인 향산이 월파 되었으며
주작이 앞산이 되어 일진의 생을 받으니 반드
시 흘러드는 물이 있어 수원이 있는 것이다.
등사는 도로이고 상효는 수구가 되는데 모두
월파 되어 도로가 구불구불하고 수구가 산란하지만 두 간효가 왕상 하므로
명당이 넓고 크다.
이 점괘는 묘지형세점을 묻는 것이므로 길흉화복에 응하지 않는다. 만약
길흉화복을 알고 싶으면 별도로 다시 점을 쳐야 한다.

다. 득지점

어느 시기에 득지하는가를 점치면 세효가 용신이 되지만

어느 방향에서 득지하는가를 점치면 부효가 용신이 된다.

이미 장례를 지낸 후에도 모두 부효로 용신을 삼아야 한다.

어느 방향方向 에서 득지하는가.

부효가 亥子이면 북방에 길한 혈이 있고

부효가 巳午이면 동남방에서 얻고

부효가 土이면 辰戌丑未 방향에서 얻고

부효가 木이면 동북 寅卯방에서 얻고

부효가 申酉이면 서방에서 얻는다.

간혹 묘방에 응하는 경우도 있으니

가령 부효가 木이면 未방에서 응하고 金이면 丑방에서 응한다.

어느 시기時期 에 득지하는가.

세효는 묘지가 되는데

정효이면 충이나 치를 만나는 시기에 득지하며

동효이면 치나 합이 되는 시기에 득지한다.

가령 세효가 子이고 정효이면 子년월이나 午년월에 응하고 동효이면 丑년월이나 子년월에 응한다.

세효가 공망에 들면 충공이나 실공년에 응하고 세효가 파되면 실파되는 해에 응하며 세효가 삼합 육합을 만나거나 합으로 화하거나 일진에 입묘되거나 묘로 화하면 모두 충개일에 응한다.

괘중에서 하나의 효가 독발하거나 하나의 효가 독정하면 역시 치가 되는 시기에 응하고 동효이면 합 만나는 시기에 응하고 정효이면 충을 만나는 시기에 응한다.

【예12】 辰월 乙卯일(子丑 공망)에 언제 득지하겠는가 여부점을 쳐서 지뢰복
　　　　괘가 수뢰둔괘로 변하였다.

玄	孫酉 ‖
虎 兄戌 /	財亥 ⚊
蛇	兄丑 ‖ 應
句	兄辰 ‖
朱	官寅 ‖
龍	財子 ⎮ 世

재효亥가 독발하여 회두극이 되므로
세효子를 돕지 못하지만,
동하여 형효戌이 월파되어도 戌월에는 실파
되어 왕성하여지므로
겨울 水가 왕성하여지는 시기를 기다리면
득지할 수 있다고 알려준다.
만약, 방향을 묻는다면 별도로 다시 점을
쳐야 한다.

라. 지관점

지관을 구하는 점에서는 응효가 용신이다.
응효가 왕성하고 세효를 상생 상합하거나 세효와 삼합을 이루면
사람이 악하고 재주가 없어도 인연이 있다.
응효가 쇠약하고 세효를 충극하면 설사 응효에 관효와 부효가 임하고
박학하여도 우롱을 당한다.
세효와 응효가 모두 공망에 들면 피차 인연이 없으며 응효가 공파되면
쓸모없고 덕도 없다.

마. 점혈점

세효가 초효와 이효에 있으면 혈이 아래에 있는 것이 좋고

오효가 육효이면 혈이 위에 있는 것이 좋다.

삼사효이면 혈이 가운데에 있는 것이 좋다.

세효가 水이면 물이나 굴 근처에 있으며

세효가 土이면 높은 곳에 있고,

寅이면 초목이 무성한 방향에 있고 申酉이면 돌무더기에 있고

火이면 마르고 타거나 붉은 진흙이나 그을린 흙이며 초목이 마르고 그을린 곳에 있다.

【예13】未월 乙巳일(寅卯 공망)에 점혈점을 쳐서 뇌천대장괘를 얻었다.

```
兄戌 ||
孫申 ||
父午 |  世
兄辰 |
官寅 |
財子 |  應
```

세효가 사효에 있어 혈이 가운데 층에 있으며 午가 세효에 임하여 초목이 마르고 그을렸으며 붉은 야생화가 여러 송이 있으나 다른 곳에는 전혀 없을 것이다.

이곳이 혈이다.

과연, 그 곳을 파니 주위가 열자가 넘고 모두 진흙과 돌무더기로 되어 있었으며 5년 후에 고위직에 등과하여 대발하였다.

바. 조상의 오래된 무덤

조상의 장례를 지낸지 오래 되었거나 오래 되지 않았거나
조상의 무덤에 대하여 점치러 온 자는 반드시 그 이유가 있으므로 모름지
기 확실히 알아보고 판단하여야 한다.

직장에서 승진에 누락되거나 선거에 낙선하거나
자신이나 가족이 시험에 낙방하거나
자손이 없거나 가족이나 자신의 질병이 많고
관재와 화재가 계속 일어나는 것이
조상의 무덤에 대한 풍수로 인한 것인가, 아니면 무덤이 손상되어서 그러한
것인가를 묻는 경우에는
모두 부효가 용신이 된다.

이미 매장한 땅은 부효가 용신이며 왕성하면 길지로서 자손이 발복하는 상
이며 망자는 안락하고 산자는 즐겁게 된다.
왕성하고 또한 제왕 장생이면 내룡이 멀리서 오래도록 내려오며 세대가 흥
성하게 된다.
묘절공파는 좋지 않고 동하여 퇴신으로 화하거나 절묘로 화하거나 회두극
으로 화하거나 순공으로 화하면 흉상이며 망자는 불안하고 산자는 쓸쓸해
진다.

육충을 만나면 지맥이 전혀 없는 것이고
화절로 변하면 세가 기운 것이며
복음을 만나면 옮기고 싶어도 뜻대로 안되며
반음괘이면 옮기지 않으려고 하여도 옮기게 된다.

육충괘로 변하면 용이 이미 떠난 것이므로 자손이 쇠락하는 위기가 있으며, 충 중에 합을 만나면 운이 장차 오는 것이니 후대에 발복한다.

육충괘가 육충괘로 변하면 기맥이 전혀 없으며 변하여 극으로 화하면 위급함이 깊어 흉한 재액에 이르고
복음괘는 지맥이 전혀 없으며 비록 옮길 뜻이 있으나 옮길 수 없고
반음괘를 득하면 옮기고 싶어도 결국 옮길 수 없고
육충괘로 변하면 용이 이미 떠난 것이니 자손이 쇠약해지고
육충이 합으로 변하면 먼저 지맥이 없으나 지금부터 지운이 흥성하게 되어 후대에 발복하게 된다.

세효가 귀효로 변하거나 수귀입묘하면 점치는 자가 불길하며
형효 재효 손효가 귀효로 화하거나 귀효가 형효 부효 재효 손효로 화하면 육친을 범했다고 판단한다.
또한 子가 귀효로 화하면 쥐띠에게 재앙이 있고
午가 귀효로 화하면 말띠에게 불리하다. 나머지도 이와 같다.

오래된 무덤을 점칠때는 부효가 용신이 되며, 부효가 왕성하거나 동하여 길로 화하면 조부가 평안한 것이며, 손효가 동하여 관효로 화하거나 부효가 동하여 손효를 화하면 자손에게 불리하다.

【예14】 未월 己巳일(戌亥 공망)에 시험에 낙방한 것이 조상의 무덤때문인지
　　　　여부점을 쳐서 택지췌괘가 택화혁괘로 변하였다.

```
            父未 ‖
            兄酉 ┃ 應
            孫亥 ┃
      孫亥 / 財卯 ⚋
            官巳 ‖ 世
      財卯 / 父未 ⚋
```

재효卯와 부효未가 동하여
손효亥를 화출하여 삼합을 이루고,
부효未를 극상하므로 나무뿌리가 관을 상하
고 있다.
과연, 무덤을 파보니 나무뿌리가 있어 이를
제거하여 조부의 시신을 편안하게 하였다.
巳午년 시험에는 세효를 도우므로 발복하였다.

사. 조상의 무덤에 부장하는 경우

육충이 충으로 변하거나 절극으로 변하거나 부효가 상하거나 내외가 반음
이면 마땅히 다른 곳에 매장하여야 한다.

세효가 극을 받고 묘되어 상함을 받거나 세효가 동하여 극으로 화하거나
관효로 화하면 부장하는 것은 좋지 않다.

부효 형효 재효 손효가 동하여 귀효로 화하거나 극으로 화하면 모두 형상
의 재난이 있는 것이므로, 오직 세효와 육친이 극으로 변하지 않는 것을 반
기고 정효가 육합이 되면 반드시 망자가 편안하게 된다.

아. 무덤의 보수

보수에 대한 길흉을 묻는 점은 세효가 용신이다.

손효가 세효이고 손효가 발동하면 보수하면 반드시 평안하여진다.

관효가 세효를 극하면 내가 반드시 해를 받으며

부효가 공파묘절되고 다시 일월동효가 극상하면 이로 인하여 심하게 상한
것이니 보수하여도 무익하므로 마땅히 옮겨야 한다.

【예15】 子월 丙申일(辰巳 공망) 부친을 조상묘에 부장하여도 되는지
　　　여부점을 쳐서 지뢰복괘가 곤위지괘로 변하였다.

孫酉 ‖
財亥 ‖
兄丑 ‖ 應
兄辰 ‖
官寅 ‖ (父巳)
兄未 / 財子 ╱ 世

세효子가 회두극되고
육충괘로 화하였으므로
조상묘와 부장하여도 마침내 다시
옮길 것이므로 부장하지 않는 것이
좋다고 알려준다.

그러데 듣지 않고 부장하여 요통으로 고생을 하였으나 다행히
세효가 왕상하므로 土신에게 제사를 지내고 쾌유하였다.
이후, 子년에 모친이 죽자 무덤을 다른 곳으로 옮겨 합장하였다.

【참고문헌】

卜筮正宗　복서정종_중화민국 무릉출판사유한공사

千金賦　　천금부_중화민국 무릉출판사유한공사

黃金策　　황금책_중화민국 무릉출판사유한공사

京氏易傳　경씨역전_중화민국 무릉출판사유한공사

焦氏易林　초씨역림_중화민국 무릉출판사유한공사

梅花易數　매화역수_중화민국 무릉출판사유한공사

六壬大全　육임대전_중화민국 무릉출판사유한공사

卜法詳考　복법상고_중화민국 무릉출판사유한공사